ROLF WEIBER

Dienstleistungen als Wettbewerbsinstrument im internationalen Anlagengeschäft

Vertriebswirtschaftliche Abhandlungen

begründet von

Prof. Dr. h. c. Dr. Otto R. Schnutenhaus †

fortgeführt von

Prof. Dr. Werner Hans Engelhardt und Prof. Dr. Peter Hammann

Heft 26

Dienstleistungen als Wettbewerbsinstrument im internationalen Anlagengeschäft

Von

Dr. Rolf Weiber

DUNCKER & HUMBLOT / BERLIN

CIP-Kurztitelaufnahme der Deutschen Bibliothek

Weiber, Rolf:
Dienstleistungen als Wettbewerbsinstrument im internationalen Anlagengeschäft / von Rolf Weiber. — Berlin: Duncker und Humblot, 1985.
(Vertriebswirtschaftliche Abhandlungen; 26)
ISBN 3-428-05899-2

NE: GT

Gedruckt 1985 bei Werner Hildebrand, Berlin 65
Printed in Germany

ISBN 3-428-05899-2

VORWORT

Der Export spielt für die deutsche Wirtschaft eine zentrale Rolle. Einen der Geschäftsbereiche, der als „Aushängeschild" des Exports gilt, stellt das internationale Anlagengeschäft dar. In den letzten Jahren hat sich die Nachfrage nach industriellen Anlagen stärker in Entwicklungsländer verlagert. Wegen des fehlenden Know-hows verlangen die Nachfrager aus diesen Ländern vermehrt Dienstleistungen, die die Funktionsfähigkeit einer Industrieanlage sicherstellen sollen *(Systemdienstleistungen).*

Daneben nehmen aber auch Forderungen nach Dienstleistungen im Zusammenhang mit Industrieanlagengeschäften zu, die aus der spezifischen Situation der Nachfragerländer resultieren *(Anwenderdienstleistungen).* Die Erbringung solcher Dienstleistungen, die es dem Nachfrager oft erst ermöglicht, Aufträge zu vergeben (z. B. Finanzierungsleistungen, Bereitschaft zu Kompensationsgeschäften), kann dem Anbieter von Industrieanlagen komparative Konkurrenzvorteile schaffen.

Der Verfasser entwickelt ein Marktsegmentierungskonzept auf der Basis von Anwenderdienstleistungen, das aufzeigt, in welchen Ländern ähnliche Strukturen im Hinblick auf Anwenderdienstleistungen zu erwarten sind und macht die marktstrategischen Schlußfolgerungen deutlich.

Das Konzept, das in enger Kooperation mit dem „Arbeitsforum Investitionsgüter-Marketing" entwickelt und von der deutschen Forschungsgemeinschaft finanziell gefördert wurde, wird darüber hinaus einem ersten empirischen Test unterzogen.

Aus der Interpretation der Ergebnisse wird deutlich, daß eine Weiterführung des Ansatzes zu einem dynamischen Modell unter Verwendung von Paneldaten als Frühindikatorenkonzept genutzt werden kann. Damit wird ein interessantes Problemfeld im internationalen Anlagengeschäft aus Marketingperspektive neu erschlossen.

Mainz, im Juli 1985

Prof. Dr. Klaus Backhaus

INHALTSVERZEICHNIS

ABBILDUNGSVERZEICHNIS

ABKÜRZUNGSVERZEICHNIS

a.a.O	=	am angegebenen Ort
Abb.	=	Abbildung
ADL	=	Anwenderdienstleistung(en)
AIM	=	Arbeitsforum „Investitionsgüter-Marketing“
asw	=	Die Absatzwirtschaft
Aufl.	=	Auflage
Bd.	=	Band
DBW	=	Die Betriebswirtschaft
Diss.	=	Dissertation
EJoM	=	European Journal of Marketing
FAZ	=	Frankfurter Allgemeine Zeitung
f.	=	folgende Seite
ff.	=	folgende Seiten
Hrsg.	=	Herausgeber
hrsg.	=	herausgegeben
IMAGA	=	Informationssystem für das Marketing von Großanlagen
IMM	=	Industrial Marketing Management
JdAV	=	Jahrbuch der Absatz- und Verbrauchsforschung
JoM	=	Journal of Marketing
LFT	=	Lager-Fördertechnik
MAIS	=	Marketing-Informationssystem
MJ	=	Marketing Journal
o. J.	=	ohne Jahresangabe
o. S.	=	ohne Seitenangabe
o. V.	=	ohne Verfasserangabe
PRIN	=	Präferenzindex
RAG	=	relativer Anteil am Gesamtauftragswert

S.	=	Seite
SDL	=	Systemdienstleistung(en)
VDMA	=	Verband Deutscher Maschinen und Anlagenbau e. V.
VET	=	Versorgungs- und Entsorgungstechnik
VFT	=	Verfahrenstechnik
vgl.	=	vergleiche
WiSt	=	Wirtschaftswissenschaftliches Studium
wisu	=	Das Wirtschaftsstudium
ZFB	=	Zeitschrift für Betriebswirtschaft
ZfbF	=	Zeitschrift für betriebswirtschaftliche Forschung

A. EINLEITUNG

Die zunehmende Bedeutung von Dienstleistungen im internationalen Anlagengeschäft

Die Vermarktung von industriellen Großanlagen ist in jüngster Zeit schwieriger geworden (1). Insbesondere vor dem Hintergrund der internationalen Verschuldungskrise und der wirtschaftlichen Probleme der Nachfragerländer werden von den Anlagenanbietern zunehmend Leistungsangebote gefordert, die neben der eigentlichen Anlagentechnik ein umfassendes Bündel an zusätzlich zu erbringenden Dienstleistungen enthalten. Die Dienstleistungskomponente gewinnt für den Auftragserhalt im internationalen Anlagengeschäft immer mehr an Bedeutung (2). Gleichzeitig hat sich die Nachfrage nach kompletten Anlagen in den letzten Jahren zunehmend in die Entwicklungsländer verlagert. Eine nach Ländergruppen differenzierte Betrachtung des Auftragseingangs der Anlagenbauer in der Arbeitsgemeinschaft Großanlagenbau des VDMA macht deutlich, daß sich das Auftragsvolumen der Industrieländer in den letzten 10 Jahren annähernd konstant auf einem Niveau zwischen 2 und 3 Mrd. DM bewegte (vgl. Abb. 1). Der Grundbedarf dieser Länder an Großanlagen ist weitgehend gedeckt, und Nachfrage besteht hier vor allem für Rationalisierungs- und Modernisierungsinvestitionen (3).

Für die Nachfrage nach kompletten Anlagen nehmen die **Entwicklungsländer eine dominierende Stellung in der Auslandsnachfrage** ein, was sich insbesondere in dem noch ungedeckten Grundbedarf dieser Länder an technischen Großanlagen wie etwa Stahl- und Walzwerke begründet (4).

Aber auch bei den Entwicklungsländern hat die deutsche anlagenbauende Industrie in den letzten Jahren vor allem bedingt durch die zunehmenden Finanzierungsschwierigkeiten dieser Länder einen starken Einbruch erlitten (5). Trotzdem bewahren die Entwicklungsländer nach wie vor "ihre hervorragende Bedeutung als Auftraggeber gegenüber den beiden anderen Marktbereichen 'Industrieländer' und 'Sozialistische Länder', die auf wesentlich niedrigerem Niveau liegen (vgl. Abb. 1; der Verf.). Die Ver-

A: **ABSOLUTANGABEN** in Mill. DM	1969	1970	1971	1972	1973	1974	1975	1976	1977	1978	1979	1980	1981	1982	1983
INSGESAMT	5029	6230	4979	5097	7694	10275	13072	14063	11310	14530	12960	13264	17450	12965	7938
davon: -Inland	1887	2489	1509	1582	1650	1858	3283	1814	1941	2497	3060	3049	2694	2498	2371
-Ausland	3142	3732	3470	3515	6044	8417	9789	12249	9369	12033	9900	10215	14756	10467	5567
davon: -Industrieländer	1783	1938	1432	1321	1999	2491	1762	2713	1422	1380	2874	2411	3128	1965	1953
-Entwicklungsländer	1034	1152	1657	1586	2897	4269	6826	6524	6070	6981	4424	5261	9708	6090	2898
-Sozialistische Länder	325	642	381	608	1148	1657	1201	3012	1877	3672	2602	2543	1920	2412	716
B: **ANTEILSWERTE** in (%)															
Ausland am Gesamtauftragswert	62.5	59.9	69.7	69.0	78.6	81.9	74.9	87.1	82.8	82.8	76.4	77.0	84.6	80.7	70.1
Am AUSLANDSANTEIL															
-Industrieländer	56.8	51.9	41.3	37.6	33.1	29.6	18.0	22. 1	15.2	11.5	29.0	23.6	21.2	18.8	35.1
-Entwicklungsländer	32.9	30.9	47.7	45.1	47.9	50.7	69.7	53.3	64.8	58.0	44.7	51.5	65.8	58.2	52.0
-Sozialistische Länder	10.3	17.2	11.0	17.3	19.0	19.7	12.3	24.6	20.0	30.5	26.3	24.9	13.0	23.0	12.9

Abb. 1: Entwicklung des Auftragseingangs im Großanlagenbau von 1960 bis 1983
(Die Zahlen der Mitgliedsfirmen aus dem Bereich Elektrotechnik und Energieerzeugung sind aus Gründen statistischer Kontinuität nicht enthalten; alle Angaben in jeweiligen Preisen)
Quelle: Arbeitsgemeinschaft Großanlagenbau im VDMA (1984), S. 26f.; eigene Berechnungen

hältnisse machen klar, wie schwer es der deutsche Anlagenbau in den nächsten Jahren haben wird, wenn sich die Bedingungen für das Geschäft mit der Dritten Welt nicht verbessern. Ein Teil dieser Länder ist als Auftraggeber einfach nicht ersetzbar" (6). Vor diesem Hintergrund muß der deutsche Anlagenbau sein Leistungsangebot insbesondere auf die **spezifischen Kundenwünsche der Entwicklungsländer** ausrichten, um sich komparative Konkurrenzvorteile verschaffen zu können. Eine Möglichkeit zur Schaffung solcher **komparativer Konkurrenzvorteile** bietet dabei die immer umfangreicher werdende Forderung der Nachfrager von kompletten Anlagen nach zusätzlich zu erbringenden Dienstleistungen (7).

Neben einer technisch adäquaten Problemlösung werden von der Anbieterseite zunehmend Lösungen zum Ausgleich von z.B. niedrigem technischem Know how, fehlender Infrastruktur sowie Personal- und Managementdefiziten unabhängig von der Technologie einer Industrieanlage verlangt. Präferenzen für sein Angebot kann nur der Anbieter schaffen, der auch in der Lage ist, diesen **speziellen Erfordernissen der Märkte** gerecht zu werden.

Das Angebot eines umfassenden Problemlösungspakets - bestehend aus technischer Primärleistung und Dienstleistungen - bedeutet für den Anlagenanbieter gleichzeitig aber auch die Bewältigung von ihm z.T. völlig fremden Aufgabengebieten (Sortimentsproblem). Der Anlagenbauer muß z.B. Schulungsmaßnahmen für das zukünftige Betreiberperonal durchführen, eine Finanzierungskonzeption für die georderte Anlage erstellen, für einen bestimmten Zeitraum das Management der Anlage übernehmen oder den Absatz der auf der Anlage erstellten Produkte garantieren.

Neben den Dienstleistungen, die zur technischen Funktionsfähigkeit einer Anlage notwendig sind (z.B. Engineering-Leistungen), gewinnen insbesondere auch solche Dienstleistungen an Bedeutung, die unabhängig von der Anlagentechnik nachgefragt werden und zur Lösung weiterer kundenspezifischer Probleme dienen. Das Verlangen der Entwicklungsländer nach Dienstleistungen wie Schulungsmaßnahmen, Local content-Forderungen und Kompensationsgeschäften begründet sich insbesondere in den spezifischen wirtschaftlichen und entwicklungsbedingten Problemen dieser Länder. Durch das Anbinden technisch unabhängiger Dienstleistungen an industrielle Anlagenprojekte versuchen die Nachfragerländer Hilfestellungen zur Lösung ihrer länderspezifischen Probleme zu erreichen. Durch die immer enger werdenden Absatzmärkte im Großanlagenbau kommt es für den Anlagenbauer um so mehr darauf an, diesen Forderungen nach Dienstleistungen gerecht zu werden.

Das Ziel der vorliegenden Arbeit besteht darin, ein Konzept zu erarbeiten, das Entscheidungshilfen für die Planung des Leistungsangebots technisch unabhängiger Dienstleistungen liefert. Wir werden deshalb in einem ersten Schritt einen Dienstleistungskatalog erarbeiten, der solche Dienstleistungen umfaßt, die unabhängig von der eigentlichen Anlagentechnik im Rahmen des internationalen Anlagengeschäfts zum Tragen kommen. In einem zweiten Schritt wird ein Informationssystem konzipiert, das Informationen über die Anforderungen der Nachfragerländer an technisch unabhängige Dienstleistungen verfügbar macht. Im Rahmen der empirischen Untersuchung wird der theoretisch abgeleitete Dienstleistungskatalog auf seine praktische Relevanz getestet und die bedeutendsten Kundenländer des deutschen Großanlagenbaus im Hinblick auf ihre Leistungsanforderungen an solche Dienstleistungen untersucht. Aufgrund der zunehmenden Bedeutung speziell der nicht Technik bezogenen Dienstleistungen für die Auftragsvergabe im internationalen Anlagengeschäft stehen diese im Vordergrund der folgenden Betrachtungen. Insbesondere wird untersucht,

* welche technisch unabhängigen Dienstleistungen im internationalen Anlagengeschäft relevant werden können und

* welches Nachfragerverhalten einzelne Kundenländer bezüglich dieser Dienstleistungen aufweisen.

B. DIENSTLEISTUNGEN IM INTERNATIONALEN ANLAGENGESCHÄFT

1. Das Untersuchungsobjekt Anlagengeschäft

In Anlehnung an WIDMANN setzt sich eine Industrieanlage aus vier technischen Hauptgewerken zusammen (1). Dabei wollen wir unter einem Gewerk die Summe aller Maschinen und technischen Einrichtungen verstehen, die in ihrer Gesamtheit und in Ergänzung durch Dienstleistungen bestimmte Teilfunktionen erfüllen können. Die selbständige Funktionsfähigkeit eines Gewerks ist also erst in Verbindung mit konkreten Dienstleistungen möglich.

Zu den Hauptgewerken einer Industrieanlage zählen:

* Gewerk 1: Verfahrenstechnik (VFT)
  beinhaltet die Maschinen der jeweiligen Produktionstechnologie.
* Gewerk 2: Ver-/ Entsorgungstechnik (VET)
  beinhaltet alle Maschinen, die die Ver- und Entsorgung (z. B. Aggregate zur Elektroversorgung oder Kommunikationssysteme) gewährleisten.
* Gewerk 3: Lager- und Fördertechnik (LFT)
  beinhaltet alle Lager-, Förder- und Transportsysteme.
* Gewerk 4: Bau (BAU)
  umfaßt alle Arbeiten im Rahmen der Gebäudeerrichtung und geht von der Geländeerschließung bis hin zu Spezialarbeiten wie z.B. Errichten von Maschinenfundamenten.

Die Gewerke 2 bis 4 bilden dabei die Komplettierung einer Industrieanlage in Ergänzung zur jeweiligen Verfahrenstechnik, die sich meist aus mehreren Komponenten zusammensetzt. Zur integrierten Funktionsfähigkeit der einzelnen Gewerke bedarf es deshalb noch umfassender Steuerungs- und Koordinationsaufgaben. Die Zusammensetzung einer kompletten Industrieanlage aus den vier Hauptgewerken verdeutlicht graphisch die Abbildung 2. Hierbei bringt die Breitendimension den möglichen Komplexitätsgrad der

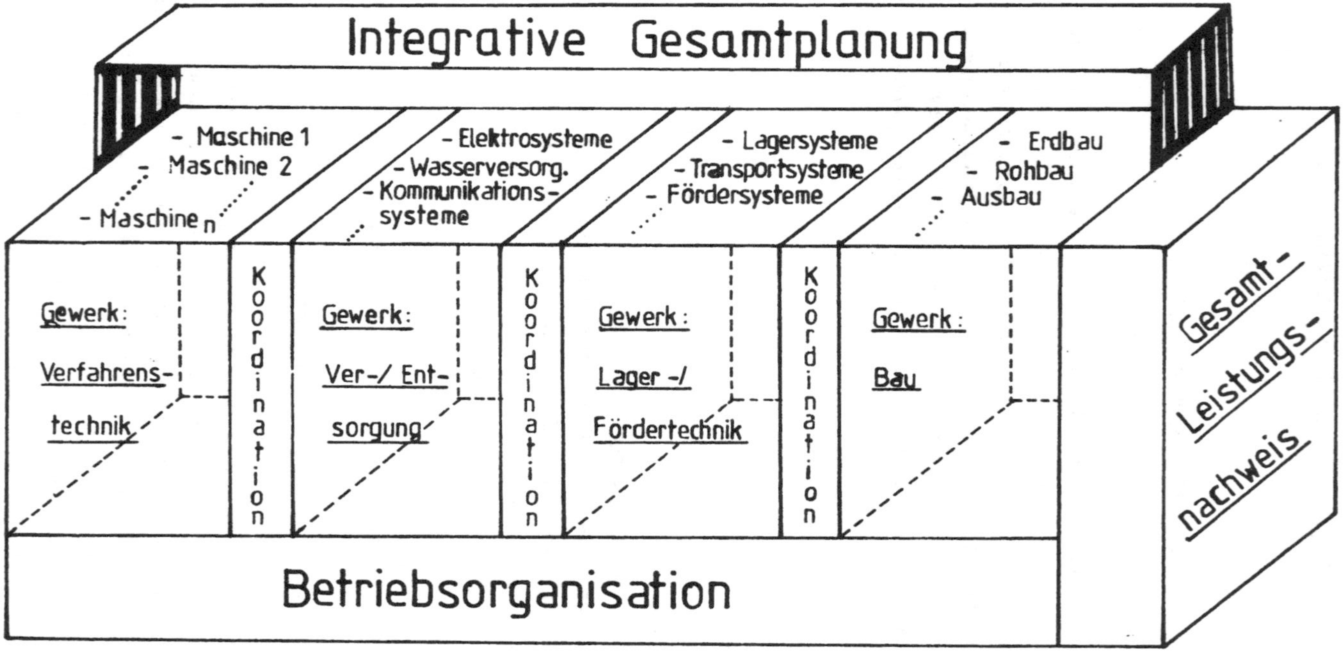

Abb. 2: Systemumfang einer kompletten Industrieanlage

Gesamtanlage, die Tiefendimension mögliche Teilfunktionen der Gewerke und die Höhendimension den Gesamtumfang einzelner Gewerke zum Ausdruck. Die dabei zum Tragen kommenden Dienstleistungen dienen ausschließlich der Unterstützung der technischen Funktionsfähigkeit einer Anlage und ergeben gemeinsam mit den technischen Primärleistungen eine komplette Industrieanlage.

Im folgenden werden Vermarktungsprobleme von **schlüsselfertigen Industrieanlagen** untersucht, die das Anlagengeschäft in seiner ganzen Komplexität umfassen. Unter einer schlüsselfertigen industriellen Anlage verstehen wir dabei ein "durch die Verkaufs- (Vermarktungs-) Fähigkeit abgegrenztes, von einem oder mehreren Anbietern in einem geschlossenen Angebot erstelltes Anlagen-Dienstleistungsbündel zur Befriedigung eines komplexen Bedarfs" (2). Durch die Betrachtung von schlüsselfertigen Anlagen soll sichergestellt werden, daß eine möglichst vollständige Erfassung der im Anlagengeschäft relevant werdenden Dienstleistungen gewährleistet ist. Da schlüsselfertige Industrieanlagen kundenindividuell im Anschluß an den Vermarktungsprozeß erstellt werden, erfolgt die Festlegung von Leistung und Gegenleistung im sog. **Anlagenvertrag.** Dabei lassen sich verschiedene Vertragstypen unterscheiden:

Die Errichtung einer schlüsselfertigen Anlage (auch Turn-Key, clé en main oder Package Deal genannt) umfaßt die Integration und Koordination aller Leistungen zu einem funktionsfähigen Ganzen, wobei die Funktionsfähigkeit durch einen Probelauf nachgewiesen wird (3). Der Anlagenanbieter hat im Rahmen des **klassischen clé en main-Vertrages** "seine vertraglichen Pflichten mit dem Aufbau der Anlage, die die vertraglich vereinbarte Kapazität erbringt, erfüllt" (4). Gerade bei den mit Entwicklungsländern abgewickelten Anlagengeschäften zeigt die Praxis jedoch, daß diese ohne fremde Hilfe auch schlüsselfertig gelieferte Indutrieanlagen nicht nutzen können (5). Im internationalen Anlagengeschäft ist deshalb festzustellen, daß die Kundenländer von ihren Vertragspartnern mit zunehmender Tendenz nicht nur Garantieversprechen bezüglich der Beschaffenheit und Verwendbarkeit einer Anlage verlangen, sondern auch eine wirtschaftliche Betriebsführung sicherstellen wollen (6). Aus dem klassischen clé en main-Vertrag haben sich deshalb in der Praxis weitere Vertragsarten herausgebildet. Im Rahmen des Vertragstyps **"clé en main lourd"** verpflichtet sich der Anlagenbauer das Personal des Kundenlandes zu schulen und nach Inbetriebnahme der Anlage "vor Ort" zu bleiben, um die technische Beratung sicherzustellen (7). Das Ziel der Entwicklungsländer liegt dabei in dem Erwerb der Fähigkeit, eine gekaufte Anlage mit eigenem Personal betreiben zu können. Da die Zusicherung von Ausbildungsmaßnahmen durch den Anlagenhersteller für die Entwicklungsländer aber noch keine Garantie für die reibungslose Funktionsfähigkeit einer Anlage darstellt, versuchen die Entwicklungsländer häufig eine "produktionsfertige" Erstellung von Industrieanlagen (produit en main-Vertrag) zu erreichen. Beim **produit en main-Vertrag** verpflichtet sich der Anlagenanbieter "eine Anlage zu übergeben, die der Partner im Entwicklungsland mit seinem lokalen Personal betreiben kann" (8). Der Anlagenanbieter übernimmt damit eine Garantie für die von ihm durchgeführten Ausbildungsmaßnahmen. Eine noch weitergehende Garantieleistung beinhaltet der **marche en main-Vertrag**, bei dem der Anlagenanbieter eine Absatzgarantie für die auf der Anlage erstellten Erzeugnisse übernimmt (9). Die wohl umfassendste Form einer Garantieleistung, die in jüngster Zeit bei einem Anlagenprojekt in Algerien verlangt wurde, stellt der sog. **"profit en poche -Vertrag"** dar. Der Anlagenanbieter gibt hierbei eine RoI-Garantie ab, d.h. er garantiert im Prinzip, daß sich die gelieferte Anlage in einem bestimmten Zeitraum amortisiert hat (10).

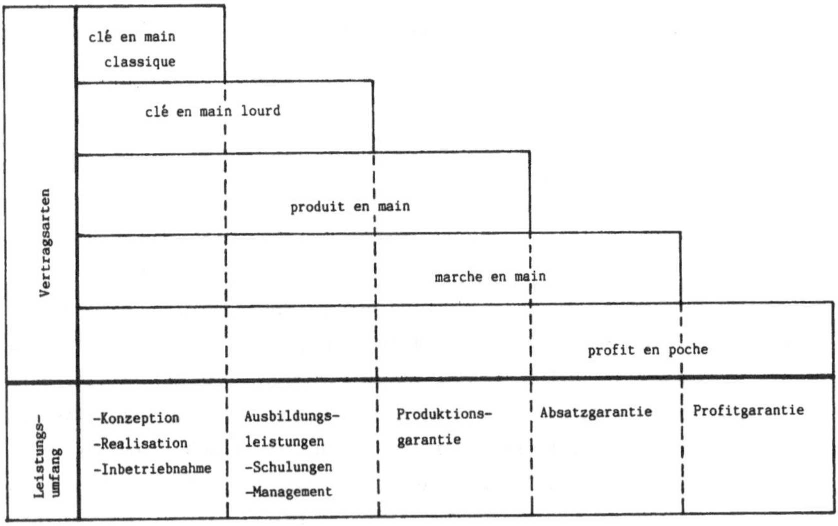

Abb. 3: Vertragstypen schlüsselfertiger Anlagen bei unterschiedlichem Leistungsumfang

Die dargestellten Garantieleistungen beinhalten immer umfassender werdende Leistungsinhalte und lassen sich graphisch wie in Abbildung 3 dargestellt verdeutlichen.

Im Rahmen dieser Arbeit werden alle oben aufgeführten Vertragstypen untersucht. Die Grundgesamtheit der betrachteten Objekte ist demnach so abgegrenzt, daß es sich bei dem analysierten Vertragstyp mindestens um einen Vertrag clé en main classique (Mindestleistungsumfang einer schlüsselfertigen Anlage) handeln muß. Wenn wir im folgenden vom Anlagengeschäft sprechen, ist somit stets die schlüsselfertige Anlage im oben definierten Sinne gemeint.

2. System- und Anwenderdienstleistungen im internationalen Anlagengeschäft

Eine eindeutige Definition dessen, was unter Dienstleistungen im internationalen Anlagengeschäft zu verstehen ist, findet sich in der Literatur nicht. Vielmehr werden Begriffe wie Dienstleistungen, Zusatzleistungen, Sekundärleistungen, Serviceleistungen, Kundendienstleistungen, investive Dienstleistungen und Leistungen im Softwarebereich z.T. synonym verwendet (11). Während der Dienstleistungsbegriff im Konsumgütersektor eine eingehende Diskussion erfahren hat (12), erschöpft sich die Erklärung des Dienstleistungsbegriffs im Rahmen des industriellen Anlagengeschäfts i.d.R. in kasuistischen Aufzählungen, und er wird weitgehend mit dem Dienstleistungsbegriff im Konsumgütersektor gleichgesetzt (13). Bei näherer Betrachtung zeigt sich jedoch, daß die im Anlagengeschäft relevant werdenden Dienstleistungen im Vergleich zum Konsumgüterbereich eine Reihe von Besonderheiten aufweisen, die eine differenzierte Betrachtung notwendig machen (14). Von besonderer Bedeutung für unsere Untersuchung ist dabei die Unterscheidung in System- und Anwenderdienstleistungen.

Im folgenden verstehen wir unter **Dienstleistungen im internationalen Anlagengeschäft** alle Leistungen mit immateriellem Charakter, die zur funktionsfähigen Errichtung einer Industrieanlage notwendig sind, nach Erstellung ihre Funktionsfähigkeit sichern oder spezielle Nachfragerwünsche, die im Zusammenhang mit dem Kauf einer Anlage entstehen, befriedigen können und damit in besonderer Weise den Absatz einer Großanlage fördern. Die Dienstleistungen lassen sich für unsere Zwecke in zwei Kategorien unterteilen, die wie folgt abgegrenzt werden:

(1) **SYSTEMDIENSTLEISTUNGEN (SDL)**
Die Systemdienstleistungen umfassen alle Leistungen, durch die das Leistungspotential der technischen Primärleistung erst nutzbar gemacht oder verbessert werden kann und die sich aus den verfahrenstechnischen Besonderheiten einer Industrieanlage ergeben (z.B. Engineering-Leistungen).

Den Umfang möglicher Systemdienstleistungen zeigt die folgende Abbildung.

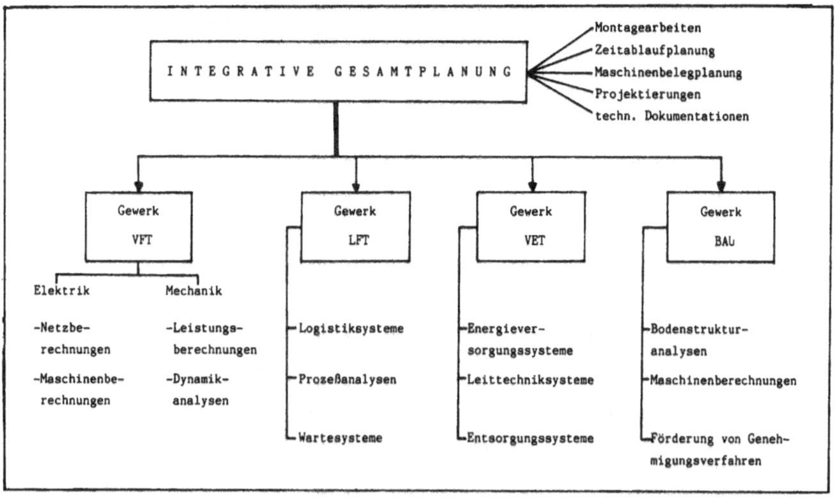

Abb. 4: Mögliche Systemdienstleistungen nach Gewerken (beispielhafte Nennungen)

(2) **ANWENDERDIENSTLEISTUNGEN (ADL)**

Die Anwenderdienstleistungen umfassen alle vom Nachfrager verlangten Leistungen, die sich aus der entwicklungspolitischen und wirtschaftlichen Situation eines Nachfrager- (lande)s ergeben und zur Lösung daraus resultierender kundenspezifischer Probleme dienen (z.B. Absatzhilfen).

Das Zusammenwirken zwischen den einzelnen Leistungskomponenten im Anlagengeschäft verdeutlicht die folgende Abbildung:

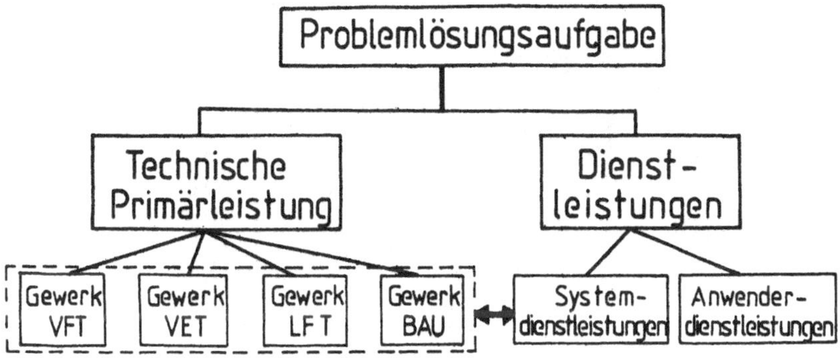

Abb. 5: Zusammenwirken von technischer Primärleistung und Dienstleistungen

Das charakteristische Merkmal der Anwenderdienstleistungen liegt in ihrer Unabhängigkeit von der Verfahrenstechnik einer Anlage. Sie bieten damit dem Nachfrager eines Anlagengutes neben dem technischen Problemlösungsmoment ein zusätzliches, über die technische Funktionsfähigkeit hinausgehendes Problemlösungsangebot, das den Kauf einer kompletten Industrieanlage beeinflußt. Das Angebot von ADL kann für den Nachfrager von Industrieanlagen eine zentrale präferenzbildende Maßnahme sein, was sich z.B. darin dokumentiert, daß in jüngster Zeit immer häufiger ADL bereits in den Tenderdokumenten spezifiziert werden (15).

Neben den eindeutig als System- oder Anwenderdienstleistungen zu klassifizierenden Leistungsarten gibt es auch solche, die sich nicht eindeutig einer der beiden Kategorien zuordnen lassen. So kann z.B. der Umfang von Dokumentationen und Schulungsmaßnahmen sowohl durch die technische Komplexität eines Anlagengutes determiniert werden, als auch durch das beim Nachfrager vorhandene Know how. Es gibt somit immer unscharfe Mengen (Grauzone), die Leistungen enthalten, die Merkmale mehrerer Kategorien aufweisen:

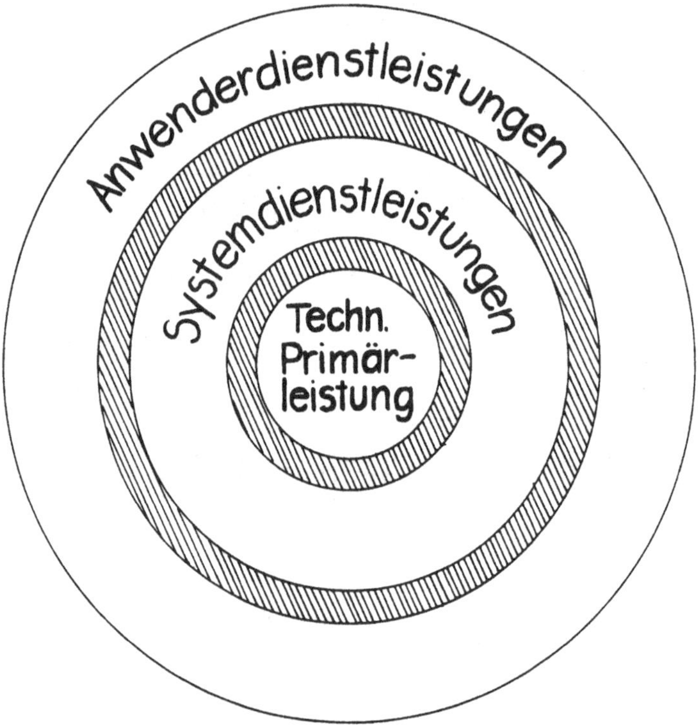

Abb. 6: Unscharfe Mengen zwischen Primärleistung, System- und Anwenderdienstleistungen

Für die folgende Ableitung von ADL wird die Überschneidungsmenge (Grauzone) zwischen System- und Anwenderdienstleistungen bewußt in Kauf genommen und solche Dienstleistungen, die in die Grauzone fallen, werden zunächst in die Betrachtung eingeschlossen. Das Abgrenzungskriterium für

SDL und ADL wird daher zunächst dahingehend ausgeweitet, daß als **"Anwenderdienstleistungen"** alle Dienstleistungsarten in die Untersuchung einbezogen werden, deren Nachfrage auch durch kundenzpezifische Ursachen erklärt werden kann. Im Rahmen der empirischen Analyse werden dann die praktisch relevanten ADL daraufhin geprüft, inwieweit eine weitgehend überschneidungsfreie Zuordnung der betrachteten Dienstleistungen zu den Kategorien System- und Anwenderdienstleistungen vorgenommen werden kann (16).

3. Ableitung eines Katalogs von Anwenderdienstleistungen

3.1. Systematisierung der Ursachen für die Nachfrage nach Anwenderdienstleistungen

Für die ADL hatten wir als Charakteristika herausgestellt, daß sich ihre Nachfrageursachen aus der entwicklungspolitischen und wirtschaftlichen Situation eines Nachfrager(lande)s ergeben und sie in besonderem Maße zur Lösung daraus resultierender kundenspezifischer Probleme beitragen. Zur Ermittlung von ADL betrachten wir im folgenden mögliche Problemkreise, aus denen die Nachfrage nach ADL resultieren kann.

Mit dem Kauf schlüsselfertiger Anlagen versuchen Entwicklungsländer, Technologien zu transferieren. Dabei steht i.d.R. nicht nur die Übertragung neuer Technologien im Vordergrund, sondern es soll ein möglichst umfassender Know how-Transfer stattfinden. Neben dem rein technischen Know how-Zufluß versuchen die Entwicklungsländer deshalb, im Rahmen des Anlagengeschäfts auch gleichzeitig den effizienten Einsatz einer Anlage sicherzustellen. Die Forderungen nach Beratungs-, Ausbildungs- und umfassenden Garantieleistungen machen z.B. diese Bestrebungen deutlich.

Die Gründe, die für die Nachfrage nach ADL verantwortlich sind, werden im folgenden nach zwei Ursachenkomplexen untersucht:

(1) **Adaptionsschwierigkeiten**

Letztendlich hat für die Entwicklungsländer ein Technologietransfer nur dann stattgefunden, wenn das Nachfragerland nach dem Aufbau einer Anlage auch in die Lage versetzt wird, die gekaufte Technologie eigenständig nutzen zu können. Von Technologietransfer kann deshalb nur dann gesprochen werden, wenn auch die durch die transferierte Technologie erwarteten Wirkungen auf Entwicklung und Wirtschaft der Länder eingetreten sind; denn "in general, technological transfer and diffusion is a cultural, social, and political process, and not just the imitation of manufactures" (17). Die mangelnden Fähigkeiten der Entwicklungsländer, neue Technologien effizient anzuwenden und sie selbst in eine fortgesetzte Verwendung zu führen, werden im folgenden als Adaptionsschwierigkeiten bezeichnet.

(2) **Gesamtwirtschaftliche Schwierigkeiten**

Durch den Kauf von industriellen Großanlagen erhoffen sich die Entwicklungsländer bestimmte positive Auswirkungen z.B. auf

* das Wirtschaftswachstum,
* die Beschäftigung,
* die Arbeits- und Kapitalproduktivität,
* die Zahlungsbilanz,
* die Einkommensverteilung
* die internationale Wettbewerbsfähigkeit und
* die sozialen Verhältnisse.

Die gesamtwirtschaftlichen Probleme der Entwicklungsländer stellen einen weiteren Ursachenkomplex für die Nachfrage nach ADL dar.

3.2. Adaptionsschwierigkeiten als Ursache für die Nachfrage nach Anwenderdienstleistungen

Adaptionsschwierigkeiten ergeben sich insbesondere aus dem Mangel an Know how. Verstehen wir unter **Know how** "die Gesamtheit der Kenntnisse, des Fachwissens und der Erfahrung bei dem Verfahren und bei der technischen Durchführung der Fabrikation eines Produktes" (18), so stellt auch der in der Literatur häufig angeführte Grund des Mangels an qualifizierten Arbeitskräften eine Teilkomponente des Know how-Defizits dar. Mängel im Bildungssystem, geringes Einkommen und hohe Analphabetenquote sind verantwortlich für das fehlende Know how der Entwicklungsländer. Sie sind damit auf das Wissen, die Erfahrungen und die technischen Hilfen der Industrieländer angewiesen und versuchen z.B. durch Lizenz- und Know how-Verträge einen Ausgleich der Know how-Defizite zu erreichen.

Ist das transferierte Know how mit Schutzrechten versehen, so wird die Nutzung im Rahmen eines **Lizenzvertrages** gewährt (19). Bei rechtlich ungeschütztem Know how spricht man von einem Know how-Vertrag (20). Eine Übertragung von Know how kann auch im Rahmen von **Managementverträgen** stattfinden (21). Der Anlagenanbieter übernimmt dabei, zumindest in den ersten Jahren, die gesamte Leitung des Anlagenbetriebes. Der Nachfrager einer Anlage ist beim Managementvertrag nicht mehr oder nicht allein an der Unternehmenspolitik beteiligt, sondern tritt dieses Recht (teilweise) an den Anlagenbauer oder eine von ihm beauftragte Unternehmung ab, die über entsprechendes technisches, Marketing- und Managementwissen verfügt (22). Die Entwicklungsländer können sich damit technisches oder kaufmännisches Know how des Anlagenanbieters bzw. des von ihm beauftragten Unternehmens zunutze machen.

Eine weitere Möglichkeit zum Ausgleich von Know how-Defiziten liegt in der Bildung von **Joint Ventures**. Unter einem Joint Venture soll "eine spezielle ökonomische Ausgestaltung der kooperativen Zusammenarbeit verstanden werden, die durch eine kapitalmäßige und vertragliche Bindung der Kooperationspartner bestimmt ist, ohne daß ein Partner seine Unabhängigkeit verliert" (23).

Viele Entwicklungsländer versuchen durch Importrestriktionen, Restriktionen im Kapitalverkehr und Benachteiligungen bei der Kreditgewährung, den ausländischen Partner zu einer Kooperation mit inländischen Unternehmen zu zwingen (24). Zum Teil existieren auch direkte Gesetzesvorschriften zur Beteiligung der einheimischen Partner an einem Anlagenprojekt. Der Grund für das Verlangen von Joint Ventures ist deshalb auch darin zu sehen, die Industrie des Nachfragerlandes in Investitionsvorhaben ausländischer Anlagenbauer einzubeziehen (25). Darüber hinaus wird durch Joint Ventures der Anlagenanbieter am Betreiberrisiko beteiligt, was für die Entwicklungsländer eine Möglichkeit der Risikoüberwälzung auf den Anbieter darstellt.

Know how-Defizite dokumentieren sich weiterhin im Mangel an qualifizierten Arbeitskräften. Die Entwicklungsländer verlangen deshalb vom Anlagenanbieter auch die **Schulung des technischen und kaufmännischen Personals** (26).

Wir wollen hier unter Schulungsmaßnahmen nicht die Vermittlung von elementaren Kulturtechniken verstehen, sondern die Vermittlung von fehlenden Fertigkeiten und Kenntnissen, die zum Betreiben einer Anlage notwendig sind. Schulungen und Trainee-Programme können im Entwicklungsland selbst, aber auch im Industrieland abgehalten werden. Eine in den Industrieländern abgehaltene Schulung bringt dabei den Vorteil, daß die notwendigen Einrichtungen und Medien zur effizienten Wissensvermittlung vollständig zur Verfügung stehen (27). Die Bereitstellung von Erfahrungs- und angewandtem Wissen und das learning-by-doing sind für die Entwicklungsländer ebenso wichtig, wie die Nutzungsrechte von patentierten Technologien, da sie hier ihre Arbeitskräfte on the job ausbilden und direkt auf ihre späteren Tätigkeiten vorbereiten können (28).

Neben Managementverträgen und Personalschulungen erstellen die Anlagenanbieter auch komplette **Marketing-Konzeptionen** für die auf der Anlage erstellten Produkte. Die Entwicklung einer Marketing-Konzeption kann z.B. folgende Leistungen umfassen:

* Neuprodukt-Entwicklung,
* Sortimentsanalyse und -beratung,
* Entwicklung von Preisstrategien,

* Aufbau eines Distributionssystems,
* Kundendienst-Organisation,
* Entwicklung einer Kommunikationsstrategie,
* Verkäufereinsatzplanung und -überwachung,
* Aufbau eines Marketing-Informations-Systems.

Durch die Erstellung und Durchführung von Marketing-Konzeptionen kann für die Entwicklungsländer Betreiber-Know how bereitgestellt werden. Sie erhalten dadurch aber noch keine Garantie für den Absatz der auf einer Anlage erstellten Produkte. Der Anlagenanbieter kann deshalb auch zur Übernahme von **Absatzgarantien** verpflichtet werden (29).

Durch die Garantie, den Absatz der auf einer Industrieanlage erstellten Produkte sicherzustellen, sind die Entwicklungsländer nicht gezwungen, ein eigenes Distributionssystem aufzubauen und die Gefahr evt. auftretender Absatzschwierigkeiten geht - zumindest für den Garantiezeitraum - auf den Anlagenbauer über. Produziert eine georderte Industrieanlage über den Eigenbedarf eines Entwicklungslandes hinaus, so wird der Anlagenanbieter i.d.R. versuchen, die Überschußproduktion auf dem internationalen Markt abzusetzen, um seine Garantieverpflichtung erfüllen zu können. In diesem Fall können für die im Entwicklungsland produzierten Produkte auch neue (ausländische) Absatzmärkte erschlossen werden.

Ein Indikator für fehlendes Betreiber-Know how beim Nachfrager ist auch im Umfang der verlangten **Dokumentationen** zu sehen. Sie können von allgemeinen Handbüchern im Reparaturfall bis hin zu detaillierten Funktions- oder Schaltplänen der Gesamtanlage reichen. Ist das Know how-Defizit so groß, daß auch detaillierte Dokumentationsunterlagen nicht zur Behebung von Schwächen ausreichen, werden häufig (zusätzlich) **Wartungsverträge** und Verträge über kurzfristige **Reparaturdienste** und **Ersatzteillieferungen** nachgefragt.

Know how-Defizite können z.T. auch soweit gehen, daß die Nachfragerländer keine klaren Vorstellungen darüber haben, welche Technologien zur Behebung ihrer Probleme am besten geeignet sind. Der Anlagenanbieter wird deshalb häufig zur Erstellung von Problemanalysen und Feasibility Studien herangezogen und gibt Hilfestellungen beim **Einkauf von Rohmaterialien**. Im letzten Fall unterstützt der Anlagenanbieter den Nachfrager bei der Ermittlung von Bezugsquellen und der Beschaffung von Rohmaterialien, die entweder für den Bau oder das Betreiben einer Industrieanlage notwendig sind.

Im Rahmen einer **Problemanalyse** wird eine Grundsatzuntersuchung durchgeführt, die zunächst im Hinblick auf die gestellte Problemlösungsaufgabe

* technische Lösungsalternativen aufzeigt,
* den gestellten Aufgabenkomplex in Subsysteme (Komponenten) zerlegt und (evt.) Funktionszuordnungen zu einzelnen Subsystemen vornimmt sowie
* Bewertungskriterien für Problemlösungen bereitstellt.

Während im Rahmen der Problemanalyse schwerpunktmäßig die Entwicklung technischer Lösungsalternativen für ein geplantes Anlagenprojekt im Vordergrund steht, sollen durch **Feasibility Studien** die technische Realisierbarkeit und die Wirtschaftlichkeit eines Industrieanlagenprojekts analysiert werden.

Unter einer Feasibility Studie soll hier eine vollständige Studie zur Überprüfung der Durchführbarkeit eines geplanten Anlagenprojektes verstanden werden (30). Feasibility Studien setzen sich aus einer Reihe von Teiluntersuchungen zusammen, zu denen z.B. Absatzmarkt-Analysen, Beschaffungsmarkt-Analysen, Wirtschaftlichkeitsanalysen sowie Infrastruktur- und Standortanalysen zählen (31). Diese Grundstudien können jedoch zum Teil auch unabhängig voneinander eingeholt werden.

Der Mangel an Know how bei Entwicklungsländern wird auch daran deutlich, daß in einigen Fällen der Anlagenanbieter bei der Zusammenstellung der **Tenderdokumente** zu Rate gezogen wird. Allgemein versteht man unter einem Tender die offizielle Aufforderung zu einer Angebotsabgabe. Die Tenderunterlagen (auch Lasten- oder Pflichtenheft genannt) können i.d.R. gegen Zahlung einer Schutzgebühr angefordert werden (32). Sehr detailliert ausgearbeitete Tenderdokumente lassen sich in drei Teilbereiche untergliedern (33):

I. Formelle Hinweise für die Gestaltung der Angebotsabgabe (z.B. Kontaktadressen, Richtlinien für die Angebotsaufmachung, Höhe der Bietungsgarantien, Schlußtermin für die Angebotsabgabe),

II. Bekanntgabe des späteren Kaufvertrages und evt. Vordrucke für die Angebotsabgabe,

III. Technische Spezifikationen der Anlage.

Daß ein Mangel an Know how in diesem sehr frühen Stadium des Anlagengeschäfts auftreten kann, dokumentiert sich auch darin, daß der Anlagenanbieter in einigen Fällen Hinweise auf Kriterien für die abschließende **Angebotsauswertung** beim Nachfrager geben kann.

Allgemein läßt sich feststellen, daß sich gerade in Entwicklungsländern Adaptionsschwierigkeiten aus der unterschiedlichen Ausstattung von Industrie- und Entwicklungsländern mit Produktionsfaktoren sowie den bei Entwicklungsländern nur gering vorhandenen Möglichkeiten zur Ausnutzung von economies of scale ergeben. Durch Restriktionen im Absatzmarkt, mangelhafte Infrastruktur und Kapazitätsrestriktionen lassen sich in den Entwicklungsländern Größenvorteile nicht in dem Maße realisieren, wie das in Industriestaaten der Fall ist. Die angebotenen Industrieanlagen sind dagegen weitgehend auf die im Anbieterland vorhandenen Faktorproportionen abgestellt (34). Während in den Industrienationen der Faktor Arbeit häufig den Engpaß darstellt, ist in den Entwicklungsländern der Faktor Kapital knapp. Die Entwicklungsländer benötigen deshalb arbeitsintensive Produktionsverfahren. Angeboten werden i.d.R. aber kapitalintensive Verfahren, und die zum Betrieb solcher Anlagen benötigten Arbeitskräfte sind nicht mit dem entsprechenden Qualifikationsniveau vorhanden. Oft entsprechen die angebotenen Technologien auch nicht dem im Entwicklungsland vorhandenen Know how und sind nicht kompatibel mit den Ausbildungsplänen und Berufsbildern der Nachfragerländer (35).

Die Notwendigkeit, angebotene Technologien auf die Gegebenheiten und Bedürfnisse in den Entwicklungsländern abzustellen, widerspricht jedoch oft auch dem Nachfragerverhalten dieser Länder. Gerade Entwicklungsländer verlangen häufig den jeweils neuesten technischen Stand von Industrieanlagen. Die Gründe hierfür liegen weniger in ökonomischen Überlegungen als vielmehr in dem zum Teil weit verbreiteten Prestigedenken dieser Länder.

3.3. Gesamtwirtschaftliche Schwierigkeiten als Ursache für die Nachfrage nach Anwenderdienstleistungen

Die internationale Verschuldungskrise der Entwicklungsländer hat als eine der Hauptursachen im deutschen Großanlagenbau im Jahre 1983 zu einem Rückgang des Bestellvolumens dieser Länder von ca. 36% gegenüber dem Vorjahr geführt (36). Bei rund 60 von 85 Entwicklungsländern, die vom Wirtschaftsforschungsinstitut DRI (Data Resources Inc.) Anfang 1984 untersucht wurden, waren die Währungsreserven noch nicht einmal zur Deckung der Importe für die nächsten drei Monate ausreichend; dies galt Ende 1982 für nur ein Drittel der untersuchten Länder (37). Der Schuldendienst der Entwicklungsländer hat sich seit 1978 mehr als verdoppelt (38).

Konsequenz der zunehmenden Liquiditätsengpässe ist eine verschärfte Sparpolitik dieser Länder, die insbesondere in Importbeschränkungen ihren Ausdruck findet und damit auch zu einem Rückgang des Auftragsvolumens im deutschen Anlagenbau geführt hat.

Gleichzeitig leiden die Entwicklungsländer aber auch unter erheblichen Haushalts- und Leistungsbilanzdefiziten sowie nur schlechten Wachstumsaussichten, die die gesamtwirtschaftlichen Schwierigkeiten dieser Länder noch verschärfen (39). Anlagenanbieter sehen sich deshalb zunehmend der Notwendigkeit ausgesetzt, bei Auslandsgeschäften das Investitionsrisiko verstärkt zu berücksichtigen (40) und gleichzeitig aber auch den Forderungen gerecht werden zu müssen, die sich aus der schlechten Wirtschaftslage der Entwicklungsländer ergeben. Die zunehmenden Finanzierungsschwierigkeiten der Entwicklungsländer, in Verbindung mit der hohen Wertdimension von Anlagengeschäften, führen dazu, daß vom Anlagenanbieter **detaillierte Finanzierungskonzeptionen** verlangt werden. Die Wichtigkeit einer adäquaten Gestaltung des Finanzierungsangebots für den Auftragserhalt zeigt sich z.B. daran, daß häufig bereits in den Ausschreibungsunterlagen die Erstellung einer Finanzierungskonzeption enthalten ist und "klar darauf hingewiesen wird, daß Anbieter, die in der Lage sind, eine mittel- oder langfristige Finanzierung anzubieten oder zu vermitteln, bevorzugt werden." (41). Um diesen Ansprüchen gerecht werden zu können, werden vom Anlagenanbieter ein ähnlich weitreichendes Know how und internationale Erfahrung verlangt wie bei den Ingenieurleistungen; es wird deshalb häufig auch von **"financial engineering"** gesprochen (42). Neben der klassischen Auftragsfinanzierung (43), bei der ein Anlagenanbieter z.B. einen Lieferantenkredit gewährt oder Bestellerkredite vermittelt, sind vor allem bei Anlagengeschäften mit Entwicklungsländern die folgenden neuen Finanzierungsinstrumente relevant:

(a) **Mischfinanzierung**

Eine Mischfinanzierung liegt dann vor, wenn staatliche Mittel der Kapitalhilfe, die zur Unterstützung entwicklungspolitisch förderungswürdiger Vorhaben dienen, in einer einheitlichen Finanzierungskonzeption "vermischt" werden. Erreicht werden soll damit eine günstigere Ausgestaltung der Finanzierungskonditionen bezüglich Zins und Laufzeit. Die Möglichkeit der Entwicklung eines Mischfinanzierungskonzepts ist dabei an bestimmte Voraussetzungen geknüpft (44).

(b) **Kofinanzierung**

Von Kofinanzierung wird gesprochen, wenn insbesondere die Weltbank in die Finanzierung von Anlagenprojekten bei Entwicklungsländern einbezogen wird. Das Entwicklungsland schließt bei der traditionellen Form der Kofinanzierung zwei parallele Kreditverträge ab: einen mit der Weltbank und einen mit privaten Geschäftsbanken (Bankenkonsortium). Die Weltbank strebt im Rahmen der Kofinanzierung vor allem die Unterstützung einer gezielten Entwicklungshilfepolitik an. In jüngster Zeit sind von der Weltbank neue Kofinanzierungsinstrumente, die sog. "B-loans", entwickelt worden. Die Hauptzielsetzung der "B-loans" liegt in einer Verlängerung der Laufzeit von Geschäftsbankkrediten über die "marktübliche" Laufzeit hinaus (45).

Auch durch das Verlangen nach **Kompensationsgeschäften** versuchen die Entwicklungsländer ihren Finanzierungsschwierigkeiten entgegenzuwirken. Durch Kompensationen können die mit nur geringem Devisenbestand ausgestatteten Länder ihre Währungsreserven schonen und Devisen einsparen. Weiterhin können damit Zahlungsbilanz-Defizite verringert und die Terms of Trade verbessert werden.

Die Gegengeschäftspraxis hat sich in jüngster Zeit zunehmend ausgebreitet. Während der Anteil von Kompensationsgeschäften im Jahre 1976 bei nur 2% des Welthandelsvolumens lag, betrug er 1982 bereits 30% und wird für 1988 mit 40% angesetzt (46). Experten vermuten sogar, daß der internationale Tauschhandel bis zum Jahr 2000 auf über 50% angsteigen wird (47). Die Gestaltungsformen der Kompensationsgeschäfte sind dabei vielfältig geworden (48), wobei folgende besonders häufig anzutreffen sind (49):

(a) **Klassischer Barter**
Er stellt die einfachste Form des Kompensationsgeschäfts dar, bei dem zwei Unternehmen wechselseitig wertgleiche Realgüter ohne Geldzahlungen austauschen.

(b) **Parallelgeschäft**
Dabei werden Lieferung und Gegenlieferung in zwei getrennten Verträgen geregelt, wobei beide Verträge mit Geld beglichen werden. Das Parallelgeschäft ist im internationalen Geschäft am häufigsten anzutreffen, da nur hierbei finanzierende Banken und Exportkreditversicherungen in die Abwicklung eines Kompensationsgeschäftes einbezogen werden können.

(c) **Dreiecks- oder Switchgeschäft**
Dabei wird ein weiteres Unternehmen in die Handelsbeziehungen zwischen Anlagenanbieter und Käufer eingeschaltet. Hierbei liefert das Projektland Waren an ein drittes Unternehmen. Dieses liefert dann zur Begleichung seiner Verbindlichkeiten gegenüber dem Projektland Waren an den Anlagenbauer und erfüllt damit die Forderungen des Anlagenherstellers gegenüber dem Projektland.

(d) **Buy-Back-Barter**
Bei diesem Typ werden die auf einer gelieferten Industrieanlage erstellten Produkte ganz oder teilweise zur Bezahlung der gekauften Anlage verwandt.

Zunehmend werden in die Abwicklung von Kompensationsgeschäften auch staatliche Stellen einbezogen und häufig wird per staatlichem Dekret eine Gegengeschäftsverpflichtung festgesetzt. So schreibt z.B. die UdSSR bei Investitionsgütergeschäften eine Gegengeschäftsquote von 10 bis 20%

und bei sonstigen Lieferungen von 50 bis 100% vor (50). Aber nicht nur in den Staatshandelsländern, in denen Kompensationsgeschäfte schon mehr oder weniger obligatorisch geworden sind, wird der Handel "Ware gegen Ware" von staatlicher Seite geregelt. Offizielle Richtlinien, wann Gegengeschäftsverpflichtungen einzugehen sind, existieren z.B. auch in Indonesien, Rumänien, Kolumbien, Peru sowie Ecuador und sind demnächst in Brasilien und Venezuela zu erwarten (51).

Zusätzlich erschwert werden die Gegengeschäftsverpflichtungen, wenn auch die Kompensationsware konkret vorgeschrieben ist. Hierzu gehen nicht nur verschiedene RGW-Staaten über, sondern z.B. auch der algerische Wirtschaftsminister hat eine Liste mit 100 Produkten herausgegeben, die zur Kompensation angeboten werden und an die sich der ausländische Exporteur halten muß (52). Gegengeschäfte sind mittlerweile zu einem elementaren Faktor im Welthandel geworden und insbesonders bei den Handelsbeziehungen zu Entwicklungsländern konkretisiert sich das Problem nicht mehr in der Frage "to trade or countertrade", sondern "to countertrade or not to trade at all" (53).

Durch die Nachfrage nach Kompensationen versprechen sich die entprechenden Länder nicht nur die Milderung finanzieller Schwierigkeiten, sondern sie können gleichzeitig einer Vielzahl weiterer Gesichtspunkte Rechnung tragen (54):

* Angebotsüberschüsse inländischer Produktionen können beseitigt oder zumindest abgebaut werden, was wiederum zu Kosteneinsparungen führt.
* Durch einen Buy-Back-Barter kann nicht nur der Absatz für die auf einer industriellen Großanlage erstellten Produkte gesichert, sondern auch die Finanzierung eines Anlangengeschäfts erleichtert werden.
* In Staatshandelsländern wird die staatliche Planung erleichtert, da sich die westlichen Industriestaaten den Kompensationsverpflichtungen zum Teil nicht mehr entziehen können.
* Durch Kompensationsverpflichtungen können die Exportindustrie der Entwicklungsländer gestützt und Arbeitsplätze gesichert werden.

* Die Nachfragerländer erschließen sich Absatzmärkte der Industrieländer, auch wenn sie über keine eigene Außenhandelsorganisation verfügen.

Neben den Kompensationsgeschäften gewinnen insbesondere die Forderungen nach **Local content-Anteilen** im Handel mit der Dritten Welt an Bedeutung (55). Die Länder versuchen durch Local content-Forderungen in geplante Anlagenprojekte auch ihre einheimische Industrie zu fördern. Der Anlagenanbieter kann dabei zur Fertigung bestimmter Anlagenteile im Nachfragerland verpflichtet werden (local manufacturing) oder muß im Rahmen von local deliveries Anlagenkomponenten von Unternehmen aus dem Projektland beziehen sowie lokale Firmen zu Bau- oder Montagearbeiten heranziehen (56).

Der Umfang von Local content-Forderungen wird von Experten gegenwärtig bei Turn-key-Projekten auf ca. 40% vom Gesamtauftragswert geschätzt. Verlangt werden lokale Fertigungsanteile z.B. von China, Indonesien, Nigeria, Thailand und Indien (57). Die Bestrebungen nach Local content-Anteilen gehen z.T. von den einheimischen Unternehmen des Projektlandes aus, sie sind z.T. aber auch von staatlicher Seite aus festgelegt (58). Im Mai 1983 wurde z.B. von der Regierung in Saudi Arabien das sog. "Royal decret" verabschiedet, wonach bei jedem Exportgeschäft mit Saudi Arabien mindestens 30% vom Gesamtauftragswert an lokale Firmen vergeben werden müssen. Wie der Exporteur die 30%-Klausel erfüllt, ist dabei offen gelassen. Es gibt aber auch Fälle, in denen Gegenstand sowie Art und Weise der Local content-Erfüllung genau spezifiziert sind (59). Die Motivation der Entwicklungsländer für das Verlangen von Local content-Anteilen kann in folgenden Punkten gesehen werden (60):

(1) **Stärkung der inländischen Wirtschaft**

Durch den Einbezug von einheimischen Unternehmen in ein geplantes Industrieanlagenprojekt können im Projektland

* Beschäftigungseffekte erzielt werden, da sich aus der Langfristigkeit des Anlagengeschäfts auch eine Sicherung von einheimischen Arbeitsplätzen auf Dauer ergibt;
* Zahlungsbilanzeffekte realisiert werden; denn das Importniveau kann gesenkt und somit können auch Leistungsbilanzdefizite reduziert werden, woraus sich gleichzeitig

Devisenersparnisse ergeben;

* Allokationseffekte erreicht werden. Durch die Einführung kapitalintensiver Technologien kann es zu einer Freisetzung von Arbeitskräften im Nachfragerland kommen, die durch den Einbezug einheimischer Unternehmen in ein Anlagenprojekt wieder in eine neue Verwendung geleitet werden können;
* die einzel- und gesamtwirtschaftlichen Kosten gesenkt werden: Die Kosten für das Einzelprojekt können u.a. durch geringere Transportkosten und das häufig geringere Lohnniveau reduziert werden. Gesamtwirtschaftlich ergibt sich eine Kostendämpfung z.B. aus den möglichen Beschäftigungs- und Allokationseffekten.

(2) **Stärkung der Nachfragerländer am Weltmarkt**

Durch die Kooperation zwischen Entwicklungs- und Industrieländern bei einem Anlagengeschäft haben die Projektländer die Möglichkeit,

* sich als Geschäftspartner von Industriestaaten zu bewähren und damit
* langfristig auch mit Drittländern, z.B. als Partner in einem Anbieterkonsortium, tätig zu werden;
* sich neue Auslandsmärkte zu erschließen.

Die Forderungen nach Local content-Anteilen können neben der Lösung von gesamtwirtschaftlichen Problemen aber auch zur Überwindung von Adaptionsschwierigkeiten dienen. Dabei steht die Steigerung des Know how- und Qualifikationsniveaus im Vordergrund, da Lerneffekte beim Bau und Betreiben der Anlage erzielt und damit auch Industrialisierungsbestrebungen der Entwicklungsländer unterstützt werden.

4. Anwenderdienstleistungen als Ansatzpunkt eines strategischen Marketingkonzepts

Die im vorangegangenen Kapitel diskutierten ADL bilden die Basis für die empirische Analyse und wurden bei den Mitgliedsfirmen des Arbeitsforums "Investitionsgüter-Marketing" (AIM) einem Pretest unterzogen (61). Die ADL wurden dabei insbesondere auf

* ihre **praktische Relevanz** bei Akquisitionsbemühungen für Anlagengüter und
* ihre **Operationalisierbarkeit** in bezug auf die Messung der Dienstleistungen als relativer Kostenanteil am Gesamtauftragswert

untersucht (62). Dabei ergab sich eine eindeutige Bestätigung der oben diskutierten ADL, so daß wir von folgendem ADL-Katalog ausgehen:

1. Local content-Forderungen
2. Kompensationsgeschäfte
3. Erstellung einer Marketing-Konzeption für die auf der Anlage erstellten Produkte
4. Absatzhilfen bei der Vermarktung für die auf der Anlage erstellten Produkte
5. Beratungsleistungen für den Einsatz von einheimischem Betreiberpersonal
6. Durchführung von Schulungen für das technische und kaufmännische Personal
7. Verlangen nach Managementverträgen
8. Forderung nach Joint Ventures
9. Fertigung auf Lizenzbasis
10. Wartungsverträge
11. Bereitstellung von Ersatzteilen
12. Reparaturdienst
13. Dokumentationen
14. Know how - Verträge
15. Erstellung von Problemanalysen
16. Feasibility Studien (incl. Marktuntersuchungen)
17. Hilfen bei der Tendererstellung
18. Absatzgarantien
19. Finanzierungsbeschaffung
20. Hilfen bei der Angebotsauswertung
21. Hilfen beim Einkauf von Rohmaterialien

Abb. 7: Katalog der Anwenderdienstleistungen

Dieser Dienstleistungskatalog beschreibt die Arten von ADL, die es einem Anlagenanbieter ermöglichen, durch ein entsprechendes Leistungsangebot **komparative Konkurrenzvorteile** neben den technologisch orientierten Angebotskomponenten aufzubauen, da sie zur Lösung spezieller Nachfragerprobleme dienen, die unabhängig von der georderten Industrieanlage sind.

Für die Gestaltung einer Marketing-Strategie, die auf das Präferenzbildungs-Potential von ADL im Anlagengeschäft ausgerichtet ist, sind dabei zwei aufeinander aufbauende **strategische Teilentscheidungen** zu treffen (63):

(1) Es ist zu fragen, ob es Nachfrager (Länder) gibt, die bestimmte ADL stärker nachfragen als andere, so daß Nachfragerländer mit ähnlicher ADL-Nachfragestruktur zu homogenen Nachfragergruppen zusammengefaßt werden können (**Problem der Marktsegmentierung**). Gelingt dies, so können zielgruppenspezifische ADL-Sortimente aufgebaut werden.

(2) Lassen sich solche Ländersegmente finden, so ist zu prüfen, welche Ländersegmente im Hinblick auf das Leistungspotential des Anbieters von besonderer Bedeutung für die Marktbearbeitung sind (**Problem der Marktsegmentauswahl**); sei es, daß die Nachfragestruktur besonders gut auf die vorhandene Angebotstruktur paßt, sei es, daß der Anbieter im Hinblick auf die Nachfragestruktur besonders gute Voraussetzungen besitzt, sein Leistungsangebot entsprechend zu verändern.

Um solche marktstrategischen Entscheidungen fundiert begründen zu können, ist es allerdings zunächst notwendig, daß ein breiter Erfahrungsschatz über das Verhalten der Kundenländer bezüglich der ADL existiert. Da die ADL von der Anlagentechnik unbeeinflußt sind, liefern prinzipiell alle in einem Nachfragerland abgewickelten Projekte ein Erfahrungspotential für das entsprechende Nachfragerverhalten eines Landes bei ADL. Je größer dieser Erfahrungspool ist, desto gesicherter sind die Aussagen über die ADL-Nachfrage in einem Land.

Zur frühzeitigen Erkennung kundenspezifischer Leistungsanforderungen an ADL wird daher im folgenden

* ein Experten-Panel für das internationale Anlagengeschäft konstruiert, mit dessen Hilfe ein möglichst breiter Erfahrungspool über das Nachfragerverhalten von Ländern bei ADL aufgebaut werden soll;

* ein Informationssystem für das Marketing von Großanlagen entwickelt, das eine strategische Nutzung der Datenbanken im Experten-Panel für den einzelnen Anlagenbauer ermöglichen soll.

C. KONSTRUKTION EINES EXPERTEN-PANELS FÜR DAS INTERNATIONALE ANLAGENGESCHÄFT

1. Besonderheiten des internationalen Anlagengeschäfts für die Errichtung eines Anlagen-Panels

Die Bereitstellung möglichst umfassender Informationen über das Nachfrageverhalten bei ADL kann durch die Errichtung eines Unternehmens-Panels für das internationale Anlagengeschäft ermöglicht werden. Bedingt durch die Langfristigkeit des Anlagengeschäfts tritt der einzelne Anlagenanbieter nur sporadisch mit konkreten Nachfragerländern in Geschäftsbeziehung, und seine Erfahrungen mit einzelnen Ländern stützen sich i.d.R. nur auf wenige vorher abgewickelte Projekte. Häufig stellen die Nachfragerländer für den Anlagenbauer auch Neukunden dar. Durch ein **Anlagen-Panel** können die Erfahrungen aller Anlagenanbieter für den einzelnen Anbieter nutzbar gemacht und im Zeitablauf kann der Datenpool aktualisiert werden.

Ebenso wie im Konsumgütersektor ist auch eine Panel-Errichtung im Anlagengeschäft mit Problemen behaftet. Allerdings sind die klassischen Porbleme von Panels im Bereich des Anlagengeschäfts z.T. anders gelagert.

2. Traditionelle Probleme der Panelforschung

Die methodischen Probleme, die in der konsumgüterbezogenen Panelforschung auftreten, ergeben sich insbesondere aus der Zusammensetzung der im Panel enthaltenen Teilnehmer. Zu diesen Problemkreisen zählen (1):

(1) **Repräsentanzproblem**

Um zu brauchbaren Aussagen bei der Analyse von Paneldaten zu gelangen, müssen die Teilnehmer beim Verbraucher-Panel einen repräsentativen Querschnitt der Nachfrager darstellen. Um dies zu gewährleisten, gilt es, nicht nur ein die Grundgesamtheit repräsentierendes Panel aufzustellen, sondern auch die Mitglieder müssen von Zeit zu Zeit ausgetauscht werden (siehe Panel-Effekt).

(2) **Motivationsproblem**

Ein Verbraucher-Panel ist durch Teilnehmer besetzt, die unmittelbar keinen Nutzen aus den Panelanalysen ziehen. Sie müssen deshalb in besonderem Maße motiviert und ihr Interesse muß geweckt werden.

(3) **Problem der Panel-Sterblichkeit**

Die Teilnehmer von Panels können aus einer Reihe von Gründen aus dem Mitgliederkreis ausscheiden; sei es aus mangelndem Interesse, zu hoch empfundenem Arbeitsaufwand oder auch durch Auflösung des Haushalts. Deshalb müssen neue Mitglieder mit gleicher Merkmalsstruktur gefunden werden, damit die Repräsentanz des Panels erhalten bleibt. Beobachtungen im Zeitablauf werden bei zu großer Panel-Sterblichkeit in Frage gestellt.

(4) **Problem des Panel-Effekts**

Unter dem Panel-Effekt versteht man die aufgrund längerer Teilnahme von Panel-Mitgliedern entstehende Sensibilisierung der Befragten für den Untersuchungsgegenstand. Die Teilnehmer werden bewußter in ihrem Informationsverhalten und unterscheiden sich schließlich in ihrem Kaufverhalten von den übrigen Nachfragern.

3. Relevanz traditioneller Panel-Probleme für das Anlagengeschäft

Die Besonderheiten eines Anlagen-Panels lassen sich aus den generellen Unterschieden zwischen Konsum- und Anlagengütern ableiten. Eine Gegenüberstellung der beiden Güterbereiche zeigt die Abbildung 8.

Letztendlich sollen durch das Anlagen-Panel repräsentative Aussagen über das Nachfragerverhalten von Kundenländern bei ADL erzielt werden. Da eine direkte Nachfragerbefragung jedoch nicht oder nur sehr schwer mög-

	KONSUMGÜTER	ANLAGENGÜTER
(1)	Relativ homogene Produkte, die eine Verwendungsvielfalt aufweisen und von einer Vielzahl von Nachfragern ge- bzw. verbraucht werden können.	Kundenindividuell zugeschnittene Problemlösung, die in identischer Form kein zweites Mal verkauft werden kann.
(2)	Im Rahmen des Verbraucher-Panels kann der Endverbraucher direkt befragt werden.	Die direkte Befragung des Nachfragers nach Industrieanlagen ist zu zeitaufwendig und kostspielig, wodurch als Befragerkreis die Verkaufsakquisiteure des Anlagenanbieters herangezogen werden müssen.
(3)	Die Kaufprozesse vollziehen sich weitgehend in habitualisierter Form bzw. nehmen nur eine im Verhältnis zum Anlagengeschäft geringere Zeitspanne ein.	Der Vermarktungsprozeß industrieller Großanlagen läuft verstärkt rational ab und zeichnet sich insbesonders durch seine Langfristigkeit aus.
(4)	Viele Anbieter kämpfen schwerpunktmäßig auf dem nationalen Markt um Marktanteile.	Wenige Anbieter kämpfen auf internationalen Märkten um Marktanteile.
(5)	Es existiert eine Vielzahl von Substitutionsprodukten, die der gleichen Problemlösung dienen.	In bezug auf das technische Know how sind i.d.R. nur wenige Verfahrensvarianten für ein und dieselbe Problemlösungsaufgabe relevant.

Abb. 8: Unterschiede zwischen Konsum- und Anlagengütern

lich ist, muß versucht werden, möglichst viele Anlagenanbieter für das Anlagen-Panel zu gewinnen. Je mehr Erfahrungen einzelne Anlagenanbieter in das Panel einbringen, desto eher sind gesicherte Aussagen über die Nachfrage nach ADL möglich. Die Repräsentativität der Ergebnisse im Rahmen eines Anlagen-Panels kann nur über eine möglichst vollständige Erfassung aller Anlagenanbieter zu erreichen versucht werden. Während das Repräsentanzproblem im Anlagen-Panel nur schwer lösbar ist, kann das Problem der Panel-Sterblichkeit im Sinne von mangelndem Interesse der

Panel-Mitglieder bei einem Anlagen-Panel als relativ gering angesehen werden, da die Panel-Mitglieder gleichzeitig auch die Adressaten der Panel-Analysen und der daraus gewonnenen Ergebnisse sind. Damit besteht auch das Motivationsproblem nur in abgeschwächter Form; denn befragt werden direkt die im Ausland tätigen Verkaufsakquisiteure, die gleichzeitig auch den Nutzen aus einzelnen Panel-Analysen ziehen können. Dadurch kann das Anlagen-Panel - im Gegensatz zu einem Haushalts-Panel - sogar einen Motivationsverstärker liefern. Panelerhebungen und Panelergebnisse stehen in direktem Zusammenhang.

Der im Rahmen der traditionellen Panelforschung auftretende Panel-Effekt resultiert aus der Verlagerung habitualisierter Kaufprozesse hin zu bewußter werdenden Kaufakten. Durch die sehr viel stärker rational ablaufenden Verhandlungen beim Kauf von Anlagen kann das Panel dazu dienen, Lernprozesse in Gang zu setzen und das Beurteilungsvermögen der Verkaufsakquisiteure bei zukünftigen Geschäften zu verbessern. Es entsteht also quasi ein positiver Panel-Effekt.

4. Sonderprobleme im Bereich der Anlagen-Panelforschung

Aufgrund der Charakteristika des Anlagengeschäfts (2) sind für den Aufbau eines Anlagen-Panels folgende Sonderprobleme relevant:

(1) Problem der Zeitstabilität der Untersuchungsobjekte

Durch die Panelerhebung sollen Veränderungen von Einstellungen, Erfahrungen und Verhaltensweisen im Zeitablauf erfaßt und analysiert werden. Der Befragerkreis charakterisiert dabei den Untersuchungsgegenstand zu mindestens zwei verschiedenen Zeitpunkten. Ein wesentliches Moment bei Paneluntersuchungen ist also die Zeitdimension. Aufgrund des hohen Komplexitätsgrades des Anlagengeschäfts und der Einmaligkeit der Leistung bereitet die Gewährleistung der Zeitstabilität der Untersuchungsobjekte die größte Schwierigkeit, da i.d.R. eine Anlage in identischer Weise kein zweites Mal verkauft werden kann. Untersuchungsgegenstand in der vorliegenden Arbeit ist aber nicht das Anlagengeschäft in seiner ganzen Komplexität, sondern nur die Dienstleistungskomponente in Form der ADL. Dabei gehen wir davon aus, daß die Struktur der ADL und ihre Bedeutung für die Auftragsvergabe länderspezifische Unterschiede aufweisen. Zur Identifikation von homogenen Ländersegmenten werden die ADL im konkreten Geschäft herangezogen. Die Wichtigkeit einzelner ADL ergibt sich dabei primär aus länderspezifischen Gegebenheiten und weniger aus der Bedeutung für das konkrete Einzelprojekt.

Zur Kennzeichnung der einzelnen Länder werden allgemeine Ländercharakteristika herangezogen, die aus allgemein zugänglichen Quellen gewonnen werden (3). Durch die Panelerhebung können dann

* dynamische Entwicklungen in der Bedeutungsstruktur von ADL erkannt werden,
* Verschiebungen von Einzelländern in andere Ländersegmente ermittelt werden,
* auch solche Länder den Segmenten zugeordnet werden, mit denen der Anlagenhersteller noch keine Geschäftsbeziehung unterhält.

Wir gehen also davon aus, daß es kundenspezifische ADL gibt, deren Bedeutung sich nicht aus projektgruppenspezifischen, sondern aus ländersegmentspezifischen Besonderheiten ergibt. Damit kommt es auch weniger darauf an, Projektgruppen zu definieren als vielmehr Ländersegmente zu finden.

Selbst wenn eine Zuordnung von Einzelprojekten zu Projektgruppen vorgenommen würde, so liegt doch die Vermutung nahe, daß sich diese Projektgruppen vorwiegend im Bereich der Systemdienstleistungen und weniger im Hinblick auf die Anwenderdienstleistungen unterscheiden. Nur letztere sind aber Gegenstandsbereich der Untersuchung.

(2) Problem fehlender Nachfragepräsenz

Wie bereits ausgeführt, ist eine direkte Befragung der Nachfrager nach komplexen Industrieanlagen mit großen Schwierigkeiten verbunden,da z.B.

* bestimmte Nachfragerländer nicht erreichbar sind (z.B. Ostblockländer);
* eine direkte Nachfragerbefragung mit hohem Zeit- und Kostenaufwand verbunden wäre;
* die Nachfrager selbst keinen unmittelbaren Nutzen aus der Untersuchung ziehen können, und somit enorme Motivationsanstrengungen mit einer nachfrageseitigen Befragung verbunden wären (4).

Es muß deshalb auf das Wissen von Verkaufsakquisiteuren der Anlagenanbieter zurückgegriffen werden.

Aufgrund langjähriger Erfahrungen der Akquisiteure im Auslandsgeschäft kann von ihnen jedoch eine hohe Sachkenntnis im Umgang mit den ausländischen Nachfragern erwartet werden (5). Außerdem gilt es zu bedenken, daß bei einer direkten Befragung der Nachfrager hohe Motivationsanstrengungen erforderlich wären, um überhaupt brauchbare Informationen zu erhalten. Somit können auch bei einer Kundenbefragung Verzerrungseffekte auftreten.

(3) Problem der Langfristigkeit der Verkaufsakquisitionen

Das bereits erwähnte Problem der Zeitstabilität der Untersuchungsobjekte ist für die Untersuchung von ADL nicht in seiner ursprünglichen Form relevant, wie bereits oben gezeigt wurde. Schwierigkeiten ergeben sich hier vielmehr aus der **Langfristigkeit des Anlagengeschäfts**, weil Informationen aus bereits abgewickelten Geschäften für zukünftige Projekte an Aktualität verlieren, da sich

* der Entwicklungsstand der Länder verändert,
* die Bedeutung einzelner Dienstleistungen verschoben und
* durch wirtschaftliche und politische Veränderungen auch das Nachfragerverhalten geändert

haben kann. Der Rückgriff auf bereits abgewickelte Projekte kann deshalb nur Basisinformationen für das zu errichtende Panel liefern. Erst durch regelmäßige Befragungen im Zeitablauf können die aus Vergangenheitsdaten gewonnenen Ergebnisse aktualisiert und Informationen aus laufenden Projekten frühzeitig genutzt werden.

5. Aufbau des Anlagen-Panels

Der Aufbau eines Panels für das Anlagengeschäft soll in zwei aufeinander aufbauenden Stufen erfolgen:

1. Stufe: Basiserhebung

Im Rahmen der Basiserhebung wird

* der erstellte Katalog der ADL (6) auf seine Verständlichkeit und Relevanz für die Auftragsvergabe getestet,
* eine erste Befragung unter den am Anlagen-Panel beteiligten Unternehmen durchgeführt,
* eine Auswertung der erhobenen Daten im Anlagen-Panel vorgenommen (7),
* getestet, ob die geplanten Auswertungsverfahren zu brauchbaren Ergebnissen führen.

2. Stufe: Panel-Durchführung

Die Ergebnisse der Basiserhebung dienen zur endgültigen Festlegung der Vorgehensweise im Anlagen-Panel. Erst jetzt erfolgt eine Entscheidung darüber,

* welche Länder in Zukunft Gegenstand der Panelerhebung sein sollen, und welche Länder (vorerst) aus der Analyse herausgenommen werden müssen, weil keine statistische Repräsentanz erzielt werden kann,
* welche Auswertungen in Zukunft standardmäßig durchgeführt werden sollen,
* in welchen zeitlichen Abständen die Erhebungen durchgeführt werden sollen,
* ob der in der Basiserhebung verwendete Fragebogen für die weiteren Erhebungen in unveränderter Form beibehalten werden kann, oder ob er zu modifizieren ist.

Durch das so definierte Anlagen-Panel sollen Daten im Zeitablauf bereitgestellt werden, die eine ständig aktualisierbare Untersuchung von ADL im internationalen Anlagengeschäft ermöglichen und frühzeitig Hinweise auf Umbrüche im Nachfragerverhalten von ADL geben können.

Das geplante Anlagen-Panel stellt jedoch lediglich ein **Datenerhebungssystem** dar, das die Grundlage für ein **Informationssystem** bildet, das im folgenden speziell für die Analyse der ADL-Nachfrage im internationalen Anlagengeschäft konzipiert wird. Mit Hilfe dieses Informationssystems sollen die im Rahmen des Anlagen-Panels gewonnenen Daten zum einen zu branchenbezogenen Längsschnittanalysen, die den Erfahrungspool aller am Panel beteiligten Mitgliederfirmen in die Betrachtung einbeziehen, und zum anderen zu unternehmensindividuellen Analysen aufbereitet werden, die anbieterspezifische Aussagen ermöglichen.

D. ENTWICKLUNG EINES INFORMATIONSSYSTEMS FÜR DAS MARKETING IM INTERNATIONALEN ANLAGENGESCHÄFT

1. Struktur und Ziele des Marketing-Informationssystems

Marketing-Informationssysteme (MAIS) dienen der optimalen Informationsbedarfsdeckung von Trägern der Marketingentscheidungen. Sie müssen entscheidungsrelevante Informationen in geeigneter Form zur Verfügung stellen, ohne daß es zu einer "Überinformation" der Entscheidungsträger kommt (1).

Das **IMAGA-System** (Informationssystem für das Marketing von Großanlagen) soll computergestützt Informationen zur Steuerung und Regelung des Marketings von kompletten Industrieanlagen liefern (2). Die Besonderheiten des IMAGA liegen vor allem in seiner Ausrichtung auf

* die im internationalen Anlagen-Marketing relevant werdenden ADL (3),
* alle im Anlagenbau tätigen Unternehmen. D.h. es stellt primär ein branchenspezifisches Informationssystem dar.

Die Grundstruktur des IMAGA verdeutlicht die Abbildung 9 mit folgenden zentralen Gestaltungsaspekten (4):

(1) Die **Inputkomponente**
Sie bildet sich zum einen aus den auf Basis des geplanten Anlagen-Panels gewonnenen Daten für die primäre Datenbank und zum anderen aus sekundärstatistischen Daten für die sekundäre Datenbank.

(2) Die **Transformationskomponente**
Sie stellt die Methodenbank dar, die insbesondere die Aufbereitung der Paneldaten zu entscheidungsrelevanten Informationen zum Ziel hat.

(3) Die **Outputkomponente**
Sie bildet die Ergebnisbank, die Informationen für den Anwender zum Abruf bereitstellt und in der die Ergeb-

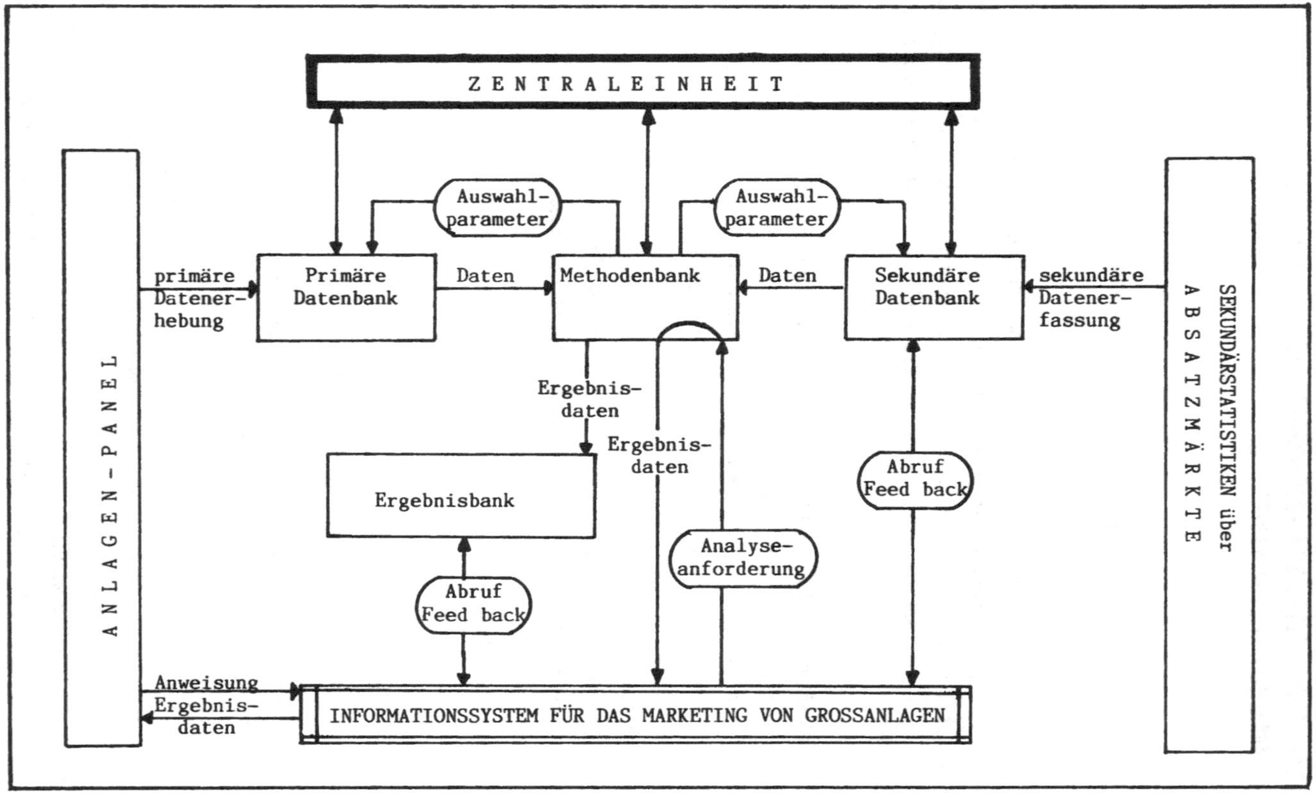

Abb. 9: Grundstruktur des IMAGA-Systems

nisse der Längsschnittanalysen und der unternehmensindividuellen Untersuchungen gespeichert sind.

(4) Die **Kommunikationskomponente**

Sie liefert die gewünschten Informationen aus Ergebnis-, Methoden- und Datenbank für die Panel-Mitglieder.

Im Rahmen der primären Datenerhebung werden in regenmäßigen Zeitabschnitten die gleichen Untersuchungseinheiten zu den gleichen Erhebungsvariablen befragt und die Rohdaten in der **Primär-Datenbank** gespeichert. Die **Sekundär-Datenbank** erfaßt hauptsächlich sekundärstatistisches Datenmaterial über die wirtschaftliche und entwicklungspolitische Situation gegenwärtiger und potentieller Projektländer.

Mit Hilfe des IMAGA-Systems sollen im Detail die in Abbildung 10 aufgeführten Fragen auf Basis der im Anlagen-Panel gewonnenen Daten beantwortet werden. Dabei ist die Beantwortung der Fragen (1) bis (5) nur unter Berücksichtigung der Daten aller Panel-Teilnehmer möglich und läßt länderspezifische Aussagen zu. Die diesen Fragestellungen zugeordneten Analyseverfahren werden im folgenden von uns als **Panel-Analysen** bezeichnet. Mit der Frage (5) erhält das IMAGA-System den Charakter eines Frühwarnsystems, das es erlaubt, frühzeitig Umbrüche im Nachfragerverhalten der Länder bei ADL zu erkennen.

Demgegenüber lassen die Ziele (6) und (7) nur unternehmensindividuelle Aussagen zu und sind für jedes Unternehmen im Anlagen-Panel getrennt zu erstellen. Die dabei verwendeten Methoden werden deshalb im Rahmen der vorliegenden Arbeit konstruiert, nicht aber empirisch getestet. Durch die in Kap. E folgende empirische Untersuchung werden die Panel-Analysen getestet und die Ergebnisse dieser Basiserhebung im Rahmen des Anlagen-Panels aufgezeigt. Die empirische Überprüfung der Wanderungsanalyse kann jedoch erst nach einer zweiten Befragungsrunde im Panel erfolgen.

Entsprechend der gesetzten Ziele des IMAGA-Systems werden im folgenden die in der Methodenbank zu speichernden Analyseverfahren entwickelt (5). Auf Basis dieser Methoden erfolgt die Konstruktion des Panel-Fragebogens zur primären Datenerhebung. Durch dieses Vorgehen soll sichergestellt werden, daß

Zielsetzungen	Analyseverfahren
(1) Welche Bedeutung bezüglich der Auftragsvergabe ist den einzelnen ADL zuzurechnen?	BEDEUTUNGS-ANALYSE
(2) Lassen sich auf Basis der ADL homogene Marktsegmente bilden?	CLUSTERANALYSE
(3) Gibt es segmentspezifische ADL-Bündel, deren Bedeutungskonstellation typisch für das jeweilige Marktsegment ist?	
(4) Existieren zwischen einzelnen ADL Verbundwirkungen und sind diese von allgemeingültiger Natur oder gibt es auch segmentspezifische Unterschiede?	FAKTOREN-ANALYSE
(5) Erfahren die angebotenen ADL im Zeitablauf eine Bedeutungsverschiebung und sind damit vielleicht die betrachteten Länder anderen Marktsegmenten zuzuordnen oder werden andere Markteintritts- bzw. Marktbearbeitungsstrategien relevant?	WANDERUNGS-ANALYSE
(6) Ist es durch geeignete Kombination von ADL möglich, die Präferenz für das Angebot eines Anlagenherstellers zu erhöhen?	PRÄFERENZ-INDEX-ANALYSE
(7) Welche Markteintritts- bzw. Marktbearbeitungsstrategien lassen sich auf ADLbasis für das jeweilige Herstellerunternehmen unter Berücksichtigung seines eigenen Leistungspotentials entwickeln?	PORTFOLIO-ANALYSE

Abb. 10: Zielsetzungen und Analyseverfahren des IMAGA-Systems

* die Datenbanken nicht überfüllt, sondern entscheidungsorientiert organisiert werden;
* die Datenbanken auch die für die Analysen notwendigen Informationen liefern können;
* die Methodenbank nicht zu komplex wird.

2. Elementares Konstruktionsprinzip der verwendeten Methoden

Die Konstruktionsprinzipien der in der Methodenbank gespeicherten Analyseverfahren sollen dem Decision Calculus-Ansatz von LITTLE (6) entsprechen und die Modelle sich dementsprechend durch Robustheit, einfache Konstruktionsweisen, Anpassungsfähigkeit und Kommunikationsfähigkeit auszeichnen (7). Um dies zu erreichen, soll insbesonders bei den hypothetischen Konstrukten (8) auf möglichst einfache Operationalisierungskriterien zurückgegriffen werden. Zu diesen Konstrukten, die in den einzelnen Teilanalysen (9) angesprochen werden, zählen

* die "Wichtigkeit" von ADL für die Nachfragerländer,
* die "Präferenz" des Projektlandes für ein Angebot,
* die "Zumutbarkeit" der ADL-Erbringung für den Anbieter.

Sowohl in der Literatur als auch in der Praxis werden solche hypothetischen Konstrukte weitgehend über sog. **Rating-Skalen** erhoben. Bei der Operationalisierung hypothetischer Konstrukte versucht die Rating-Skala das psychologische Beurteilungskontinuum der Befragten bezüglich der Merkmalsausprägungen eines hypothetischen Konstruktes in numerischen Werten zu erfassen. Für die "Wichtigkeit" würde eine solche Rating-Skala z.B. wie folgt aussehen:

Die ADL i ist für Nachfragerland j

1 — 2 — 3 — 4 — 5

unwichtig — sehr wichtig

Die Rating-Skalen weisen jedoch eine Reihe konzeptioneller Probleme auf, von denen hier drei zentrale kurz genannt seien:

(1) Problem des Skalenniveaus
Die über Rating-Skalen gewonnenen Werte bilden i.d.R. die Grundlage für weitere statistische Auswertungen, die meist metrisches Skalenniveau verlangen. Dies ist aber nur dann gewährleistet, wenn die auf den Rating-

Skalen vorgenommenen Abstufungen von den Befragten jeweils als gleich groß empfunden werden. Das Sicherstellen der gleich großen Abstufungen zur Gewährleistung von Intervallskalenniveau bereitet bei der Konstruktion von Rating-Skalen enorme Probleme (10). Letztendlich können Rating-Skalen "ordinalskalierte, intervallskalierte oder sogar verhältnisskalierte Angaben ermöglichen - je nach den Annahmen des Forschers" (11); d.h. häufig werden bei Analyseverfahren, die metrisches Skalenniveau voraussetzen, die über Rating-Skalen gewonnenen Werte als metrisch interpretiert (12).

(2) Problem der Antworttendenzen und Kontexteffekte

Unter Antworttendenzen versteht man die Tendenz von Befragten, bei ihren Einschätzungen mehr oder weniger stark in eine bestimmte Skalenrichtung zu gehen (13). So gibt es Individuen, die dazu neigen, generell zu streng zu beurteilen und mehr zum Negativen hin tendieren (Serverity-Effekt). Dominieren hingegen die positiven Seiten, so neigt der Beantworter zu einer mehr milderen Beurteilung (Leniency-Effekt) (14). Demgegenüber zeichnen sich Kontexteffekte allgemein dadurch aus, daß zusammengehörige oder scheinbar zusammengehörige Merkmale, Eigenschaften usw. vom Befragten ähnlich beurteilt werden (sog. Halo-Effekt) (15).

(3) Das Interpretationsproblem

Liegt eine zweipolige Rating-Skala vor, so ergibt sich ein Interpretationsproblem bezüglich des Mittelpunktes der Skala. Wird beispielsweise auf einer von -3 bis +3 gehenden Skala der Nullpunkt angekreuzt, so kann damit zum einen Indifferenz (weder-noch), zum anderen aber auch eine Ambivalenz (sowohl-als auch) verbunden sein (16).

Im folgenden wird von dem Konzept der Rating-Verfahren Abstand genommen, da sie u.E. letztendlich nur Ordinalskalenniveau liefern können. Es soll deshalb versucht werden, die genannten hypothetischen Konstrukte so weit wie möglich über "metrische Indikatoren" zu operationalisieren. Das kann bei den Konstrukten "Wichtigkeit" und "Präferenz" durch die Verwendung von Häufigkeiten gewährleistet werden. Den Aufbau der im weiteren verwendeten Meßkonzeption zeigt in groben Zügen die Abbildung 11:

- theoretische Ebene - - empirische Ebene -

(1) Wichtigkeit der ADL	rel. Häufigkeit, mit der eine ADL nachgefragt wird	Gewichtungsfaktoren
(2) Präferenz eines Projektlandes für das Angebot des Anlagenherstellers	Anzahl der ADL, die ein Anbieter erbringen kann	Präferenzindex
(3) Zumutbarkeit der ADL-Erbringung für den Anlagenbauer	Schätzwerte auf Basis der Delphi-Methode	Toleranzindex

Abb. 11: Aufbau der Meßkonzeptionen

3. Analyseverfahren der Methodenbank

Die Methodenbank wird gebildet aus den

* unternehmensspezifischen Analyseverfahren und
* Panel-Analysen.

Die **unternehmensspezifischen Analysen**, die sich aus Präferenzindex- und Toleranzanalyse zusammensetzen, münden in ein betriebswirtschaftliches Entscheidungsmodell, das eine Positionierung alternativer Projektländer ermöglichen und Entscheidungshilfen für eine Anfragenselektion auf ADL-Basis generieren soll.

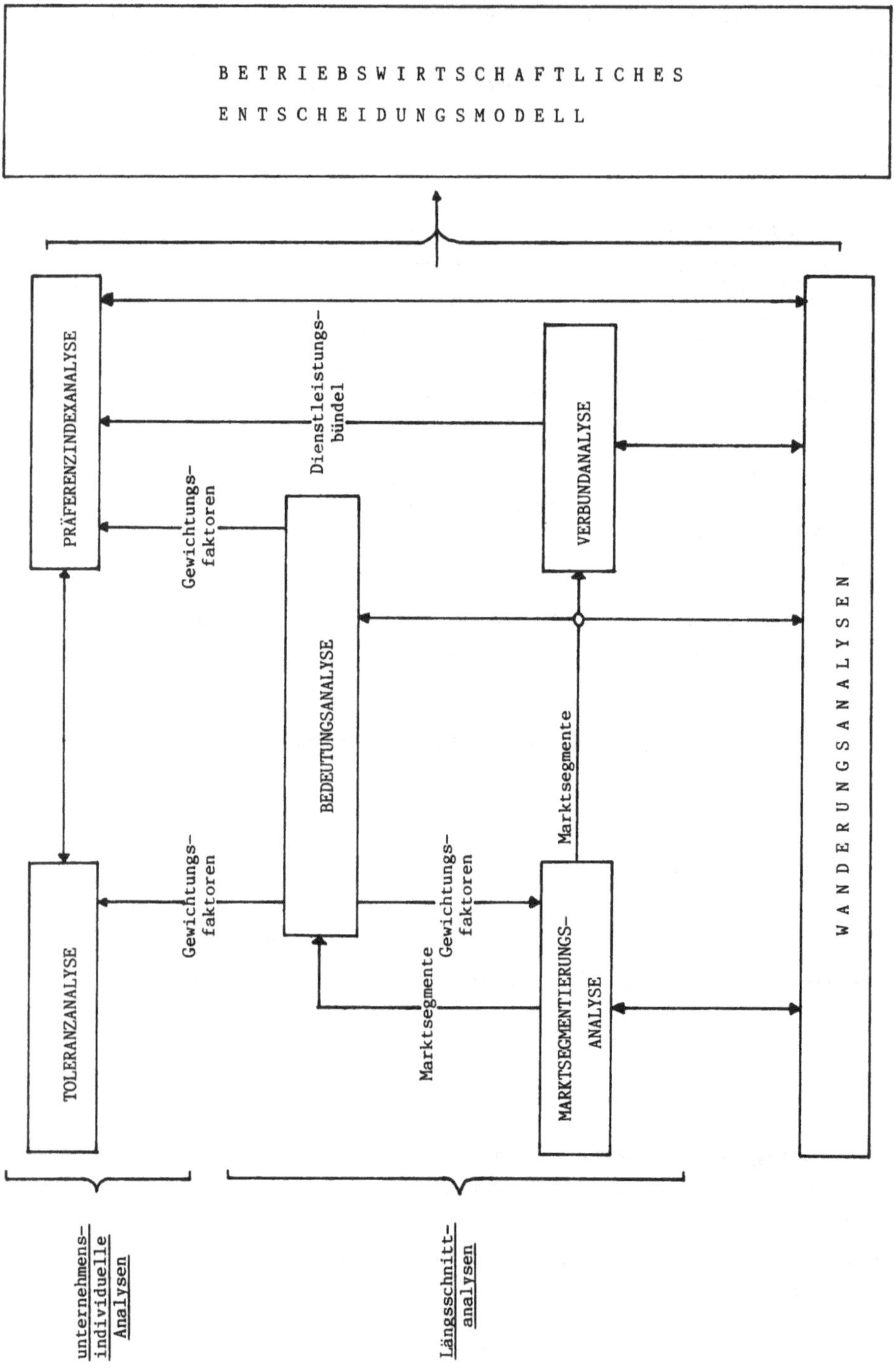

Abb. 12: Methodenbank des IMAGA-Systems

In die **Panel-Analysen** gehen als Input die erhobenen Daten aller am Panel beteiligten Unternehmen ein, auf deren Basis dann Marktsegmentierungs-, Verbund- und Wanderungsanalysen durchgeführt werden können. Ihre Aussagen sind nicht mehr unternehmensspezifisch, sondern sind für alle Anlagenbauer gleichermaßen von Bedeutung. Die dabei gewonnenen Ergebnisse haben allerdings indirekte Auswirkungen auf die Entscheidungskalküle der einzelnen Anlagenhersteller, wenn sich z.B. die Wichtigkeit von ADL für die Auftragsvergabe in Marktsegmenten grundlegend verändert hat, und beeinflussen damit auch implizit das unternehmensindividuell konzipierte Entscheidungsmodell.

Die Teilanalysen liefern z.T. gegenseitig Input- und Outputdaten und stehen in einem interdependenten Verhältnis zueinander. Das Zusammenwirken der Analyseverfahren in der Methodenbank verdeutlicht die Abbildung 12 auf Seite 44.

Ausgangspunkt sowohl der unternehmensspezifischen als auch der Panel-Analysen bildet die **Bedeutungsanalyse.** Mit ihrer Hilfe wird die Wichtigkeit von ADL aus Nachfragersicht ermittelt, und diese Ergebnisse bilden die Grundlage für alle weiteren Analyseverfahren.

3.1. Die Bedeutungsanalyse als Ausgangspunkt

Das Kernanliegen der Bedeutungsanalyse besteht in der Ermittlung von **Gewichtungsfaktoren**, die einen Indikator der Wichtigkeit einzelner ADL für die Auftragsvergabe darstellen. Wir gehen dabei von der Annahme aus, daß die Erbringung einzelner ADL für die betrachteten Kundenländer von unterschiedlicher Dringlichkeit ist.

Zur Ermittlung der Wichtigkeit einzelner ADL für die jeweiligen Kundenländer soll die relative Häufigkeit herangezogen werden, mit der eine ADL bei den insgesamt in einem Nachfragerland abgewickelten Projekten bisher nachgefragt wurde. Die relativen Häufigkeiten lassen sich je ADL und Land wie folgt ermitteln:

$$\bar{p}_{ij} = \frac{\sum_l f_{ijl}}{\sum_l A_{jl}}$$

mit: $\bar{p}_{ij}$ = relative Häufigkeit, mit der die ADL i in Land j verlangt wird;

f_{ijl} = absolute Häufigkeit, mit der ADL i in Land j bei den von Beantworter l abgewickelten Projekten verlangt wurde;

A_{jl} = Zahl der von Beantworter l in Land j insgesamt abgewickelten Projekte.

Da die ADL unabhängig von der Verfahrenstechnik sind, die einer Anlage zugrunde liegt, können zur Ermittlung der relativen Häufigkeiten alle in einem Nachfragerland abgewickelten Projekte herangezogen werden. Bei hinreichend großer Projektzahl je Land (>30) können dann die relativen Häufigkeiten nach dem Gesetz der großen Zahlen (17) als Eintrittswahrscheinlichkeit p_{ij} für die Nachfrage nach ADL i bei Land j interpretiert werden und lassen sich in folgender Matrix zusammenfassen:

$$\underline{W}: \quad \begin{array}{c|ccc} & L_1 & \cdots\cdots & L_m \\ \hline ADL_1 & p_{11} & \cdots\cdots & p_{1m} \\ \cdot & \cdot & & \cdot \\ \cdot & \cdot & & \cdot \\ \cdot & \cdot & & \cdot \\ ADL_n & p_{n1} & \cdots\cdots & p_{nm} \end{array}$$

Abb. 13: Matrix der Wichtigkeit einzelner Anwenderdienstleistungen für alternative Kundenländer

Die Bedeutungsanalyse liefert damit im Ergebnis eine länderspezifische Rangordnung der einzelnen ADL.
Korrespondierend dazu wird für jede ADL noch die **Intensität** erhoben, mit der sie bei Anlageprojekten in dem entsprechenden Land nachgefragt wird. Zur Ermittlung der Nachfrageintensitäten einzelner ADL wird der relative Anteil einer ADL am Gesamtauftragswert (RAG-Werte) erfragt, der sich wie folgt ermittelt:

$$r_{ij} = \frac{\sum_q RA_{ijq}}{Q_j}$$

mit: r_{ij} = relativer Anteil an einem zu erwartenden Gesamtauftragswert, mit der eine ADL i im Nachfragerland j verlangt wird;

RA_{ijq} = relativer Anteil der ADL i am Gesamtauftragswert von Projekt q, das in Land j abgewickelt wurde;

Q_j = Anzahl der in Land j insgesamt abgewickelten Projekte.

Auch die so ermittelten RAG-Werte können in einer Matrix zusammengefaßt werden:

R:

	L_1	....	L_m
ADL_1	r_{11}	....	r_{1m}
.	.		.
.	.		.
.	.		.
ADL_n	r_{n1}	....	r_{nm}

Abb. 14: Matrix der RAG-Werte

Die Bedeutungsanalyse liefert somit für jedes Nachfragerland Indikatoren bezüglich

* der Wichtigkeit von ADL für die Auftragsvergabe (Matrix **W**),
* des Umfangs, mit dem eine ADL bei Anlageprojekten verlangt wird (Matrix **R**).

Diese Ergebnisse lassen somit länderbezogene Aussagen zu und sind nicht unternehmensspezifisch. Durch folgende Panel-Erhebungen können sie einer ständigen Aktualisierung unterworfen werden.

Für die Formulierung von Marketingstrategien bei einzelnen Anlagenherstellern ist die Bedeutungsanalyse jedoch der zentrale Ausgangspunkt. Der Anlagenbauer kann mit Hilfe der hier gewonnenen Ergebnisse

* sein ADL-Angebot mit den länderspezifischen Anforderungen vergleichen,
* die Probleme, die mit der ADL-Erbringung verbunden sind, relativieren; denn je wichtiger eine ADL für ein Kundenland ist, desto schwerer wiegen auftretende Schwierigkeiten bei ihrer Erfüllung für den Marketingerfolg.

Weiterhin kann die Bedeutungsanalyse auch auf Marktsegmente angewendet werden, und es läßt sich dann eine Rangordnung der ADL für die in einem Marktsegment zusammengefaßten Länder erstellen.

Die Wichtigkeit von ADL in einzelnen Marktsegmenten kann auf Basis der länderspezifischen Bedeutungsanalyse ermittelt werden. Es ist lediglich eine Aggregation über die Länder notwendig, die z.B. mit Hilfe des arithmetischen Mittels erreicht werden kann. In gleicher Weise können die ermittelten RAG-Werte mit Hilfe des arithmetischen Mittels für die gefundenen Marktsegmente berechnet werden.

Die Bedeutungsanalyse bildet den Grundstein für alle folgenden Analyseverfahren.

3.2. Unternehmensspezifische Analysen

3.2.1. Ziele und Ausgangspunkt der unternehmensspezifischen Analysen

Die folgenden Analyseverfahren sind unternehmensbezogen und versuchen auf Basis der Wichtigkeit von ADL in einzelnen Nachfragerländern

* die länderspezifischen Chancen eines Anlagenherstellers bei der Auftragsvergabe abzuschätzen (**Präferenzindexanalyse**) und
* einen Indikator dafür zu ermitteln, ob dem Anlagenhersteller die Erbringung der von einem Projektland geforderten ADL auf Basis seines ADL-Potentials zugemutet werden kann (**Toleranzanalyse**).

In der Regel handelt es sich bei den vom Projektland geforderten ADL um ein 0/1-Problem. Entweder kann der Anlagenhersteller die geforderte ADL in entsprechendem Umfang erbringen oder nicht. Allenfalls können im Verhandlungsprozeß geringfügige Veränderungen erreicht werden.

Diese Überlegung bildet den Ausgangspunkt der Präferenzindex- und Toleranzanalyse. Hierbei ist die Intensität, mit der eine ADL vom Projektland nachgefragt wird, zunächst nicht von Bedeutung, da der Kunde eine bestimmte Intensität der ADL verlangt, die von dem Anbieter erbracht werden muß (z.B. gesetzlich geforderte Local content-Anteile). Der Verhandlungsspielraum für die Intensitätsanforderungen von ADL ist also relativ gering.

Für jedes Nachfragerland wird deshalb zunächst nur erfaßt, welche ADL von dem jeweiligen Land verlangt und welche ADL nicht gefordert werden. Den Ausgangspunkte der Präferenz- und der Toleranzanalyse bildet die in Abbildung 15 dargestellte Matrix. Diese Matrix stellt eine Sollmatrix dar und gibt an, welche ADL von einem Projektland nachgefragt werden, unabhängig vom Umfang der verlangten ADL. Die in der Sollmatrix enthaltenen Elemente bestehen nur aus 0 (ADL wurde nicht verlangt) und 1 (ADL wurde verlangt).

Land / ADL	1	2	3	...	j	...	m
1	s_{11}	s_{12}	s_{13}	...	s_{1j}	...	s_{1m}
2	s_{21}	s_{22}	s_{23}	...	s_{2j}	...	s_{2m}
.	.				.		.
.	.				.		.
i	s_{i1}	s_{i2}	s_{i3}	...	s_{ij}	...	s_{im}
.	.				.		.
.	.				.		.
n	s_{n1}	s_{n2}	s_{n3}	...	s_{nj}	...	s_{nm}

A: SOLL-MATRIX

mit $s_{ij} = \begin{cases} 0, & \text{falls ADL i von Land j nicht verlangt wurde.} \\ 1, & \text{falls ADL i von Land j verlangt wurde.} \end{cases}$

Abb. 15: Ausgangsmatrix für die Präferenzindex- und Toleranzanalyse

3.2.2. Die Präferenzindexanalyse (PRIN-Analyse)

Wir gehen von der Überlegung aus, daß die Präferenz eines Projektlandes für das Angebot eines Anlagenherstellers um so größer ist, je mehr das Leistungspotential des Anlagenbauers mit den vom Kundenland geforderten ADL übereinstimmt (18). Die Schwierigkeiten, die für den Anlagenbauer mit der Erfüllung der geforderten ADL verbunden sind, sollen zunächst aus der Betrachtung ausgeschlossen und erst im Rahmen des Entscheidungsmodells aufgegriffen werden.

Wir erstellen zu Beginn einen Spaltenvektor, in dem erfaßt wird, ob der Anlagenhersteller die jeweiligen ADL bei einem konkreten Projekt erbringen kann oder nicht. Dieser "Istvektor" enthält, ebenso wie die Ausgangsmatrix (Sollmatrix), nur die Werte 0 und 1 mit dem allgemeinen Element

$$c_{ik} = \begin{cases} 0, & \text{falls ADL i von Anbieter k nicht erbracht werden kann.} \\ 1, & \text{falls ADL i von Anbieter k erbracht werden kann.} \end{cases}$$

Das ADL-Anforderungsprofil der Nachfrageländer (Soll-Matrix) und das Erbringungsprofil des Anlagenherstellers (Istvektor) werden nun in einer Soll-Ist-Matrix zusammengefaßt:

	Land 1	Land 2	.....	Land m	Istwerte des Anbieters k
ADL_1	s_{11}	s_{12}	.....	s_{1m}	c_1
ADL_2	s_{21}	s_{22}	.....	s_{2m}	c_2
.	.	.		.	.
.	.	.		.	.
.	.	.		.	.
ADL_n	s_{n1}	s_{n2}	.....	s_{nm}	c_n

Abb. 16: Soll-Ist-Matrix der Anwenderdienstleistungen

Die Ähnlichkeit zwischen Anforderungs- und Erbringungsprofil läßt sich für Land j dann wie folgt ermitteln:

$$AE_j = \frac{a_j}{b_j}$$

mit: AE_j = Ähnlichkeit zwischen Anforderungsprofil bei Land j und Erbringungsprofil des Anbieters;

a_j = Zahl der ADL, die vom Anbieter erbracht werden können <u>und</u> vom Nachfragerland j verlangt werden;

b_j = Zahl der ADL, die von Land j verlangt werden.

Die Vorgehensweise zur Berechnung der Ähnlichkeit zwischen Anforderungs- und Erbringungsprofil zeigt das folgende Beispiel:*)

<u>Beispiel</u> 1:

	Land 1	Land 2	Istwerte des Anbieters k
ADL_1	1	0	1
ADL_2	0	1	0
ADL_3	1	0	1
ADL_4	1	0	0
ADL_5	1	1	1
	4	2	

b_j

----

*) Für die Ermittlung von Ähnlichkeiten bei Objekten mit binärer Variablenstruktur (0/1-Variable) gibt es in der Literatur eine Vielzahl von Maßzahlen. Da eine Variable nur die Werte 1 (Eigenschaft vorhanden) oder 0 (Eigenschaft nicht vorhanden) annehmen kann, ergeben sich für zwei Objekte e_i und e_j folgende Kombinationsmöglichkeiten:

e_j \ e_i	1	0	
1	a	c	a+c
0	b	e	b+e
	a+b	c+e	m

Die möglichen Ähnlichkeitsmaße lassen sich nun auf folgende <u>allgemeine</u> Ähnlichkeitsfunktion zurückführen

$$s_{ij} = \frac{a + \delta e}{a + \delta e + \lambda_1 b + \lambda_2 c}$$

wobei die Konstanten δ, λ_1 und λ_2 mögliche Gewichtungsfaktoren darstellen. Für $\delta = \lambda_1 = 0$ und $\lambda_2 = 1$ folgt das von uns verwendete Ähnlichkeitsmaß, mit e_j = Land j und e_i = i-ter Anbieter (19).

Ergebnis:

$$AE_1 = \frac{3}{4} = 0{,}75$$

$$AE_2 = \frac{1}{2} = 0{,}5$$

Der Anbieter k erfüllt bei diesem Beispiel mit seinem Leistungspotential am besten (zu 75%) die ADL-Anforderungen von Land 1. Hierbei wird jedoch nicht berücksichtigt, daß den ADL bei den einzelnen Ländern eine unterschiedlich große Bedeutung zukommen kann. Zur Ermittlung eines Präferenzindices greifen wir deshalb auf die im Rahmen der Bedeutungsanalyse ermittelten länderspezifischen Gewichtungsfaktoren der ADL (p_{ij}) zurück. Die p_{ij} werden mit den Elementen s_{ij} der entsprechenden Länder und den c_{ik} der betrachteten Unternehmung multipliziert, wobei auf Anbieterseite nur die ADL Berücksichtigung finden, die vom Nachfrager auch verlangt werden. Der Präferenzindex für Land j (P_j) ermittelt sich dann wie folgt:

$$P_j = \frac{A_j}{B_j}$$

mit: $A_j = \sum_i p_{ij} c_i$ für alle i, für die $s_{ij} = 1$ gilt.
$B_j = \sum_i p_{ij} s_{ij}$

Der Präferenzindex liegt ebenfalls, wie das einfache Ähnlichkeitsmaß, zwischen 0 und 1, jedoch berücksichtigt er zusätzlich noch die Bedeutung der ADL für die Auftragsvergabe. Im Ergebnis liefert die Präferenzanalyse einen Vektor der länderbezogenen Präferenzindices:

$$P: = \begin{bmatrix} P_1 \\ P_2 \\ \cdot \\ \cdot \\ \cdot \\ P_m \end{bmatrix}$$

Mit Hilfe der Daten aus Beispiel 1 soll das Vorgehen nochmals verdeutlicht werden:

Beispiel 2:

	Land 1	Istwerte Q	Land 2	Istwerte Q
ADL1	0,6·1 = 0,6	0,6·1 = 0,6	0,4·0 = 0	
ADL2	0,1·0 = 0		0,2·1 = 0,2	0,2·0 = 0
ADL3	0,5·1 = 0,5	0,5·1 = 0,5	0,1·0 = 0	
ADL4	0,9·1 = 0,9	0,9·0 = 0	0,3·0 = 0	
ADL5	1·1 = 1	1·1 = 1	0,8·1 = 0,8	0,8·1 = 0,8
	3	2,1	1	0,8

P1 = 0,7   P2 = 0,8

durch Bedeutungsanalyse gewonnene Gewichtungsfaktoren

Das Beispiel zeigt, daß der Präferenzindex bei Land 2 am größten ist (im Gegensatz zu Beispiel 1), d.h. der Anlagenhersteller hat mit seinem gegenwärtigen ADL-Potential bei Land 2 ceteris paribus die größeren Chancen, Aufträge zu erhalten. Auf Basis der Präferenzindices können die Projektländer nun in eine Rangordnung gebracht werden, an der der Anbieter ablesen kann, in welchem Land sein Angebot bezüglich der ADL die höchste Präferenz erzielt. Der Anlagenbauer kann damit seine Position bezüglich alternativer Kundenländer festlegen. Er kann durch die Präferenzanalyse jedoch nicht seine Wettbewerbsposition bestimmen, da zu diesem Zweck eine Aussage über das Leistungsprofil der Konkurrenten notwendig wäre.

3.2.3. Die Toleranzanalyse

Die Toleranzanalyse soll mit Hilfe eines Indikators anzeigen, mit welchen Schwierigkeiten beim Anlagenbauer die Erbringung von ADL in einem Land j verbunden ist. Der Anlagenhersteller hat bei der Erfüllung geforderter ADL weitgehend nur zwei Möglichkeiten: Entweder er erbringt eine ADL in der vom Nachfrager gewünschten Intensität, oder er muß von der Erbringung Abstand nehmen.

Ist der Anlagenanbieter zur Erbringung einer ADL bereit, so sollte der gesuchte Indikator den "Problemgrad" widerspiegeln, der für den Anbieter mit der Erbringung einer ADL verbunden ist. Der Indikator muß also mit anderen Worten sog. "Zumutbarkeitskategorien" liefern, die anzeigen, inwieweit die ADL-Erfüllung für den Anlagenhersteller zumutbar ist.
Das hypothetische Konstrukt "Zumutbarkeit" wird durch eine Reihe intervenierender Variable bestimmt. Hierzu zählen z.B.

* die mit der Erbringung verbundenen Kosten,
* verfügbare Sach- und Personalkapazitäten,
* die Möglichkeiten des Anbieters, eine ADL fremdzubeziehen,
* bereits gemachte Erfahrungen mit einer ADL und daraus resultierendes ADL-Know how sowie
* die Intensität, mit der ein Nachfrager eine ADL verlangt.

Um möglichst konsistente Schätzungen für die Schwierigkeiten bei der ADL-Erbringung zu erhalten, wird auf die **Delphi-Methode** zurückgegriffen, die sich durch eine hohe Leistungsfähigkeit bei Prognosen auszeichnet (20). Der Vorteil der Delphi-Methode gegenüber anderen Prognoseverfahren liegt vor allem darin, daß eine hohe Bewertungskonsistenz zwischen den Urteilen der Experten herbeigeführt wird, wodurch die Streubreiten der Beurteilungen verringert werden können (21).

Bezüglich auftretender Erbringungsschwierigkeiten von ADL sind drei Fälle zu unterscheiden:

1. Fall: Die ADL-Erbringung ist für den Anlagenhersteller unmöglich: Dieser Fall wird durch den Präferenzvektor im Rahmen der Präferenzindexanalyse erfaßt.

2. Fall: Die gewünschte ADL ist ein Standardangebot des Anlagenanbieters und kann ohne Schwierigkeiten erbracht werden: Der "Problemgrad" ist in diesem Fall gleich Null.

3. Fall: Die ADL-Erbringung ist für den Anbieter zwar nicht unmöglich, aber doch mit mehr oder weniger großen Schwierigkeiten verbunden.

Für die Ermittlung möglicher "Problemgrade" ist somit nur der Fall 3 von Interesse. Durch ein der Delphi-Methode entsprechendes Vorgehen werden die "Problemgrade" für Fall 3 wie folgt ermittelt:

(1) Berücksichtigt werden nur solche ADL, die ein Nachfrager verlangt und die der Anbieter auch zu erbringen bereit ist. Die Experten für die ADL (z.B. Verkaufsakquisiteure, Marketing-Leiter), die in dem jeweiligen Land tätig sind, werden gebeten, unabhängig voneinander Schätzungen über mögliche Schwierigkeiten bei der ADL-Erbringung abzugeben. Die Experten sollen bei ihren Schätzungen die jeweils vom Nachfrager verlangte Intensität einer ADL (RAG-Werte) betrachten und den prozentualen Intensitätsanteil angeben, von dem sie glauben, daß er ohne jegliche Probleme erbracht werden kann. Das **Komplement** zu dieser Angabe stellt dann den relativen Schwierigkeitsgrad dar, der mit der Erbringung dieser ADL verbunden ist.

(2) Aus den so ermittelten Schätzungen werden der Median und die Quartile berechnet. Jeder Experte erhält diese statistischen Kennzahlen und muß eine erneute Schätzung der Schwierigkeitsgrade abgeben, wobei Schätzungen außerhalb der Quartilsspanne kurz schriftlich zu begründen sind.

(3) Aus der zweiten Schätzung werden wiederum Median und Quartile berechnet und an die Experten mit der Bitte um eine letzte Schätzung weitergeleitet. Als Zusatzinformation erhalten die Experten noch die schriftlichen Begründungen für Extrembeurteilungen der letzten Runde. Die Schwierigkeitsgrade werden nun noch einmal geschätzt, und die sich daraus ergebenden Mediane werden als endgültige Prognosewerte für die Schwierigkeitsgrade verwendet und in einer Matrix zusammengefaßt:

S:

	L_1	.....	L_m
ADL_1	b_{11}	.....	b_{1m}
.	.		.
.	.		.
.	.		.
ADL_n	b_{n1}	.....	b_{nm}

Abb. 17: Matrix der geschätzten Schwierigkeitsgrade

(4) Die aus diesem iterativen Vorgehen gewonnenen relativen Schwierigkeitsgrade werden nun mit den bei der Bedeutungsanalyse ermittelten RAG-Werten gewichtet und mit 10 multipliziert. Durch dieses Vorgehen wird sichergestellt, daß ADL mit gleichen relativen Schwierigkeitsgraden (b_{ij}) entsprechend ihrer **nachgefragten Intensität** auf einer von 0 bis +10 gehenden "Problemskala" berücksichtigt werden.

Beispiel 3:

	RAG-Werte	b_{ij}	Skalenwerte (t)
ADL_1	0,8	0,5	$(0{,}8 \cdot 0{,}5) \cdot 10 = 4$
ADL_2	0,5	0,6	$(0{,}5 \cdot 0{,}6) \cdot 10 = 3$
ADL_3	0,4	0,5	$(0{,}4 \cdot 0{,}5) \cdot 10 = 2$

Diese Vorgehensweise bietet gegenüber den Rating-Verfahren folgende Vorteile:

(1) Die Beantworter brauchen nicht zwischen den Abstufungen einer Rating-Skala zu diskriminieren, sondern geben den prozentualen Anteil einer ADL an, der in irgendeiner Weise Schwierigkeiten bei der Erbringung mit sich bringen kann. Aufgrund der hohen Sachkenntnis der Beantworter kann u.E. davon ausgegangen werden, daß sie zu dieser Einschätzung relativ gut in der Lage sind.

(2) Durch das der Delphi-Methode entsprechende Vorgehen können die relativen Schwierigkeitsgrade stabilisiert werden.

(3) Da die Ergebnisse der folgenden Analyse der Selbsteinschätzung eines jeden Anbieters dienen und nicht über alle Anlagenbauer aggregiert werden, sind die Beantworter motiviert, realistische Angaben nach bestem Wissen zu machen.

(4) Das Ziel, "Problemgrade" zu ermitteln, wird auf indirektem Wege erreicht und nicht direkt über eine Rating-Skala erfragt.

Einschränkend ist allerdings zu vermerken, daß auch die Delphi-Methode letztendlich keine intervallskalierten Werte liefern kann. Das bedeutet für die anschließenden Auswertungen, daß letztendlich nur Ordinalskalenniveau entsprechende Auswertungsverfahren angewendet werden dürfen, wie z.B. die Berechnung von Mittelwerten als Lageparameter. Wenn wir im folgenden trotzdem arithmetische Operationen (wie z.B. die Multiplikation) auf die gewonnenen Problemgrade anwenden, so geschieht das vor dem Bewußtsein, daß die Ergebnisse nicht in "streng metrischem Sinne" zu interpretieren sind, sondern mehr als **"Tendenzaussagen"** angesehen werden. Dieses Vorgehen ist u.E. zulässig, da die Problemgrade nur auf unternehmensindividueller Ebene erhoben und die Ergebnisse der Toleranzanalyse ebenfalls nur unternehmensspezifisch genutzt werden. Es findet also keine Aggregation über mehrere Unternehmen statt.

Die so gewonnenen Problemgrade werden nun in die Matrix B übertragen, mit deren Hilfe ein **Toleranzindex** ermittelt werden soll. Dieser gibt an, mit welchen Schwierigkeiten ein geplantes Projekt insgesamt verbunden ist (22).

B: =

Land \ ADL	1	2	.....	n
1	t_{11}	t_{12}	.....	t_{1n}
2	t_{21}	t_{22}	.....	t_{2n}
.	.	.		.
.	.	.		.
.	.	.		.
m	t_{m1}	t_{m2}		t_{mn}

mit: t_{ji} = gewichteter Problemgrad bei ADL i in Land j

Abb. 18: Matrix der gewichteten Problemgrade

Multipliziert man nun die Matrix B mit der Ausgangsmatrix A (vgl. S. 50), so spiegeln die Diagonalelemente der Produktmatrix T die Toleranzwerte eines Anlagenbauers für die Länder j=1,2,...,m wider. Dividieren wir noch die Werte in der Hauptdiagonalen der Matrix $\underline{T}$ durch die Zahl der ADL, die vom Anbieter erbracht werden können <u>und</u> vom Nachfragerland j verlangt werden (=a_j bei der Ermittlung der Ähnlichkeiten AE_j im Rahmen der Präferenzindexanalyse), so erhalten wir Toleranzindices für alle Länder. Durch die Division wird bewirkt, daß die Toleranzindices der einzelnen Länder (TI_j) ebenfalls auf das Intervall (0,10) normiert werden. Der Toleranzindex läßt sich wie folgt ermitteln:

$$TI_j = \frac{E_j}{a_j}$$

mit: E_j = Diagonalelement j der Matrix $\underline{T} = (\underline{B} \times \underline{A})$

$$0 \leq TI_j \leq 10$$

Je näher TI_j an 10 liegt, desto größer ist die vom Anlagenanbieter geforderte Toleranz bei der Erbringung der ADL (bzw. umso mehr Schwierigkeiten treten bei der Erbringung der ADL auf, die der Anbieter auch zu erbringen bereit ist).

<u>Beispiel</u> 4:

Für die Ausgangsmatrix verwenden wir die Werte aus Beispiel 1 (23):

$$\underline{B} \times \underline{A} = \underline{T}$$

$$\begin{bmatrix} 5 & 0 & 3 & 0 & 4 \\ 0 & 0 & 0 & 0 & 2 \end{bmatrix} \times \begin{bmatrix} 1 & 0 \\ 0 & 1 \\ 1 & 0 \\ 1 & 0 \\ 1 & 1 \end{bmatrix} = \begin{bmatrix} 12 & 4 \\ 2 & 2 \end{bmatrix}$$

$$TI_1 = \frac{12}{3} = \underline{4}$$

$$TI_2 = \frac{2}{1} = \underline{2}$$

Die ermittelten Toleranzindices machen deutlich, daß die Erbringung der von Land 1 geforderten ADL für den betrachteten Anbieter insgesamt mit größeren Schwierigkeiten verbunden ist als bei Land 2. Dabei gilt es zu beachten, daß in diesem Beispiel in der zweiten Zeile nur das letzte Element besetzt ist. Dies ist darin begründet, daß es bei Land 2 nur eine ADL gibt, die vom Anbieter erbracht und vom Nachfrager verlangt wird (vgl. die Daten in Bsp. 1).

Auch die Toleranzindices lassen sich für die betrachteten Länder in einem Vektor zusammenfassen:

$$T = \begin{bmatrix} TI_1 \\ TI_2 \\ \cdot \\ \cdot \\ \cdot \\ TI_m \end{bmatrix}$$

Die Ergebnisse von Präferenzindex- und Toleranzanalyse werden nun in ein Entscheidungsmodell integriert, das dem einzelnen Anlagenanbieter Hilfen für die Auswahl alternativer Kundenländer bereitstellen soll.

3.2.4. Aufbau eines betriebswirtschaftlichen Entscheidungsmodells

3.2.4.1. Die Struktur des Entscheidungsmodells

Das folgende Entscheidungsmodell soll dem einzelnen Anlagenanbieter Anhaltspunkte darüber geben, welchen Projekten bezüglich der Schwierigkeiten der ADL-Erbringung der Vorrang zu geben ist. Das Entscheidungsmodell ist somit unternehmensspezifisch aufgebaut und steht nicht in direktem Zusammenhang mit dem Anlagen-Panel.

Tragende Elemente des Entscheidungsmodells stellen die Ergebnisvektoren bzw. -matrizen der bisher vorgestellten Analysen dar, die sich in zwei Gruppen zusammenfassen lassen:

ERGEBNISSE VON BEDEUTUNGS-, PRIN- UND TOLERANZ-ANALYSE

unternehmensindividuelle Ergebnisse

(1) der Vektor P: gibt an, wie gut ein Anbieter die ADL-Forderung der Kundenländer insgesamt erfüllt.

(2) der Vektor T: gibt an, welche Probleme für einen Anbieter mit der ADL-Erbringung insgesamt verbunden sind.

(3) Die Matrix B: gibt den relativen Anteil einzelner ADL bei alternativen Kundenländern an, bei dem der Anlagenbauer Schwierigkeiten bei der Erbringung vermutet.

länderspezifische Ergebnisse

(1) Die Matrix W: gibt an, wie wichtig einzelne ADL für alternative Kundenländer sind.

(2) Die Matrix R: gibt an, welchen relativen Anteil am Gesamtauftragswert einzelnen ADL bei alternativen Nachfragerländern zukommt (RAG-Werte).

Die allgemeine Struktur des Entscheidungsmodells verdeutlicht die folgende Abbildung:

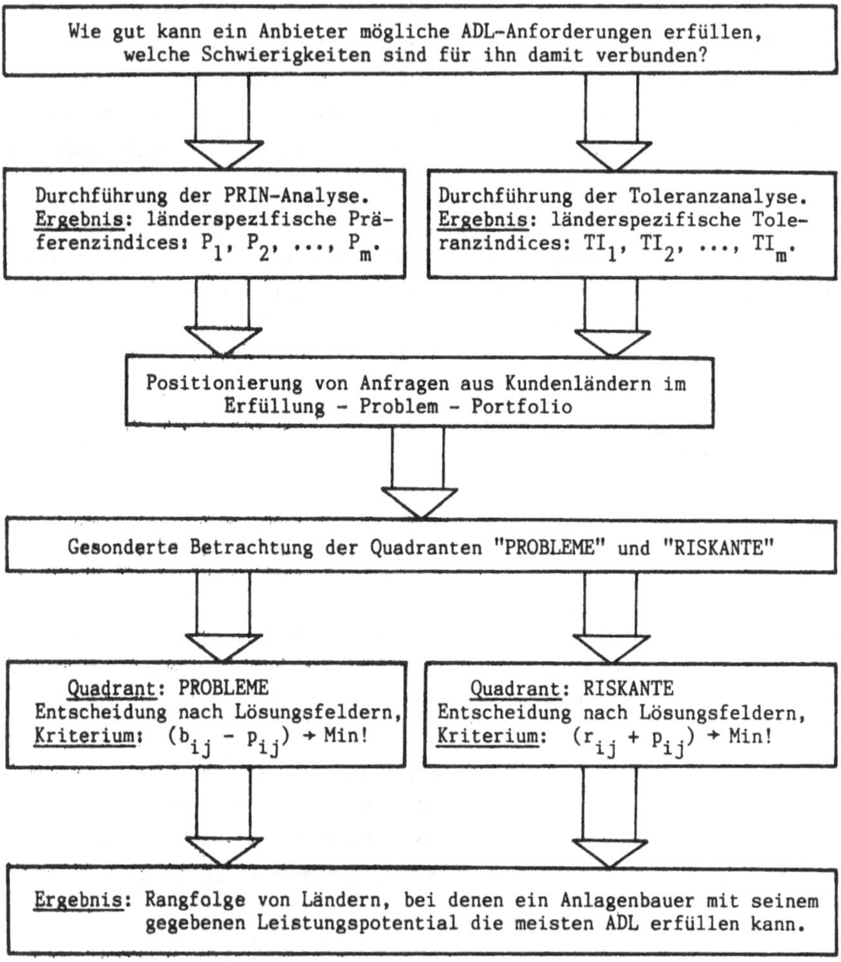

<u>Abb</u>. 19: Struktur des Entscheidungsmodells

Aufgrund der hohen Bedeutung von ADL für die Auftragsvergabe im internationalen Anlagengeschäft ist es für den Anlagenbauer von besonderem Interesse, frühzeitig zu erkennen, inwieweit sein Leistungsangebot den ADL-Anforderungen eines Projektlandes entspricht und mit welchen Problemen für ihn die ADL-Erbringung verbunden ist. Das folgende Entscheidungsmodell stellt auf die Angebotserstellungsphase ab und soll Entscheidungshilfen zur Anfragenselektion bereitstellen.

Die Wahrscheinlichkeit, mit der ein Anbieter die ADL-Forderungen eines Kundenlandes insgesamt erfüllt (P-Vektor) und die Probleme, die für den Anbieter mit dieser ADL-Erfüllung insgesamt verbunden sind (T-Vektor), bilden den Ausgangspunkt der Betrachtungen. Wir tragen in einem Koordinatensystem auf der Ordinate die dem P-Vektor entsprechende Wahrscheinlichkeit p und auf der Abzisse die dem T-Vektor entsprechenden Problemgrade TI ab. In dem sich damit aufspannenden Raum können nun die jeweiligen Nachfrager positioniert werden (24).

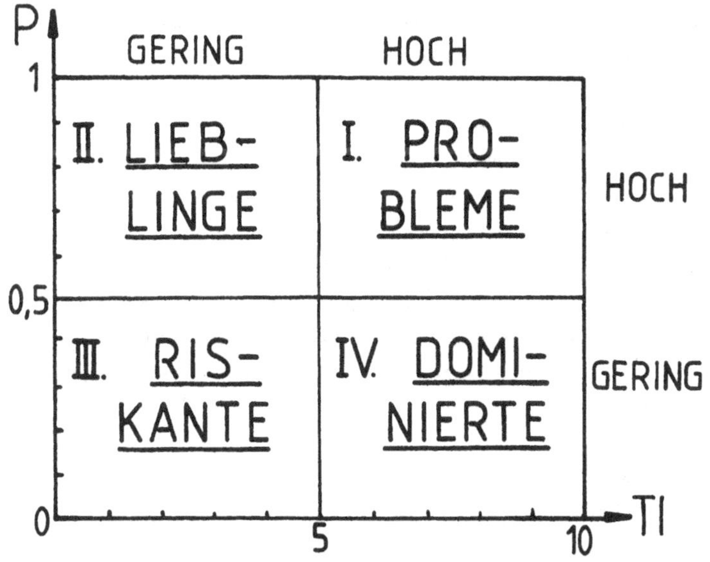

Abb. 20: Das Erfüllung - Problem - Portfolio

Weiterhin wird bei p=0,5 eine Trennungslinie eingezeichnet, die den Bereich eines geringen ADL-Erfüllungsgrades von dem eines hohen ADL-Erfüllungsgrades trennen soll. Ebenso legen wir bei einem Problemgrad von 5 eine Trenngerade zwischen geringem und hohem Problemgrad. Diese relativ willkürlich festgelegten Trennungslinien müssen durch die Erfahrungen der Unternehmen, die dieses Instrument anwenden, überprüft und gegebenenfalls modifiziert werden.

Es ergeben sich insgesamt vier Portfolio-Kategorien:

(1) Quadrant I: **"PROBLEME"**
Bei den in Quadrant I positionierten Ländern erzielt der Anlagenanbieter einen sehr hohen ADL-Erfüllungsgrad und er kann davon ausgehen, daß er mit seinem ADL-Angebot relativ gute Präferenzen für sein Angebot schaffen kann. Die Erbringung der ADL, die zwar grundsätzlich möglich ist, ist für den Anlagenanbieter jedoch mit großen Schwierigkeiten verbunden. Die Bearbeitung der Anfragen aus solchen Kundenländern ist deshalb problematisch und dieser Quadrant ist noch einer genaueren Analyse zu unterziehen.

(2) Quadrant II: **"LIEBLINGE"**
Kunden, deren Position in Quadrant II liegt, stellen für den Anbieter die "LIEBLINGE" dar. Sein gegenwärtiges ADL-Angebot entspricht weitgehend den Forderungen der Projektländer und kann ohne Schwierigkeiten erbracht werden. Bei der Entscheidung über eine Angebotsabgabe auf ADL-Basis wird der Anlagenanbieter die im zweiten Quadranten gelegenen Kundenländer gegenüber allen anderen Nachfragern präferieren.

(3) Quadrant III: **"RISKANTE"**
Die Wahrscheinlichkeit, daß ein Anlagenanbieter die geforderten ADL von Kunden in diesem Quadranten erfüllen kann, ist sehr gering. Die ADL, die der Anbieter erfüllen kann, können allerdings ohne Schwierigkeiten erbracht werden. Trotzdem ist die Bearbeitung von Anfragen aus diesen Kundenländern für den Anbieter mit einem hohen Risiko verbun-

den, da er über die Hälfte der vom Kunden verlangten ADL nicht erbringen kann. Es empfiehlt sich deshalb auch hier eine gesonderte Betrachtung der positionierten Kundenländer.

(4) Quadrant IV: **"DOMINIERTE"**
Der Anlagenanbieter kann bei Nachfragern in Quadrant IV nur wenige der geforderten ADL erbringen und die Erfüllung ist für ihn auch noch mit erheblichen Schwierigkeiten verbunden. Es ist deshalb bei ausschließlicher Betrachtung der ADL empfehlenswert, sich auf solche Nachfragerländer zu konzentrieren, die außerhalb dieses Quadranten gelegen sind. Bezüglich der Kongruenz von ADL-Angebot und ADL-Nachfrage sowie auftretender Erbringungsschwierigkeiten werden die hier positionierten Kunden also von allen anderen Nachfragern dominiert und der Anlagenanbieter wird nach Möglichkeit bei der Entscheidung über eine Angebotsabgabe auf Basis der ADL auf andere Kundenländer ausweichen.

Bei der Positionierung der einzelnen Kundenländer, die ausschließlich auf Basis der ADL erfolgt, soll zusätzlich noch die zu erwartende relative Wertdimension (WD) der Kundenaufträge berücksichtigt werden, um die Bedeutsamkeit einzelner Projekte herauszustellen. Die relative Wertdimension wird durch unterschiedlich große Kreise ausgedrückt und berechnet sich gemäß

$$WD_j = \frac{\text{Wert des Projektes } j}{\text{Wert aller positionierten Projekte}} = \text{Durchmesser der Kreise in mm}$$

Eine beispielhafte Positionierung verschiedener Nachfragerländer auf Basis fiktiver Werte zeigt die Abbildung 21.

In diesem Beispiel entspricht der Nachfrager aus Ägypten am besten dem vorhandenen ADL-Leistungspotential des Anbieters, während die von Somalia und Süd-Afrika geforderten ADL unter großen Schwierigkeiten höchstens zu 30% erfüllt werden können. Bei entsprechendem Kapazitätsspielraum des Anlagenbauers ist zunächst die Anfrage aus Ägypten zu bearbeiten, und die Länder Algerien, Libyen, Nigeria und Sudan sind einer weiteren Analyse zu unterziehen.

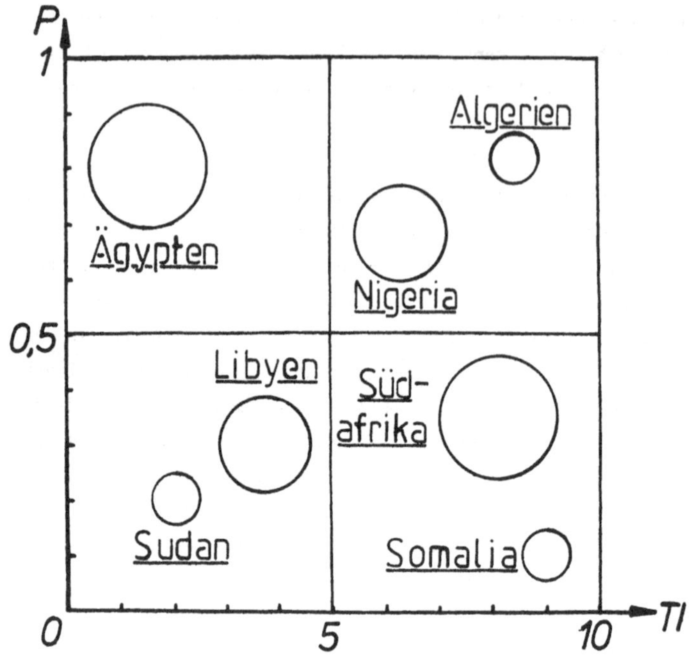

Abb. 21: Beispielhafte Positionierung von Nachfragerländern im Erfüllung - Problem - Portfolio

Es stellt sich damit die Frage, wie zwischen den in den Quadranten I und III positionierten Ländern diskriminiert werden kann.

3.2.4.2. Entscheidungskriterien für die Quadranten "PROBLEME" und "RISKANTE"

Der Quadrant "PROBLEME" ist dadurch gekennzeichnet, daß bei den hier positionierten Ländern zwar die meisten ADL erfüllt werden können, die Erbringung für den Anbieter aber mit großen Problemen verbunden ist. Bisher wurde bei jedem Nachfrager der ADL-Erfüllungsgrad (Werte des P-Vektors) und der Problemgrad (Werte des T-Vektors) als Aggregationswert über alle ADL betrachtet. Um nun zu detaillierteren Aussagen zu gelangen, wollen wir im folgenden auf die Werte der Matrix B (Problemgrade einzelner ADL bei alternativen Nachfragerländern) und der Matrix W (Wichtigkeit einzelner ADL bei alternativen Projektländern) zurückgreifen.

Wir positionieren die im ersten Quadranten gelegenen Länder in einem neuen Portfolio, bei dem auf der Ordinate die Wichtigkeit der ADL und auf der Abzisse die Schwierigkeitsgrade aus der B-Matrix abgetragen sind. Greifen wir nun auf die Abbildung 21 zurück und gehen bei beiden im ersten Quadranten positionierten Ländern von fünf verlangten ADL aus, so ergibt sich beispielhaft folgendes Bild:

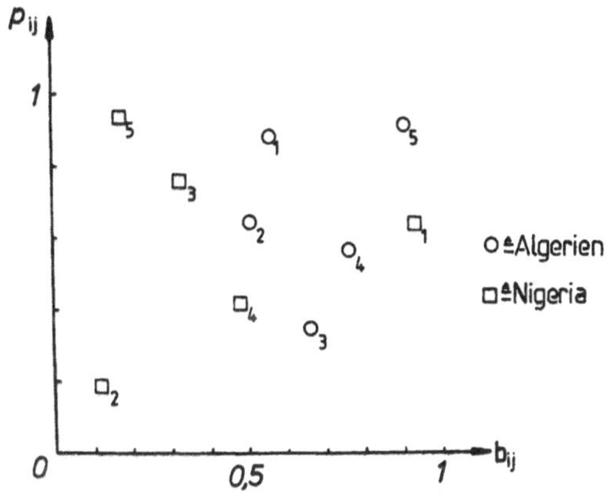

Abb. 22: Beispielhafte Positionierung von zwei Ländern anhand von Anwenderdienstleistungen

Welchem dieser beiden Länder soll der Anlagenbauer jetzt den Vorzug geben? Um zu einem eindeutigen Trennungskriterium zu gelangen, bilden wir die Differenzen

$$x_{ij} = b_{ij} - p_{ij}.$$

Wir erhalten damit folgende Lösungsfelder:

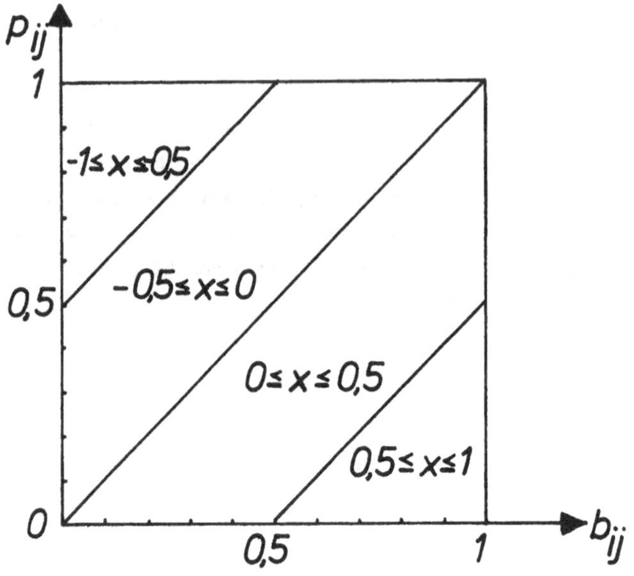

Abb. 23: Lösungsfelder für den Quadranten "PROBLEME"

Das Entscheidungskriterium lautet nun: Wähle den Auftrag, für den gilt:

$$\sum_i x_{ij} \rightarrow \text{Min!};$$

denn je kleiner die Summe der x_{ij} wird, desto höher ist die Bedeutung der geforderten ADL (p_{ij}) bei gleichzeitig relativ geringem Schwierigkeitsgrad der Erbringung.

Dieses Entscheidungskriterium versagt jedoch bei den im Quadranten "RISKANTE" positionierten Ländern; denn diese Nachfrager sind gerade dadurch gekennzeichnet, daß der Anbieter die meisten der geforderten ADL nicht erbringen kann. Da bei den ADL, die der Anbieter erfüllen kann, keine großen Schwierigkeiten auftreten, ist es angebracht, bei der Entscheidungsfindung auf die ADL abzustellen, die der Anlagenbauer **nicht** erbringen kann. Es empfiehlt sich dann den Nachfrager zu bevorzugen, für den die nicht erbringbaren ADL von nur geringer Wichtigkeit sind und die einen nur geringen Anteil am Gesamtauftragswert besitzen. Zur Entscheidungsfindung werden deshalb die Wichtigkeiten der ADL für den Nachfrager (p_{ij}, entsprechend der W-Matrix) und die RAG-Werte (r_{ij}, relativer Anteil am Gesamtauftragswert) herangezogen.

Bilden wir nun die Summe

$$y_{ij} = r_{ij} + p_{ij},$$

so erhalten wir auch hier ein eindeutiges Trennungskriterium, das folgende Lösungsfelder erbringt:

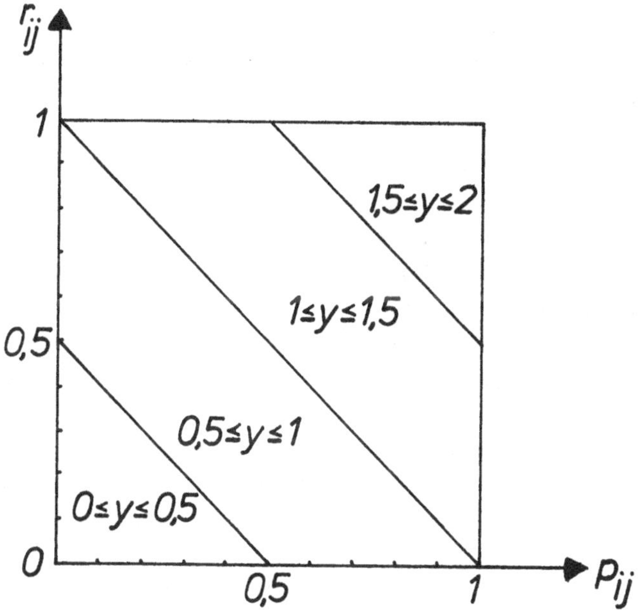

Abb. 24: Lösungsfelder für den Quadranten "RISKANTE"

Das Entscheidungskriterium lautet nun: Wähle den Auftrag, für den gilt:

$$\sum_i y_{ij} \rightarrow \text{Min!};$$

denn je kleiner die Summe der y_{ij} wird, desto unwichtiger sind die nicht erbrachten ADL für den Nachfrager bei gleichzeitig geringem Anteil am Gesamtauftragswert.
Hat ein Anlagenbauer nur die Wahl zwischen Aufträgen aus Ländern, die im dritten Quadranten positioniert sind, so wird er das Land bevorzugen, bei dem die nicht erbringbaren ADL keine große Rolle spielen.

3.2.4.3. Leistungsfähigkeit und Grenzen des vorgestellten Ansatzes

Mit Hilfe des vorgeschlagenen Entscheidungsmodells können potentielle Nachfragerländer auf Basis der ADL im Rahmen eines Portfolio-Konzeptes positioniert werden. Der Ansatz führt dabei schrittweise von einer Grobklassifikation der Länder (Positionierung im Erfüllung- Problem - Portfolio) bis hin zu detaillierten Aussagen über die Wichtigkeit und Nachfrageintensität von ADL bei einzelnen Kunden. Durch die besondere Betrachtung der ADL wird weiterhin die Vergleichbarkeit von Industrieanlagenprojekten ermöglicht, da die Nachfrage nach ADL nicht aus projektspezifischen Gegebenheiten resultiert, sondern sich aus länderspezifischen Problemen ergibt. Durch die zunehmende Bedeutung der Dienstleistungen für die Auftragsvergabe im industriellen Anlagengeschäft kann das vorgestellte Entscheidungsmodell in der gegenwärtigen Situation des Anlagenbaus auch entscheidungsrelevante Informationen für die Praxis liefern.

Da die ADL beim Anlagenanbieter zusätzliches Know how erfordern und ihre Erbringung langfristig Kapazitäten im Unternehmen bindet, kann der Anlagenhersteller bei technisch vergleichbaren Anfragen solche auswählen, die bezüglich der geforderten ADL am besten seinem Leistungspotential entsprechen. Die diskutierten Entscheidungskriterien im Bereich der Quadranten "PROBLEME" und "RISKANTE" setzen allerdings eine **Entscheidungsneutralität** voraus. So werden z.B. alle Projekte im Problemquadranten gleich eingestuft, bei denen Wichtigkeit und Erbringungsschwierigkeiten übereinstimmen, d.h. eine ADL, die vom Nachfrager in 90% aller Fälle verlangt wird und ihre Erbringung für den Anbieter zu 50% mit Schwierigkeiten verbunden ist, wird ebenso beurteilt wie eine ADL mit einer Wichtigkeit von 0,5 und deren Erbringung nur zu 10% Probleme verursacht.

Die Grenzen des Ansatzes liegen aber vor allem in seiner engen Ausrichtung auf die ADL. Er kann somit nicht als umfassendes Entscheidungsmodell für die Auftragsplanung im Anlagengeschäft angesehen werden (25), sondern er beschränkt sich nur auf die Einschätzung von länderspezifischen Anforderungen an ADL. Diese Beurteilungsmöglichkeit gewinnt aber dann an Bedeutung, wenn sich ein Anlagenhersteller auf die Erbringung bestimmter ADL spezialisiert. Weiterhin ist zu bemerken, daß die Vorteilhaftigkeit von Projekten primär an den für den Anlagenbauer verbundenen Erbringungsschwierigkeiten von ADL festgemacht wurde. Neben den mit der Leistungserbringung in Verbindung stehenden Problemen sind bei der Entscheidung über eine Angebotsabgabe aber auch weitere Kriterien relevant, wie z.B. der erzielbare Preis, Konkurrenzangebote und die Möglichkeit zur Schaffung komparativer Konkurrenzvorteile durch technisches Lösungs-Know how. Auch hier wird deutlich, daß der vorgestellte Ansatz nur flankierend zu weiteren Überlegungen im Rahmen der Anfragenselektion dienen kann.

Die bisher vorgestellten Analysen hatten zum Ausgangspunkt einzelne ADL und wurden länderspezifisch durchgeführt. Durch die folgenden Panel-Analysen wird auf Basis der ADL versucht, sowohl Länder zu Marktsegmenten zusammenzufassen, als auch Verbundwirkungen zwischen ADL aufzudecken. Die sich dabei ergebenden Ergebnisse können dann wiederum in die unternehmensspezifischen Analysen einfließen, indem die vorgestellten Analyseverfahren statt auf Länder auf die gefundenen Marktsegmente angewandt werden.

3.3. Analysen auf Basis der Panel-Daten (Panel-Analysen)

3.3.1. Ziele und Ausgangspunkt der Panel-Analysen

Im folgenden werden Analyseverfahren vorgestellt, deren Durchführung sich auf die Daten aller am Anlagen-Panel beteiligten Mitgliedsfirmen stützt und die nur im Rahmen eines Panels zu aktuellen und brauchbaren Aussagen führen. Durch die Langfristigkeit des internationalen Anlagengeschäfts und den oftmals nur sporadisch als Nachfrager auftretenden Kundenländern kann der einzelne Anlagenanbieter ein entsprechendes Erfahrungspotential nur langsam aufbauen. Durch das Anlagen-Panel können die Erfahrungen der einzelnen Anlagenbauer für alle Anlagenanbieter nutzbar gemacht werden, was zu gesicherteren Aussagen über die jeweiligen Kundenländern führt.

Die so gewonnenen Ergebnisse fließen dann, ebenso wie die unternehmensspezifischen Analysen, in das Informationssystem ein und stehen damit für alle Panel-Mitglieder als Entscheidungshilfen zur Verfügung. Ausgangspunkt der folgenden Analyseverfahren bildet wiederum die Bedeutungsanalyse, die die Wichtigkeit von ADL für die Auftragsvergabe bei einzelnen Nachfragerländern ermittelt und ebenfalls nur auf Basis von Panel-Daten aktuelle Informationen liefern kann.

3.3.2. Die Marktsegmentierungsanalyse

Mit Hilfe der Marktsegmentierungsanalyse sollen die möglichen Projektländer anhand bestimmter Merkmale zu Gruppen zusammengefaßt werden (26), die dann als Basis für eine segmentspezifische Gestaltung des ADL-Angebots dienen können. Es werden solche Länder zu einem Segment vereinigt, die bezüglich der Merkmalsausprägungen eine hohe Ähnlichkeit aufweisen. Dabei sollten die Marktsegmente untereinander möglichst heterogene Merkmalsprofile zeigen. Ein multivariates statistisches Verfahren, das dieser Zielsetzung entspricht, ist die Clusteranalyse (27). Als Segmentierungsmerkmale werden herangezogen:

(1) die im Rahmen der Bedeutungsanalyse gewonnenen Gewichtungsfaktoren (Elemente p_{ij} der Matrix $\underline{W}$), die den Grad der Wichtigkeit einer ADL widerspiegeln;
(2) die Intensitäten, mit denen die ADL in den Ländern nachgefragt werden (RAG-Werte). Zu diesem Zweck erfragen wir für jede ADL ihren relativen Anteil am Gesamtauftragswert.

Ausgangspunkt der Clusteranalyse bilden damit die Transponierten der Matrizen $\underline{W}$ und $\underline{R}$ (28).

	ADL_1	...	ADL_i	...	ADL_n	ADL_1	...	ADL_i	...	ADL_n
Land 1	p_{11}	....	....	....	p_{1n}	r_{11}	....	....	....	r_{1n}
.	.		.		.	.		.		.
.	.		.		.	.		.		.
.	.		.		.	.		.		.
Land j	p_{j1}	...	p_{ji}	...	p_{jn}	r_{j1}	...	r_{ji}	...	r_{jn}
.	.		.		.	.		.		.
.	.		.		.	.		.		.
Land m	p_{m1}	....	....	....	p_{mn}	r_{m1}	....	....	....	r_{mn}
			$\underline{W}^T$					$\underline{R}^T$		

Abb. 25: Ausgangspunkt der Clusteranalyse

Da die Elemente dieser Matrizen auf metrischem Datenniveau erhoben werden, lassen sich bei der Wahl des Clusteranalysealgorithmus solche Verfahren heranziehen, die auch Signifikanzaussagen bezüglich der gefundenen Marktsegmente zulassen.

Zur Identifikation der gefundenen Marktsegmente können allgemeine Ländercharakteristika (z.B. Bevölkerungsdichte, Bruttosozialprodukt pro Kopf) aus der sekundären Datenbank herangezogen werden. Da die Nachfrageursache der ADL gerade aus entwicklungspolitischen und wirtschaftlichen Problemen der Länder resultiert, ist ein Gleichlauf in der Entwicklung der allgemeinen Ländercharakteristika und des Nachfragerverhaltens bei ADL zu vermuten. Auf Basis von Panel-Daten lassen sich auf regressionsanalytischem Wege solche Ländercharakteristika identifizieren, die zur Erklärung der ADL-Nachfrage beitragen (29). Durch dieses Vorgehen können Aufträge aus Ländern, die noch in keinem Marktsegment erfaßt sind, allein auf Basis der allgemeinen Ländercharakteristika bestimmten Segmenten zugeordnet und Rückschlüsse auf mögliche ADL-Anforderungen gezogen werden.

Die besondere Bedeutung, die dieser Möglichkeit der Ländereinschätzung zukommt, wird deutlich, wenn man sich die Entwicklung des Auftragseingangs aus einigen bedeutenden Kundenländern des deutschen Großanlagenbaus von 1971 bis 1982 ansieht. Die Abbildung 26 zeigt, daß z.B. der Irak 1981 mit Aufträgen von über 2,5 Mrd. DM vertreten war, während der Auftragseingang in den übrigen Jahren unter 400 Mio. DM lag.

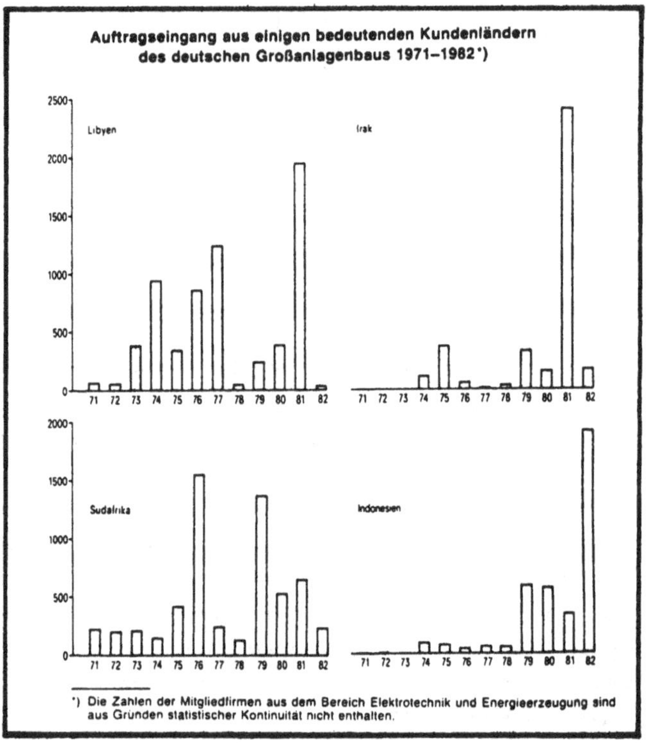

Abb. 26: Auftragseingang aus einigen bedeutenden Kundenländern des deutschen Großanlagenbaus 1971-1982
Quelle: ARBEITSGEMEINSCHAFT GROSSANLAGENBAU im VDMA (1983), S.11.

In den Jahren 1971 bis 1973 fehlen Aufträge aus dem Irak und Indonesien sogar ganz. Diese vollkommen erratische Entwicklung des Auftragseingangs und die nur temporäre Bedeutung von Kundenländern wird noch deutlicher, wenn man die Häufigkeit der Kundenländer des deutschen Großanlagenbaus im Zeitablauf betrachtet (vgl. Anhang II). Von den insgesamt 66 Kundenländern, mit denen die Mitglieder der Arbeitsgemeinschaft Großanlagenbau im VDMA in den Jahren 1976 bis 1983 Aufträge abwickelten, sind über ein Viertel der Länder nur ein- oder zweimal als Nachfrager aufgetreten (30). Das heißt mit anderen Worten, daß in den letzten Jahren ein Viertel aller ausländischen Nachfrager für den deutschen Anlagenbau **Neukunden** darstellen, mit denen der Anlagenanbieter noch keine Erfahrungen gemacht hat. Durch die hohe Wertdimension des Anlagengeschäfts bilden diese Neukunden einen existentiellen Faktor in der Nachfragerstruktur des Anlagenbaus. Gelingt es dem Anlagenanbieter, Informationen über spezifische ADL-Anforderungen solcher Neukunden zu eruieren, so kann er bereits bei der Unterbreitung des ersten Angebots eine Präferenz für sein Leistungsangebot über ein kundenspezifisch ausgerichtetes ADL-Angebot schaffen. Durch die Identifikation der Marktsegmente anhand allgemeiner Ländermerkmale können solche Informationen frühzeitig bereitgestellt werden.

Würden z.B. in den nächsten Jahren Anfragen für Anlagenprojekte aus Guatemala, Nicaragua, Äthiopien, Uganda oder Kambodscha kommen -also Länder, mit denen der deutsche Anlagenbau bisher noch nicht in Geschäftsbeziehung stand-, so können diese Länder allein aufgrund ihrer allgemeinen Charakteristika den Marktsegmenten zugeordnet werden. Aus dieser Zuordnung lassen sich dann a priori Informationen über mögliche ADL-Anforderungen dieser Länder extrahieren und der Anlagenbau kann sein Angebot entsprechend ausrichten.

3.3.3. Die Verbundanalyse

Die Verbundanalyse soll ermitteln, ob die von einem Projektland nachgefragten ADL jeweils unterschiedlichen Zielen dienen (Unabhängigkeit der ADL), oder ob sich ADL-Bündel finden lassen, die überwiegend im Zusammenhang nachgefragt werden.

Zur Ermittlung möglicher Verbundbeziehungen wird der relative Anteil einer ADL am Gesamtauftragswert herangezogen (RAG-Werte). Da die RAG-Werte metrisches Datenniveau aufweisen, können mit Hilfe einer Faktorenanalyse mögliche Verbundwirkungen der ADL für jedes Projektland aufgedeckt werden (31). Voraussetzung ist jedoch, daß die Zahl der Fragebogen pro Land mindestens der Zahl der abgefragten ADL entspricht. Die Faktorenanalyse liefert dann im Ergebnis für jedes Land voneinander unabhängige ADL-Bündel:

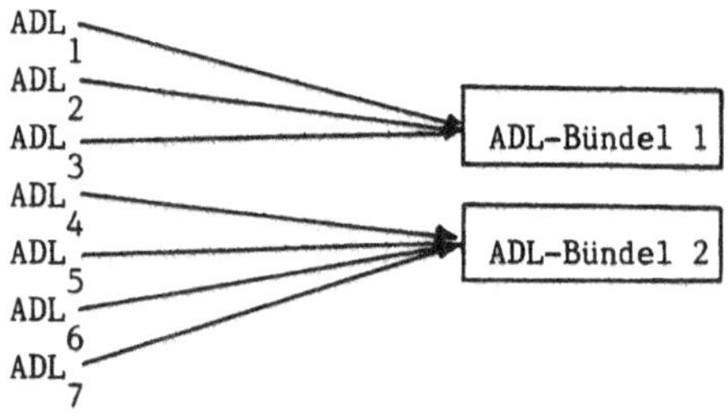

Abb. 27: Grundgedanke der Faktorenanalyse

Da wir nicht davon ausgehen können, daß Bedeutung und Anzahl der gewonnenen ADL-Bündel für jedes Land identisch sind, läßt sich auf Basis der ADL-Bündel jedoch keine Marktsegmentierung (Clusteranalyse) vornehmen. Aus diesem Grund sollen die im Rahmen der Marktsegmentierungsanalyse ermittelten Marktsegmente einer Verbundanalyse unterzogen werden. Dieses Vorgehen hat zwei Vorteile:

* Die Bedingung, daß die Zahl der Fragebogen größer oder gleich der abgefragten ADL ist, ist wesentlich leichter zu erfüllen.
* Analysiert werden die marktsegmentspezifischen Verbundwirkungen, auf deren Basis sich alternative Angebotsstrategien für Ländersegmente ableiten lassen.

Die Marktsegmentanalyse ist damit die Ausgangsbasis der Verbundanalyse, und im Ergebnis erhalten wir für jedes Marktsegment eine Anzahl unabhängiger ADL-Bündel.

3.3.4. Die Wanderungsanalyse

Die Durchführung der bisher vorgestellten Auswertungsverfahren basiert auf den erhobenen Daten des Anlagen-Panels. Durch die in regelmäßigen Zeitabschnitten erfolgende Erhebung können alle Analysen einer ständigen Aktualisierung unterworfen und Verschiebungen im Zeitablauf aufgedeckt werden.

Die Wanderungsanalyse soll neben dieser Aktualisierung insbesondere Bedeutungsverschiebungen von ADL für die Auftragsvergabe frühzeitig zum Vorschein bringen. Dies kann mit Hilfe eines einfachen Markov-Ansatzes gewährleistet werden (32). Das Markov-Modell soll im Ergebnis die Frage beantworten, mit welcher Wahrscheinlichkeit eine bestimmte ADL in einem bestimmten Marktsegment verstärkt, gleichbleibend oder vermindert nachgefragt wird.
Im Ausgangspunkt befindet sich jede ADL mit einer bestimmten Wahrscheinlichkeit in einem der folgenden drei Zustände:

S_t : Die Nachfrage nach einer ADL ist im Zeitpunkt t im Verleich zur Vorperiode steigend;

F_t : Die Nachfrage nach einer ADL ist im Zeitpunkt t im Vergleich zur Vorperiode fallend;

K_t : Die Nachfrage nach einer ADL ist im Zeitpunkt t im Vergleich zur Vorperiode konstant.

Diese drei Zustände bilden zusammen den Zustandsraum Z = (S, F, K). Im ersten Schritt müssen die Wahrscheinlichkeiten berechnet werden, mit denen sich eine ADL zum Zeitpunkt t in einem dieser Zustände befindet. Darauf aufbauend kann dann die Wahrscheinlichkeit ermittelt werden, mit der die Nachfrage nach einer ADL aus dem Zustand j im Zeitpunkt t in den Zustand i im Zeitpunkt t+1 übergeht (Übergangswahrscheinlichkeit).

3.3.4.1. Festlegung der Kategoriewahrscheinlichkeiten

Für die Berechnung der Wahrscheinlichkeiten, mit denen sich eine ADL im Ausgang in einer der Kategorien "Steigend", "Fallend" oder "Konstant" befindet, sind bereits zwei Beobachtungszeitpunkte erforderlich. Das kann durch die kontinuierlichen Erhebungen im Anlagen-Panel gewährleistet werden. Zunächst werden die relativen Häufigkeiten erfragt, mit denen eine bestimmte ADL im Zeitpunkt t_1 (p_1) und im Zeitpunkt t_2 (p_2) nachgefragt wurde. Bildet man nun für jede ADL bei jeder Unternehmung die Differenz aus beiden Angaben, so läßt sich eine ADL mit einer bestimmten relativen Häufigkeit (Wahrscheinlichkeit) einer der Kategorien "Steigend", "Fallend" oder "Konstant" wie folgt zuordnen:

Steigend, falls: $p_1 > p_2$; mit $\hat{p}_{s,2} = p_2 - p_1 = c$
Fallend, falls: $p_1 < p_2$; mit $\hat{p}_{f,2} = p_2 - p_1 = -c$
Konstant, falls: $p_1 = p_2$; mit $\hat{p}_{k,2} = p_2 - p_1 = 0$

Die Wahrscheinlichkeit, daß sich eine bestimmte ADL in einer dieser Kategorien befindet, läßt sich nun durch die Anzahl der Unternehmen ermitteln, deren Angaben in eine dieser Kategorien fallen. Es folgt:

(1) $P(S_2) = A{:}N$; mit: A = Zahl der Unternehmen mit $\hat{p}_{s,2} > 0$
(2) $P(F_2) = B{:}N$; mit: B = Zahl der Unternehmen mit $\hat{p}_{f,2} < 0$
(3) $P(K_2) = C{:}N$; mit: C = Zahl der Unternehmen mit $\hat{p}_{k,2} = 0$

Dabei ergeben A+B+C = N; (Gesamtzahl der betrachteten Unternehmen).

Wir erhalten somit die ungewichteten Eintrittswahrscheinlichkeiten der Kategorien für eine bestimmte ADL. Hierbei wurde allerdings vorausgesetzt, daß die Differenzen $\hat{p} = \pm c$ bei allen Unternehmen jeweils gleich groß sind, d.h. ein Unternehmen mit z.B. $\hat{p}_f = -0{,}1$ wurde ebenso der Kategorie "Fallend" zugeordnet wie ein Unternehmen mit $\hat{p}_f = -0{,}9$. Es ist deshalb notwendig, je nach der Größe von $\hat{p}$ eine Gewichtung vorzunehmen. Diese Gewichtung ist natürlich nur für die Kategorien "Steigend" und "Fallend" erforderlich, da $\hat{p}_k$ in der Kategorie "Konstant" immer Null ergibt.

Wir vereinbaren nun, daß ein $\hat{p}$ in Höhe von c immer genau einer Unternehmung entsprechen soll, mit $0<c\leq 1$. Die gewichtete Zahl der Unternehmen bestimmt sich für die Kategorien dann wie folgt:

Sei:

A_s = Anzahl gleicher Realisationen von $\hat{p}_{s,2}$ für s = 1,...,k; mit $k\leq A$
B_f = Anzahl gleicher Realisationen von $\hat{p}_{f,2}$ für f = 1,...,l; mit $l\leq B$

Daraus läßt sich die **gewichtete Zahl der Unternehmen** in den Kategorien "Steigend" (A_s^*) und "Fallend" (B_f^*) wie folgt berechnen:

(4) $A_s^* = 1:c \; |\hat{p}_{s,2}| \; A_s$ für alle s = 1,...,k;
(5) $B_f^* = 1:c \; |\hat{p}_{f,2}| \; B_f$ für alle f = 1,...,l.

Die Gewichtungsfaktoren für die ungewichteten Eintrittswahrscheinlichkeiten dieser Kategorien ermitteln sich damit wie folgt:

für Kategorie "Steigend":

$$G_s = \frac{\sum_s A_s^*}{\sum_s A_s^* + \sum_f B_f^*}$$

für Kategorie "Fallend":

$$G_f = \frac{\sum_f B_f^*}{\sum_s A_s^* + \sum_f B_f^*}$$

Mit Hilfe der Gewichtungsfaktoren lassen sich dann die gewichteten Eintrittswahrscheinlichkeiten der Kategorien bestimmen:

Kategorie "Steigend":

$$(6)\ P(S^*) = G_s\ (\ (P(S) + P(F))\ )$$

Kategorie "Fallend":

$$(7)\ P(F^*) = G_f\ (\ (P(S) + P(F))\ )$$

Kategorie "Konstant":

$$(8)\ P(K^*) = P(K)$$

Dabei gilt es zu beachten, daß die Berechnung der gewichteten Eintrittswahrscheinlichkeiten von der Wahl der Bezugsgröße c bei der Ermittlung der gewichteten Unternehmenszahlen vollkommen unbeeinflußt bleibt. Das läßt sich beispielhaft für die Gewichtung in Kategorie "Steigend" zeigen.

<u>Beweis</u>:

$$G_s = \frac{\sum_s A_s^*}{\sum_s A_s^* + \sum_f B_f^*} \quad ;$$

setzt man (4) und (5) ein, so folgt:

$$G_s = \frac{1{:}c \sum_s |\hat{p}_s|\, A_s}{1{:}c \sum_s |\hat{p}_s|\, A_s + 1{:}c \sum_f |\hat{p}_f|\, B_f}$$

$$= \frac{\sum_s |\hat{p}_s|\, A_s}{\sum_s |\hat{p}_s|\, A_s + \sum_f |\hat{p}_f|\, B_f}$$

Für die Berechnung der gewichteten Eintrittswahrscheinlichkeiten der Kategorien kann damit quasi eine "dimensionslose Gewichtung" erreicht werden. Durch die Wahl der Bezugsgröße c kommt es zu keiner Verzerrung der Relationen innerhalb der Kategorien, so daß die Wahl des Nullpunktes von der Gewichtung unberührt bleibt. Setzt man z.B. c = 0,1, und es tritt in einer Kategorie der Wert 0,6 bei 6 Unternehmen auf, so entspricht das einer gewichteten Unternehmenszahl von 36, für c = 0,2 einer von 18. Bei beiden Bezugsgrößen folgt aber insgesamt die gleiche Kategoriewahrscheinlichkeit. Dieser Effekt wird dadurch erreicht, daß der Nullpunkt (Kategorie "Konstant") aus der Gewichtung ausgeschlossen wurde. Das Vorgehen soll abschließend nochmals an einem Beispiel verdeutlicht werden.

Beispiel 5:

Für 100 Unternehmen seien nach der Differenzbildung aus zwei Zeitpunkten folgende Daten erhoben worden:

$\lvert\hat{p}_s\rvert$	A_s	$\lvert\hat{p}_f\rvert$	B_f
0,1	5	0,2	40
0,3	15	0,4	10
0,4	10		
	30		50

Zahl der Unternehmen in Kategorie "Konstant": C = 20

Damit ergibt sich für die ungewichteten Eintrittswahrscheinlichkeiten:

P(S) = 30:100; P(F) = 50:100; P(K) = 20:100

(a) Berechnung der Gewichtungsfaktoren:

$\lvert\hat{p}_s\rvert$	A_s	$\lvert\hat{p}_s\rvert A_s$	$\lvert\hat{p}_f\rvert$	B_f	$\lvert\hat{p}_f\rvert B_f$
0,1	5	0,5	0,2	40	8,0
0,3	15	4,5	0,4	10	4,0
0,4	10	4,0			
		9,0			12,0

Damit folgt: G_s = 9:21 = 3:7; G_f = 12:21 = 4:7

(b) Gewichtete Eintrittswahrscheinlichkeiten

$$P(S^*) = G_s\ (\ (P(S) + P(F))\ )$$
$$= 3:7\ (\ (3:10 + 5:10)\ )$$
$$= \underline{0{,}34}$$

$$P(F^*) = G_f\ (\ (P(S) + P(F))\ )$$
$$= 4:7\ (\ (3:10 + 5:10)\ )$$
$$= \underline{0{,}46}$$

$$P(K^*) = P(K) = \underline{0{,}2}$$

3.3.4.2. Ermittlung der Übergangswahrscheinlichkeiten

Bei der Berechnung der Übergangswahrscheinlichkeiten gehen wir davon aus, daß sie unabhängig von der Zeit sind und nur von der Situation im Zeitpunkt t abhängen, d.h. unser System hat "kein Gedächtnis", sondern ist stationär (sog. Markov-Bedingung). Um die Übergangswahrscheinlichkeiten ermitteln zu können, ist ein weiterer Beobachtungszeitraum erforderlich, der im Rahmen eines Panels sichergestellt ist. Betrachtet werden nun die Angaben der jeweiligen Unternehmen in den einzelnen Kategorien. Die Wahrscheinlichkeit, mit der eine ADL z.B. aus der Kategorie "Steigend" in eine andere Kategorie wechselt, ergibt sich dann wie folgt:

Es wird zunächst nur die Anzahl A der Unternehmen betrachtet, die vorher bereits der Kategorie "Steigend" zugeordnet wurden. Im dritten Erhebungszeitpunkt wird nun wiederum nach der relativen Häufigkeit gefragt, mit der eine ADL in einem Nachfragerland verlangt wurde (p_3) und die Differenz zu dem Wert aus Erhebungszeitpunkt 2 (p_2) gebildet. Gemäß dieser Differenzen ist dann eine Zuordnung der Unternehmen aus Kategorie "Steigend" in Zeitpunkt 2 zu den Kategorien in Zeitpunkt 3 wie folgt möglich:

Steigend, falls: $p_2 < p_3$; mit: $\hat{p}_{s,3} = p_3 - p_2 = c$
Fallend, falls: $p_2 > p_3$; mit: $\hat{p}_{f,3} = p_3 - p_2 = -c$
Konstant, falls: $p_2 = p_3$

Analog zu den Ausführungen im vorangegangenen Kapitel ergibt sich dann die ungewichtete Eintrittswahrscheinlichkeit dieser Kategorien gemäß:

(9) $P(S_3/S_2) = x:A$; mit: x = Zahl der Unternehmen mit $\hat{p}_{s,3} > 0$
(10) $P(F_3/S_2) = y:A$; mit: y = Zahl der Unternehmen mit $\hat{p}_{f,3} < 0$
(11) $P(K_3/S_2) = z:A$; mit: z = Zahl der Unternehmen mit $\hat{p}_{k,3} = 0$

Dabei wurde die Anzahl der Unternehmen in Kategorie "Steigend" zum Zeitpunkt 2 (S_2) nach ihrer jeweiligen Entwicklung im Zeitpunkt 3 (S_3,F_3,K_3) aufgesplittet.

Ebenso erhält man die Gewichtungsfaktoren für den Zeitpunkt 3 durch:

$$G_{s,3} = \frac{\sum_s |\hat{p}_{s,3}| \; x_s}{\sum_s |\hat{p}_{s,3}| \; x_s + \sum_f |\hat{p}_{f,3}| \; y_f}$$

$$G_{f,3} = \frac{\sum_f |\hat{p}_{f,3}| \; y_f}{\sum_s |\hat{p}_{s,3}| \; x_s + \sum_f |\hat{p}_{f,3}| \; y_f}$$

Die Übergangswahrscheinlichkeiten für Kategorie "Steigend" ergeben sich dann wie folgt:

$$(12)\quad P(S_3*/S_2) = G_{s,3} \; (P(S_3/S_2) + P(F_3/S_2))$$
$$(13)\quad P(F_3*/S_2) = G_{f,3} \; (P(S_3/S_2) + P(F_3/S_2))$$
$$(14)\quad P(K_3*/S_2) = P(K_3/S_2)$$

Die Übergangswahrscheinlichkeiten für die Kategorien "Fallend" und "Konstant" lassen sich entsprechend berechnen. Wir erhalten damit im Ergebnis die folgende Übergangsmatrix M:

	t \ t+1	S	F	K
	S	$P(S_3*/S_2)$	$P(F_3*/S_2)$	$P(K_3*/S_2)$
M: =	F	$P(S_3*/F_2)$	$P(F_3*/F_2)$	$P(K_3*/F_2)$
	K	$P(S_3*/K_2)$	$P(F_3*/K_2)$	$P(K_3*/K_2)$

Die Elemente in der Hauptdiagonalen geben dabei an, mit welcher Wahrscheinlichkeit eine ADL aus einer bestimmten Kategorie auch in Zukunft in dieser Kategorie bleiben wird. Die Werte rechts und links der Hauptdiagonalen spiegeln die Wahrscheinlichkeit wider, mit der eine ADL aus einer bestimmten Kategorie in eine andere wechselt.

Es kann jedoch nicht davon ausgegangen werden, daß die Übergangsmatrix im Zeitablauf konstant bleibt, wodurch keine langfristigen Prognosen über die Entwicklung der ADL möglich sind. Bei kurzfristigen Aussagen über einen Zeitraum, in dem die Konstanz von $\underline{M}$ unterstellt werden kann, läßt sich jedoch eine Entwicklung abschätzen. Mit Hilfe der Kategoriewahrscheinlichkeiten aus Kapitel D.3.3.3.1. und der Matrix $\underline{M}$ läßt sich dann berechnen, mit welchen Wahrscheinlichkeiten sich eine bestimmte ADL in der Periode t_n in den einzelnen Kategorien befindet. Mit dem Satz von CHAPMAN-KOLMOGOROV folgt (33):

$$(15) \quad \underline{w}_{tn} = \underline{w}_o \cdot \underline{M}^n.$$

Beispiel 6:

Gemäß Beispiel 5 befindet sich die betrachtete ADL in folgendem Ausgangszustand:

$$\underline{w}_o = (S, F, K) = (0{,}34;\ 0{,}46;\ 0{,}2)$$

Weiterhin sei folgende Übergangsmatrix $\underline{M}$ ermittelt worden:

$$\underline{M} := \begin{bmatrix} 0{,}2 & 0{,}1 & 0{,}7 \\ 0{,}4 & 0{,}2 & 0{,}4 \\ 0{,}5 & 0{,}2 & 0{,}3 \end{bmatrix}$$

Der Zustandsvektor für die folgende Periode (n=1) ermittelt sich dann wie folgt:

$$\underline{w}_{t1} = \underline{w}_o \cdot \underline{M}^1.$$
$$\underline{w}_{t1} = (0{,}34;\ 0{,}46;\ 0{,}2) \cdot \underline{M}$$
$$\underline{\mathbf{w}}_{\mathbf{t1}} = \mathbf{(0{,}35;\ 0{,}17;\ 0{,}48)}$$

Für dieses Beispiel zeigt sich, daß die Wahrscheinlichkeit für eine steigende ADL-Nachfrage in der folgenden Periode nahezu konstant geblieben ist, während sie für die Kategorie "Fallend" gesunken und für die Kategorie "Konstant" gestiegen ist.

Diese Tendenz bleibt auch in der folgenden Periode (n=2) erhalten, denn es folgt:

$$\underline{w}_{t2} = w_o \cdot \underline{M}^2.$$

$$\underline{w}_{t2} = (0{,}34;\ 0{,}46;\ 0{,}2) \cdot \begin{bmatrix} 0{,}43 & 0{,}18 & 0{,}39 \\ 0{,}36 & 0{,}16 & 0{,}48 \\ 0{,}33 & 0{,}15 & 0{,}52 \end{bmatrix}$$

$$\mathbf{w_{t2} = (0{,}38;\ 0{,}16;\ 0{,}46)}$$

Somit zeigt sich, daß auch in der zweiten Periode mit einer steigenden Nachfrage nach dieser ADL zu rechnen ist, während sich die Wahrscheinlichkeiten für die Kategorien "Fallend" und "Konstant" gegenüber der ersten Periode leicht nach unten verändert haben. Die Wanderungsanalyse ermöglicht damit eine Einschätzung der Nachfrageentwicklung von ADL zumindest für einen begrenzten Zeitraum.

4. Organisation der Datenbanken

Die bisher dargestellten Analyseverfahren der Methodenbank können nur dann entprechend ihren Zielen genutzt werden, wenn die benötigten Daten aus dem Anlagen-Panel auch zweckadäquat aufbereitet sind. Um dies zu gewährleisten, wird für das vorgestellte Informationssystem im folgenden ein Ansatz zur Konzeption entsprechender Datenbanken vorgestellt. Dabei ist zu betonen, daß die folgenden Ausführungen nur **erste Anhaltspunkte** für die Organisation der Datenbanken sein können und bei einer konkreten Realisierung des IMAGA-Systems detailliertere Überlegungen anzustellen sind.

Eine Datenbank kann allgemein als eine größere Menge von Daten definiert werden, die auf wahlfrei zugreifbaren Speichermedien aufbewahrt wird (34). Neben den zu speichernden Daten aus der realen Welt (sog. Datenobjekte oder Entities) gehört zur Datenbank auch das Beziehungsgefüge zwischen den Datenobjekten, um mögliche Zugriffspfade zu den Daten zu bestimmen (35).

Bevor jedoch eine Entscheidung über die physische Realisation einer Datenbank gefällt werden kann, muß Klarheit darüber bestehen, welche Anforderungen die Benutzer an die Datenbank stellen (sog. Informationsstrukturierung) (36). Für das von uns vorgestellte Informationssystem IMAGA wurden zwei getrennte Datenbanken postuliert, für die nun - auf Basis der vorgestellten Methodenbank - entsprechend der Benutzeranforderungen, Datenmodelle entwickelt werden können.

Bezogen auf unser Problem beschreibt ein Daten- bzw. Datenbankmodell die Beziehungsstrukturen zwischen den Datenobjekten, die das Anlagen-Panel oder die Sekundärstatistiken liefern (37). Wir wollen für beide Datenbanken ein hierarchisches Datenbankmodell vorschlagen, daß zwei zentrale Konstruktionsprinzipien verlangt (38):

(1) Es gibt genau ein Datenobjekt, daß auf der obersten Hierarchiestufe steht.

(2) Jedes weitere Datenobjekt, das nicht auf der obersten Hierarchiestufe angesiedelt ist, hat genau einen Vorgänger.

4.1. Hierarchisches Datenbankmodell für die primäre Datenbank

Die primäre Datenbank umfaßt alle Daten, die im Rahmen der Panel-Erhebung bei den im Panel zusammengeschlossenen Unternehmen in regelmäßigen Zeitabschnitten erhoben werden.

Aus den Zielsetzungen des IMAGA-Systems und den zu ihrer Realisierung vorgeschlagenen Analyseverfahren lassen sich die benötigten primären Daten in eindeutiger Weise ableiten. Sie können in zwei Gruppen eingeteilt werden:

(1) Allgemeine **PROJEKTDATEN**.
(2) **INPUTDATEN** für die Datenbank.

Die primäre Datenbank enthält damit zwei voneinander unabhängige Dateien:

Die Datei "PROJEKTDATEN" und
die Datei "INPUTDATEN".

In der Datei **PROJEKTDATEN** stehen auf der zweiten Hierarchieebene die befragten Unternehmen und auf der dritten Ebene die allgemeinen Projektdaten (P_x; x = 1, ..., X), wie z.B. der Wert einer angebotenen Anlage und die Anlagenart.

Die Datei **INPUTDATEN** hingegen besteht aus sechs Hierarchieebenen, die wie folgt aufgebaut sind:

Hierarchieebene II: Unternehmen (U_k); k = 1, ..., K
Hierarchieebene III: Beantworter (B_l); l = 1, ..., L
Hierarchieebene IV: Länder (L_j); j = 1, ..., m
Hierarchieebene V: Fragen (F_z); z = 1, ..., Z
Hierarchieebene VI: Anwenderdienstleistungen (ADL_i); i = 1, ..., n

Es ergibt sich damit für die primäre Datenbank das folgende hierarchische Datenbankmodell:

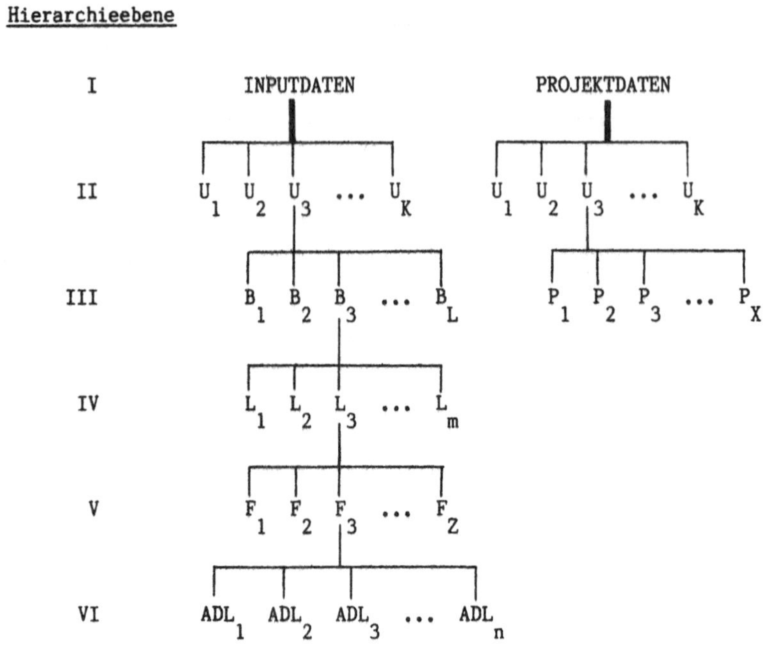

Abb. 28: Datenbankmodell für die primäre Datenbank

Die auf Hierarchieebene V aufgeführten Fragen lassen sich jetzt auf der Basis der vorgestellten Analyseverfahren ableiten. Die Beziehungsstruktur zwischen den Analysemethoden und die daraus resultierenden Fragen zeigt die Abbildung 29. Diese Fragen bilden zusammen mit den allgemeinen Projektdaten den Fragebogen für die Basiserhebung des vorgeschlagenen Anlagen-Panels (39).

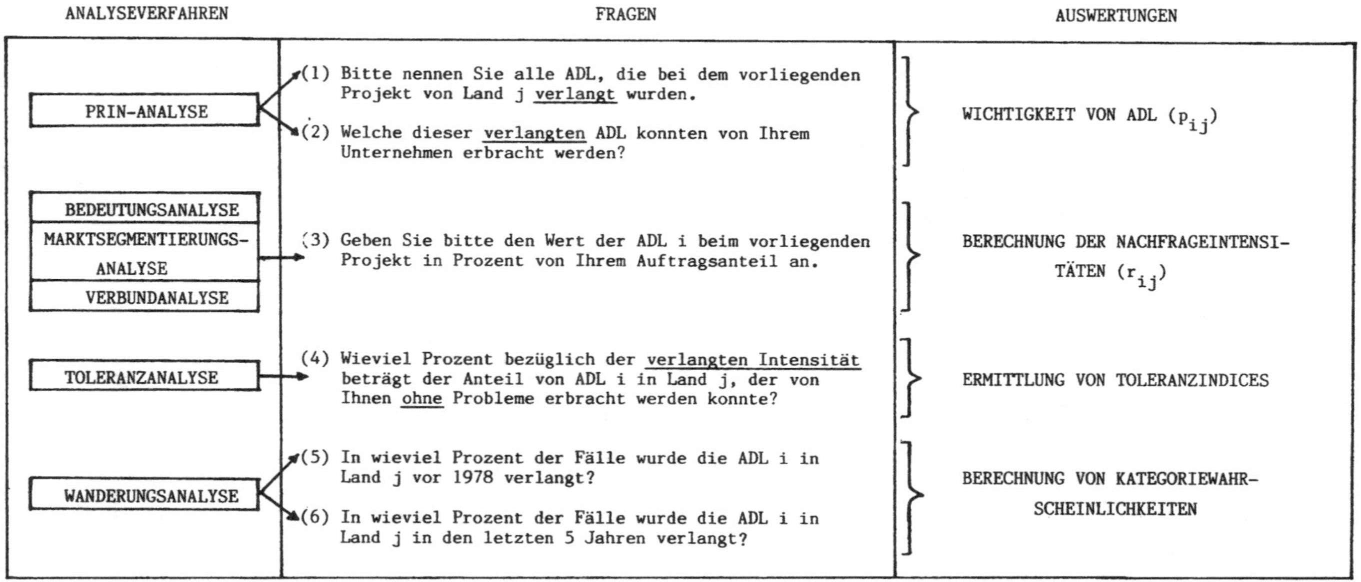

Abb. 29: Beziehungsstruktur zwischen Analyseverfahren und Fragebogen

4.2. Hierarchisches Datenbankmodell für die sekundäre Datenbank

Die **sekundäre Datenbank** stellt sekundärstatistisches Datenmaterial über allgemeine Ländermerkmale bereit, das zur Identifikation von gefundenen Ländersegmenten dient. Die sekundäre Datenbank ist damit eng an die Marktsegmentierungsanalyse gekoppelt (40).

Da sich die Ableitung der ADL an der entwicklungspolitischen und wirtschaftlichen Situation der Nachfragerländer orientierte, sollen auch die zur Identifikation der Ländersegmente verwendeten **allgemeinen Ländermerkmale** an statistischen Kennzahlen über die wirtschaftliche Entwicklung und den Entwicklungsstand von Kundenländern anknüpfen. Hierbei ist zu betonen, daß auf der Basis dieser Ländermerkmale keine Marktsegmentierung erfolgt, sondern daß die Ländermerkmale allein zur Identifikation der Ländersegmente dienen (41).

Als Indikatoren für den Entwicklungsstand eines Landes und dessen wirtschaftliche Situation werden in der Literatur z.B. folgende Kennzahlen herangezogen (42):

* Pro-Kopf-Einkommen
* Konsumquote
* Einkommensverteilung
* Arbeitsproduktivität
* Terms of Trade
* Bevölkerungswachstum
* medizinische Versorgung
* Analphabetenquote

Welche Ländermerkmale zur Identifikation der Marktsegmente in die sekundäre Datenbank aufgenommen werden, kann jedoch erst entschieden werden, wenn aufgrund der Panel-Erhebungen Daten über die Häufigkeiten der ADL-Nachfrage bei den Projektländern über einen längeren Zeitraum zur Verfügung stehen. Erst dann können Abhängigkeiten zwischen der Entwicklung der ADL-Nachfrage und der Entwicklung der allgemeinen Ländercharakteristika aufgedeckt werden (43).

Werden anschließend diese Ländermerkmale zur Identifikation der gefundenen Marktsegmente herangezogen, so lassen sich a priori auch solche Länder bestimmten Marktsegmenten zuordnen, mit denen die Anbieter bisher noch nicht in Geschäftsbeziehung standen. Die dadurch für die einzelnen Länder relevant werdenden Marktsegmente geben dann wiederum Aufschluß über das zu erwartende Anforderungsprofil der Länder an ADL.

Die endgültige Konzeption der sekundären Datenbank ist damit erst dann möglich, wenn die relevanten Ländercharakteristika durch das Anlagen-Panel ermittelt worden sind.

E. EMPIRISCHE UNTERSUCHUNG VON ANWENDERDIENSTLEISTUNGEN IM INTERNATIONALEN ANLAGENGESCHÄFT

1. Überblick über die empirischen Untersuchungen

Die Analyseverfahren in der Methodenbank des vorgestellten Informationssystems IMAGA können nach unternehmens- und länderspezifischen Verfahren unterteilt werden. Nur die letzteren lassen Aussagen zu, die für das internationale Anlagengeschäft Allgemeingültigkeit besitzen.

Die im folgenden dargestellte empirische Untersuchung der ADL soll die im Rahmen der Panel-Analysen vorgestellten Methoden testen und fungiert gleichzeitig als Basiserhebung für das Anlagen-Panel. Wir beschränken uns deshalb auf die länderspezifischen Analyseverfahren (Kap. D.3.3.), da für die unternehmensbezogenen Analysen zusätzlich noch unternehmensinterne Informationen notwendig wären.

1.1. Charakterisierung der Untersuchungsobjekte

An der Basiserhebung des Anlagen-Panels haben sich 52 deutsche Hersteller von kompletten Industrieanlagen beteiligt, wovon 19 Unternehmen Mitglieder der Arbeitsgemeinschaft Großanlagenbau im VDMA sind.

Insgesamt konnten 157 Industrieprojekte in 23 verschiedenen Nachfragerländern erfaßt werden. Bei über 80% der Projekte wurde dem Nachfrager erstmals ein Angebot im Zeitraum von 1978 bis 1984 unterbreitet. Als Nachfrager wurden solche Kundenländer gewählt, die zu der Gruppe der Entwicklungs- und Schwellenländer oder der Staatshandelsländer zählen, und die im Laufe der letzten 8 Jahre (von 1976 - 1983) mindestens 3 mal als Kundenländer der Arbeitsgemeinschaft Großanlagenbau im VDMA aufgetreten sind (1). Nach diesem Auswahlkriterium konnten folgende Länder in der vorliegenden Untersuchung berücksichtigt werden:

Land	Fallzahl	Land	Fallzahl
Ägypten	9	Mexiko	4
Algerien	3	Nigeria	7
Brasilien	3	Polen	3
DDR	6	Saudi Arabien	16
Indien	8	Süd Afrika	3
Indonesien	15	Süd Korea	7
Irak	9	Thailand	5
Iran	3	Türkei	3
Jugoslawien	5	UdSSR	13
Kuwait	3	Venezuela	3
Libyen	17	VR China	5
Malaysia	6		

Insgesamt: 157 Fälle

Abb. 30: Betrachtete Nachfragerländer

Dabei wurden aus Gründen der statistischen Repräsentativität nur solche Länder in die Analyse einbezogen, die mit einer Mindestfallzahl von 3 Fragebogen in der Erhebung vertreten waren. Auf Grund dieser Restriktion konnten allerdings gemäß obigem Entscheidungskriterium folgende 9 Kundenländer des VDMA nicht erfaßt werden:

* Argentinien
* Bulgarien
* CSSR
* Jordanien
* Pakistan
* Rumänien
* Taiwan
* Ungarn
* Ver. Arab. Emirate

Die erhobenen Projekte lassen sich nach einzelnen Anlagearten wie folgt aufteilen:

	Fallzahlen	
Anlagearten	absolut	prozentual
Chemieanlagen	32	20,4
Baustoffanlagen	21	13,4
Kraftwerksanlagen	17	10,8
Energieanlagen	8	5,1
Hüttenanlagen	32	20,4
Walzwerksanlagen	12	7,6
Gewinnungs- und Aufbereitungsanlagen	14	8,9
Sonstige	21	13,4
	157	

Abb. 31: Erhobene Projekte nach Anlagearten

Obwohl mit dieser Stichprobe keine Repräsentativität im Hinblick auf die betrachteten Länder erreicht werden kann, erlauben die folgenden Ausführungen zumindest **Tendenzaussagen** über die Bedeutung von ADL im internationalen Anlagengeschäft. Gleichzeitig können die theoretischen Überlegungen zu der Unterscheidung der Dienstleistungen im internationalen Anlagengeschäft nach System- und Anwenderdienstleistungen empirisch überprüft werden.

1.2. Zielsetzungen der empirischen Analysen

Mit Hilfe des empirisch gewonnenen Datenmaterials werden im folgenden die vorgestellten Modelle der **Panel-Analysen** getestet. Dabei können jedoch nicht alle Panel-Analysen untersucht werden, da nur das Datenmaterial aus der Basiserhebung zur Verfügung steht. Insbesondere die Identifikation von Marktsegmenten auf der Basis allgemeiner Ländercharakteristika und die Wanderungsanalyse müssen aufgrund der bisher nur einmal durchgeführten Erhebung aus den Betrachtungen ausgeschlossen werden. Die Ziele der empirischen Analyse liegen in

* der Fusion der betrachteten Nachfragerländer zu Ländergruppen mit homogenem Nachfragerverhalten bei ADL (Ansatz zur Marktsegmentierung),
* dem Auffinden solcher ADL, die besonders gut zwischen einzelnen Marktsegmenten diskriminieren können,
* der Ermittlung "echter" ADL, die Relevanz für das Marketing von Großanlagen im konkreten Geschäft besitzen (Relativierung des theoretischen ADL-Katalogs) und
* dem Aufdecken von Verbundwirkungen zwischen ADL bezüglich der gefundenen Ländergruppen (Verbundanalyse).

Um diese Ziele erreichen zu können, verwenden wir im folgenden eine Reihe multivariater Analyseverfahren, deren Anwendung z.T. aufeinander aufbaut und z.T. der Überprüfung von vorausgegangenen Ergebnissen dient. Die Untersuchungskonzeption für die empirische Analyse zeigt zusammenfassend die folgende Abbildung.

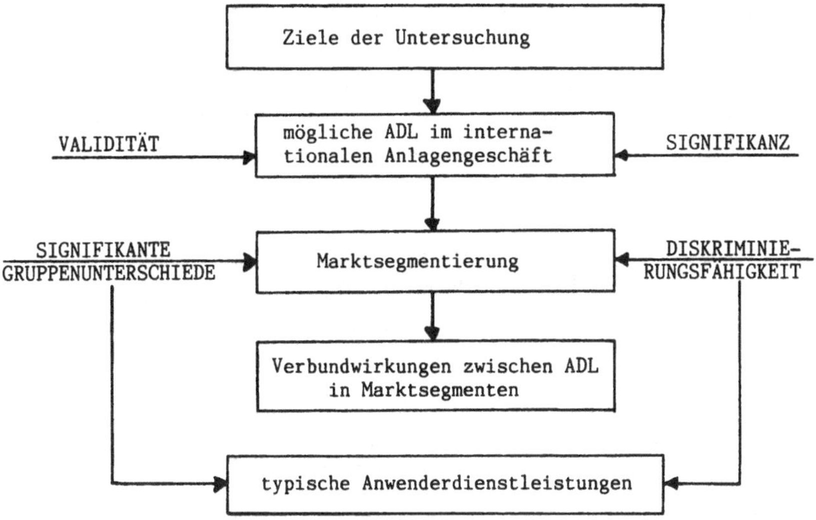

Abb. 32: Aufbau der Untersuchungskonzeption für die empirische Analyse

1.3. Zusammenwirken der verwendeten multivariaten Analyseverfahren

Die in Abbildung 32 dargestellte Untersuchungskonzeption wird mit Hilfe der folgenden multivariaten statistischen Verfahren durchgeführt:

* **Clusteranalyse** zum Auffinden möglicher Marktsegmente;
* **Diskriminanzanalyse,** um solche ADL aufzudecken, die zwischen den Marktsegmenten signifikante Unterschiede aufweisen;
* **Varianzanalyse,** zur Überprüfung der diskriminanzanalytisch gewonnenen ADL und zur Ermittlung "unechter" ADL (Systemdienstleistungen) im theoretisch abgeleiteten ADL-Katalog.
* **Faktorenanalyse,** um mögliche Verbundwirkungen zwischen ADL in den Marktsegmenten aufzufinden.

Die Motivation für den Einsatz dieser Verfahren im Rahmen der empirischen Analyse ergibt sich aus der Kongruenz der von uns gesetzten Ziele mit den Zielen dieser multivariaten Verfahren.
Die hier zur Anwendung kommenden Analysemethoden lassen sich dabei im Hinblick auf den methodologischen Standort wie folgt klassifizieren (2):

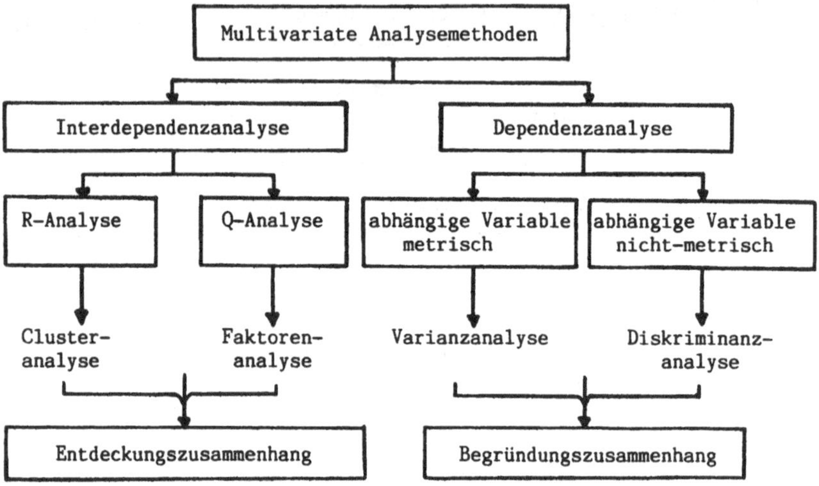

Abb. 33: Klassifikation der verwendeten multivariaten Analysemethoden im Rahmen der empirischen Untersuchung

Im Rahmen der Ausführungen zur Marktsegmentierungs- und Verbundanalyse haben wir vermutet, daß

* es Länder gibt, die bezüglich der Forderungen nach ADL ein homogenes Nachfragerverhalten zeigen und folglich zu Ländergruppen zusammengefaßt werden können;

* zwischen den ADL Verbundwirkungen existieren und das Verlangen nach ADL aus hinter der ADL-Nachfrage stehenden länderspezifischen Ursachen resultiert.

Hypothesen über die Art der Zusammenhänge wurden dabei nicht formuliert. Die Clusteranalyse und die Faktorenanalyse sind dazu geeignet, aus empirischem Datenmaterial Strukturen zwischen Variablen aufzudecken und Hypothesen über mögliche Zusammenhänge zu generieren. Methodologisch befinden wir uns damit im Entdeckungszusammenhang (3).

Die **Clusteranalyse** versucht, m vorgegebene Objekte (hier: Länder), die durch n Variable (hier: ADL) beschrieben werden, so zu Gruppen zusammenzufassen, daß die Gruppen in sich eine homogene, gegenüber den anderen Gruppen jedoch unterschiedlich ausgeprägte Variablenstrukturen aufweisen. Sie entspricht damit genau den Zielen der von uns vorgeschlagenen Marktsegmentierungsanalyse. Die (exploratorische) **Faktorenanalyse** hingegen versucht, hoch korrelierte Variable zu möglichst wenig unabhängigen Variablen zu verdichten. Sie geht dabei von der Vermutung aus, daß Korrelationen zwischen beobachteten Variablen durch hypothetische Größen verursacht werden, die hinter den Variablen stehen. Das Aufdecken dieser Größen (Faktoren) ist primäres Ziel der Faktorenanalyse, und sie kann deshalb auch als Hypothesengenerierungsinstrument bezeichnet werden (4). Bezogen auf unseren Untersuchungsgegenstand verdichtet sie also solche ADL, die von den Projektländern im Zusammenhang nachgefragt werden und entspricht damit den Zielen der Verbundanalyse (5).

Beide Analysen dienen im folgenden also einer exploratorischen, d.h. entdeckenden Vorgehensweise. Demgegenüber sind wir bei der theoretischen Herleitung des ADL-Katalogs von folgender Hypothese ausgegangen:

Arbeitshypothese:

> **"Die Nachfrage nach Anwenderdienstleistungen resultiert aus länderspezifischen Gegebenheiten und ist unabhängig von der verkauften Anlagentechnik."**

Mit Hilfe der Varianz- und Diskriminanzanalyse soll im folgenden versucht werden, diese Hypothese auf Basis statistischer Kriterien zu überprüfen. Wir befinden uns damit aus methodologischer Sicht im Begründungszusammenhang (6). Unsere Arbeitshypothese läßt sich in zwei Fragestellungen zerlegen:

(1) Weisen die durch die Clusteranalyse gefundenen Ländergruppen (abhängige Variable; nicht-metrisches Datenniveau) bezüglich der verlangten ADL (unabhängige Variable; metrisches Datenniveau) signifikante Unterschiede auf?

(2) Hat die einer verkauften Anlage zugrunde liegende Technik (unabhängige Variable; nicht-metrisch) einen Einfluß auf die Intensität der verlangten ADL (abhängige Variable; metrisch)?

Kann die erste Fragestellung bejaht werden, so läßt sich daraus folgern, daß die ADL dazu in der Lage sind, eine Trennung zwischen Marktsegmenten vorzunehmen. Durch eine **stufenweise Diskriminanzanalyse** kann der Trennungsbeitrag von ADL zur Unterscheidung von Ländergruppen ermittelt werden; und es lassen sich solche ADL aufdecken, die keinen signifikanten Beitrag zur Trennung der Marktsegmente liefern. Läßt sich weiterhin die zweite Fragestellung aufgrund des empirischen Datenmaterials verneinen, so kann darin eine Bestätigung für die Unabhängigkeit der ADL-Nachfrage von der Anlagentechnik gesehen werden. Mit Hilfe einer **multiplen Varianzanalyse** kann ermittelt werden, ob die ADL bezüglich vorgegebener Anlagetypen signifikante Unterschiede aufweisen. Dabei werden etwa vorhandene Korrelationen zwischen den ADL im Rahmen der Varianzanalyse berücksichtigt. Das Zusammenwirken der zum Einsatz kommenden multivariaten Verfahren verdeutlicht die folgende Abbildung:

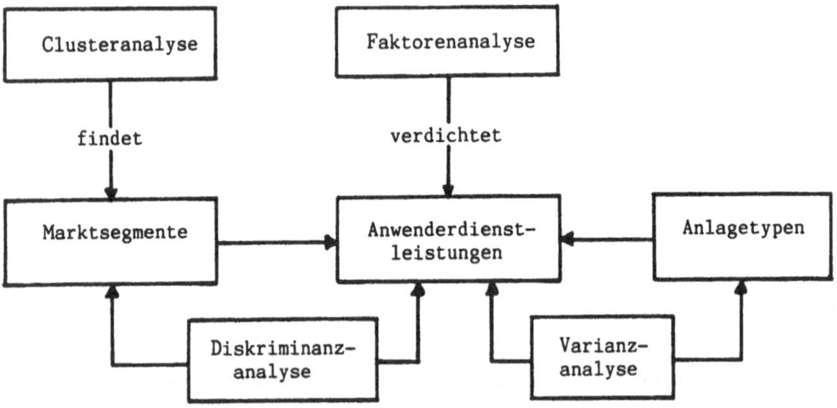

Abb. 34: Zusammenwirken der zur Anwendung kommenden multivariaten Analyseverfahren

2. Empirische Ergebnisse der Panel-Analysen

2.1. Marktsegmentierung mit Hilfe der Clusteranalyse

Mit Hilfe der Wichtigkeit von ADL für die Auftragsvergabe (relative Häufigkeit, mit der eine ADL in einem Kundenland verlangt wird) und der Intensität, mit der eine ADL verlangt wird (relativer Anteil am Gesamtauftragswert), führen wir im folgenden eine Clusteranalyse für die 23 erhobenen Nachfragerländer durch, die uns im Ergebnis homogene Ländergruppen auf ADL-Basis liefert. Für die sich dabei ergebenden Marktsegmente werden anschließend auf diskriminanzanalytischem Wege solche ADL ermittelt, die eine besonders gute Diskriminanzfähigkeit zwischen den Ländergruppen besitzen. Diese Untersuchung führt gleichzeitig zu einer Relativierung des theoretisch abgeleiteten ADL-Katalogs. Bevor jedoch die Clusteranalyse für unsere Ziele eingesetzt werden kann, muß zunächst eine Entscheidung über den zur Anwendung kommenden Clusteranalysealgorithmus herbeigeführt werden.

2.1.1. Wahl des Clusteranalysealgorithmus

Die Clusteranalyse bietet dem Anwender ein breites Methodenspektrum an Algorithmen zur Gruppierung einer gegebenen Objektmenge. Nach der Zahl der Variablen, die beim Fusionierungsprozeß Berücksichtigung finden, lassen sich monothetische und polythetische Verfahren unterscheiden. Da die monothetischen Verfahren bei der Gruppentrennung jeweils nur die Variable heranziehen, die eine Trennung am besten ermöglicht (z.B. das AID-Verfahren; Automatic Interaction Detector), sind diese Verfahren für unsere Zielsetzung ungeeignet und werden a priori ausgeschlossen. Unser Ziel besteht ja gerade darin, eine Ländergruppierung auf Basis der Gesamtheit aller ADL zu erreichen. Für die folgenden Betrachtungen sind damit nur die polythetischen Verfahren von Bedeutung. Eine weitere Entscheidung ist in bezug auf den Fusionierungsalgorithmus zu treffen. Man unterscheidet:

* **Partitionierende Verfahren,**
  bei denen eine Gruppierung der Objekte vorgegeben wird (Startpartition) und die mit Hilfe eines Austauschalgorithmus die einzelnen Elemente zwischen den Gruppen so lange umordnen, bis die gegebene Zielfunktion ein Optimum erreicht (8).

* **Hierarchische Verfahren,**
  - die entweder im Ausgang alle Objekte als Cluster ansehen und dann eine sukzessive Zerlegung dieses Clusters vornehmen (divisive Verfahren) oder
  - die im Ausgang jedes Einzelobjekt als eigenständige Gruppe betrachten und dann eine sukzessive Zusammenfassung der Elemente vornehmen (agglomerative Verfahren) (9).

Wir wollen uns bei der Wahl des Clusteranalysealgorithmus auf die hierarchischen Verfahren beschränken, da die Ergebnisse der partitionierenden Verfahren

* verstärkt durch die zugrunde gelegte Zielfunktion beeinflußt werden;

* durch die Wahl der Startpartition beeinflußt werden, für dessen Festlegung in unserem Fall noch keinerlei Anhaltspunkte bestehen;

* i.d.R. nur ein lokales und kein globales Optimum erreichen (10).

Trotzdem gilt zu bemerken, daß die partitionierenden Verfahren sich gegenüber den hierarchischen durch eine größere Variabilität auszeichnen, da sie die Elemente zwischen den Clustern verschieben können. Bei den hierarchischen Verfahren läßt sich ein einmal konstruiertes Cluster nicht mehr auflösen. Wir werden deshalb im Rahmen der vorliegenden Untersuchung die gefundene Clusterlösung durch einen "Relocate-Lauf", bei zufällig bestimmter Startpartition, testen (11).

Weiterhin werden im Rahmen der hierarchischen Verfahren die divisiven Algorithmen als Wahlmöglichkeiten ausgeschlossen, da

* die Mehrzahl dieser Verfahren monothetisch ausgerichtet ist;
* die divisiv-polythetischen Verfahren einen erheblich größeren Rechenaufwand benötigen als die agglomerativen Verfahren (12).

Demgegenüber haben die **hierarchisch-agglomerativen Verfahren** weite praktische Verbreitung gefunden und sind in einer Vielzahl von Studien näher untersucht worden (13). Sie lassen sich bezüglich ihrer Fusionierungseigenschaften in kontrahierende, dilatierende und konservative Verfahren einteilen (14). Dilatierende Verfahren neigen dazu, die Objekte zu sehr in einzelne etwa gleichgroße Klassen zusammenzufassen, während kontrahierende Algorithmen dazu tendieren, zunächst wenige große Gruppen zu bilden, denen viele kleine gegenüberstehen (15). Kontrahierende Verfahren sind damit geeignet, insbesondere Ausreißer in einem Objektraum zu identifizieren. Weist ein Verfahren weder Tendenzen zur Dilatation noch zur Kontraktion auf, so wird es als konservativ bezeichnet. Algorithmen, die durch diese Eigenschaften gekennzeichnet sind und im Rahmen der Clusteranalyse häufig zur Anwendung kommen, zeigt die folgende Abbildung.

Verfahren	Eigenschaften	Proximitätsmaße
Single Linkage	kontrahierend, neigt zur Kettenbildung	alle
Complete Linkage	dilatierend	alle
Average Linkage	konservativ	alle
Median	konservativ	Distanzmaße
Centroid	konservativ	Distanzmaße
Ward	konservativ	Distanzmaße

Abb. 35: Fusionierungseigenschaften hierarchisch-agglomerativer Clusteranalysealgorithmen und verwendbare Proximitätsmaße
Quelle: Vgl. STEINHAUSEN/ LANGER (1977), S.77.

Vor diesem Hintergrund ist zu entscheiden, welcher Algorithmus für unser Problem am ehesten in der Lage ist, die "richtige" Gruppierung hervorzubringen.

In einer empirischen Untersuchung hat BERGS diese Verfahren anhand 9 verschiedener Datensätze u.a. daraufhin untersucht, ob sie in der Lage sind, eine Elementmenge auf die wahren Cluster zuzuordnen. Dabei erbrachte das Ward-Verfahren mit 97,12% richtig zugeordneter Elemente die besten Ergebnisse (16). Weiterhin "bietet das Verfahren von WARD den Vorteil, daß eine im Datensatz enthaltene Gruppenstruktur besser gekennzeichnet wird" (17) und es "gleichzeitig sehr gute Partitionen findet und meistens die richtige Clusterung signalisiert" (18). Die Entscheidung über die Anzahl der Cluster wird von BERGS mit Hilfe des **"Elbow-Kriteriums"** getroffen. Die Entwicklung eines Heterogenitätsmaßes (hier: Varianzkriterium) bei zunehmender Fusionierung der Objekte wird gegen die Anzahl der Cluster abgetragen und die "richtige" Clusterung an einem Knick (Elbow) des Kurvenverlaufs vermutet (19). Wir wollen im folgenden ebenfalls das "Elbow - Kriterium" zur Bestimmung der Clusterzahl heranziehen und das Ward-Verfahren wegen seiner Überlegenheit gegenüber anderen Clusteranalysealgorithmen anwenden.

2.1.2. Anwendung des Ward-Verfahrens im Rahmen einer zweiseitigen Clusteranalyse

Neben der Festlegung auf einen bestimmten Clusteranalysealgorithmus ist der Anwender bei der Clusteranalyse weiterhin gezwungen, sich für ein bestimmtes Proximitätsmaß zu entscheiden, das ihm die Ähnlichkeit zwischen den Objekten aufzeigt. Mit der Entscheidung für das Ward-Verfahren sind die Wahlmöglichkeiten bezüglich des zu verwendenden Proximitätsmaßes jedoch wesentlich eingeschränkt; denn das Verfahren von Ward ist nur mit Distanzmaßen kompatibel und am sinnvollsten in Verbindung mit der quadrierten euklidischen Distanz anwendbar (20). Sie bietet außerdem den Vorteil, daß

* besonders große Abstände zwischen Variablenausprägungen verstärkt und nur geringe Abstände weniger stark in die Distanzberechnung eingehen;
* sie - wie alle Distanzmaße - den Niveauabstand zwischen den Merkmalsausprägungen berücksichtigt und nicht den Gleichlauf aller Variablenausprägungen bei den Objekten, unabhängig von den absoluten Differenzen der Variablenwerte (wie z.B. der Korrelationskoeffizient), betont (21).

Die Euklidische-Distanz entspricht damit auch genau den Zielen der Marktsegmentierungsanalyse. Es sollen solche Länder fusioniert werden, die bezüglich der Intensität und der Wichtigkeit von ADL möglichst gleichartige Merkmalsausprägungen zeigen. Im Vordergrund steht somit eine Minimierung der Differenzen zwischen den Variablenwerten und nicht die Ähnlichkeit des Profilverlaufs der ADL. Voraussetzung für die Anwendung der Euklidischen-Distanz ist jedoch, daß die Variablen ausschließlich auf metrischem Niveau gemessen werden, die Einheiten der Meßwerte vergleichbar und die Variablen unkorreliert sind (22). Das metrische Datenniveau konnte durch die Operationalisierungsvorschriften von Wichtigkeit und Intensität der ADL sichergestellt werden (23). Weiterhin ist die Vergleichbarkeit durch eine Standardisierung der Variablen zu erreichen.

Beim Vorliegen korrelierter Ausgangsdaten bieten sich drei Lösungsmöglichkeiten an:

(1) Vorschalten einer **Faktorenanalyse**.
Treten zwischen den Variablen hohe Korrelationen auf, so werden dadurch im Fusionierungsprozeß bestimmte Merkmale überbetont. Diese implizite Gewichtung kann durch eine Faktorenanalyse mit orthogonalen Faktoren aufgehoben werden, und die Clusteranalyse ist dann auf Basis der Faktorenwerte, zwischen denen keine Korrelationen mehr auftreten, durchzuführen (24).

(2) Verwendung der **Mahalanobis-Distanz** als Proximitätsmaß.
Zieht man zur Berechnung der Distanzmatrix im ersten Schritt der Clusteranalyse die Mahalanobis-Distanz her-

an, so werden dadurch bereits im Rahmen der Distanzberechnung etwaige Korrelationen zwischen den Variablen eliminiert (25).

(3) Ausschluß **korrelierter Variable**.
Insbesondere dann, wenn eine Variable hohe Korrelationen mit mehreren anderen Variablen aufweist, gilt es zu überlegen, ob diese Variable nicht aus der Ausgangsdatenmatrix auszuschließen ist. Die Informationen, die diese Variable liefern kann, werden größtenteils durch die anderen Variablen erfaßt und können von daher als redundant angesehen werden.

Im Rahmen der vorliegenden Untersuchung wurde von den ersten beiden Möglichkeiten Abstand genommen. Diese Entscheidung kann wie folgt begründet werden:

* Eine Faktorenanalyse ist nur dann sinnvoll, wenn die Zahl der Objekte (hier: 23 Länder) mindestens der Zahl der Variablen (hier: 42) entspricht. Diese Voraussetzung ist im vorliegenden Fall nicht erfüllt. Außerdem ist zu berücksichtigen, daß das Ergebnis der Faktorenanalyse die Informationen der Ausgangsdaten nie vollständig reproduziert, was aber für eine Clusteranalyse sinnvoll ist.
* Die Mahalanobis-Distanz stellt bestimmte Bedingungen an das Datenmaterial, die gerade bei Clusterproblemen häufig nicht erfüllt sind (26). Insbesondere gewichtet sie bei den Ausgangsdaten "unzuverlässige und unbedeutende Hauptkomponenten genau so wie die bedeutenden ersten Hauptkomponenten" (27).

Wir schließen uns hier der Ansicht von VOGEL an: "Das Problem korrelierter Merkmale kann nur über eine zweckmäßige und sinnvolle Merkmalsauswahl einer Lösung näher gebracht werden" (28). Dadurch kann außerdem das Problem der "richtigen Variablenzahl" bei Clusteranalysen berücksichtigt werden. Obwohl es keine Mindestanzahl von Variablen gibt, die bei einer Clusteranalyse Berücksichtigung finden sollten, läßt sich doch eine Negativauswahl von Variablen vornehmen. Insbesondere sollten solche Variable <u>nicht</u> berücksichtigt werden, die

* für das Untersuchungsziel unbedeutend sind,
* hohe Korrelationen mit mehreren Variablen aufweisen,
* sog. konstante Merkmale darstellen und bei allen Objekten identisch sind (29).

Im Fusionierungsprozeß können insbesondere dann nivellierende Effekte auftreten, wenn mehrere Variable über die Objekte hinweg gleichartige Merkmalsausprägungen aufweisen. In diesem Fall wird die Trennschärfe der sich ergebenden Cluster wesentlich herabgesetzt. Aus diesem Grund wurden im Rahmen unserer Untersuchung diejenigen Dienstleistungen als Beschreibungsmerkmale der Länder ausgeschlossen, die über die 157 Projekte hinweg betrachtet entweder nur selten oder immer verlangt wurden. Zu diesen Dienstleistungen zählten:

Anwenderdienstleistungen	relative Häufigkeit in der Erhebungsgesamtheit
Joint Venture	1,3%
Problemanalyse	3,2%
Absatzgarantien	3,8%
Angebotsauswertung	4,5%
Dokumentationen	97,4%

<u>Abb</u>. 36: Bei der Clusteranalyse ausgeschlossene Variable

In die Clusteranalyse aufgenommen wurden nur solche ADL, die mindestens mit einer relativen Häufigkeit von 5% in der Erhebungsgesamtheit vertreten waren. Ebenso wurde die Variable "Dokumentationen" eliminiert, da sie nahezu bei allen Projekten verlangt wurde. Für die Clusteranalyse sind also somit nur noch 32 Variable relevant (16 ADL-Häufigkeiten und 16 ADL-Intensitäten).

Ein weiterer nivellierender Effekt kann sich bei der vorliegenden Untersuchung aber auch dann ergeben, wenn alle 32 Variable gleichzeitig in den Klassifikationsprozeß einbezogen werden. Da jede ADL zum einen durch eine bestimmte Intensität und zum anderen durch eine bestimmte Nachfragehäufigkeit gekennzeichnet ist, ergeben sich bei simultaner Betrachtung aller Variablen folgende negativen Effekte:

* Das Klassifikationsziel, solche Länder zu fusionieren, die sowohl bezüglich der ADL-Häufigkeiten als auch bezüglich der ADL-Intensitäten ein gleichartiges Nachfragerverhalten zeigen, wird verwischt, da im Rahmen des Ward-Algorithmus keine Trennung zwischen beiden Sachverhalten möglich ist.

* Sowohl die Wichtigkeit als auch die Nachfrageintensität von ADL sollen zunächst unabhängig voneinander zur Klassifikation der Länder herangezogen werden, was bei simultaner Betrachtung der Variablen nicht gewährleistet werden könnte.

* Bezüglich der betrachteten Einzelprojekte weisen ADL, die nur selten nachgefragt wurden, auch bei den Intensitäten häufiger Nullwerte auf, was bei der Fusion zu nivellierenden Effekten führen kann.

Um diese Schwierigkeiten zu umgehen, haben wir für die ADL-Wichtigkeit und die ADL-Häufigkeit jeweils getrennt eine Clusteranalyse mit Hilfe des Ward-Verfahrens durchgeführt und anschließend beide Ergebnisse zusammengeführt. Wir wollen dieses Vorgehen im folgenden als **zweiseitige Clusteranalyse** bezeichnen. In einer Matrix werden dabei in der Vorspalte die gefundenen k Cluster auf Basis der ADL-Häufigkeiten mit ihren Elementen abgetragen und in der Kopfzeile die l Cluster auf Basis der ADL-Intensitäten. Im Inneren der Matrix ergeben sich dann insgesamt k x l Felder, die die neuen Gruppen der zweiseitigen Clusteranalyse darstellen. Jedes dieser Cluster ist dabei dadurch gekennzeichnet, das es sich aus Elementen (Ländern) zusammensetzt, die sowohl aufgrund der ADL-Häufigkeiten, als auch auf Basis der ADL-Intensitäten als ähnlich eingestuft wurden (30). Die k x l Felder stellen allerdings die Maximalzahl möglicher Gruppen bei der zweiseitigen Clusteranalyse dar. Im Regelfall ergeben sich weniger als k x l Cluster.

2.1.3. Empirisch gewonnene Marktsegmente mit Hilfe der zweiseitigen Clusteranalyse

Das Ward-Verfahren vereinigt, wie alle hierarchisch-agglomerativen Algorithmen, die Elemente einer Objektmenge so lange, bis auf der letzten Stufe des Fusionierungsprozesses alle Objekte in einem Cluster zusammengefaßt sind. Dabei werden auf jeder Vereinigungsstufe die Gruppen zusammengefaßt, die den geringsten Zuwachs zu dem Varianzkriterium als Heterogenitätsmaß verursachen (31). Da das Varianzkriterium den quadrierten euklidischen Abstand der Variablenmenge eines Clusters zu den Gruppenmittelwerten der übrigen Cluster mißt, entspricht es zu Beginn des Fusionsprozesses genau der quadrierten euklidischen Distanz zwischen zwei Elementen; denn hier bildet jedes Element ein eigenständiges Cluster. Im Rahmen des Ward-Verfahrens enthält die nach jedem Fusionsschritt zu berechnende Distanzmatrix damit nicht die Distanzen zwischen den Clustern, sondern den jeweiligen Zuwachs an Heterogenität bei einer Verschmelzung (32). Der Anwender muß nun entscheiden, bei welcher Clusterzahl der Zuwachs an Heterogenität so groß wird, daß die sich ergebende Clusterlösung eine zu hohe Inhomogenität aufweist. Die Festsetzung der Clusterzahl ist dabei immer subjektiv und auch sog. **"stopping rules"** liefern letztendlich nur Anhaltspunkte zur Lösung (33). Wir wollen hier mit Hilfe des bereits erwähnten **Elbow-Kriteriums** zu einer Entscheidung kommen. Mit seiner Hilfe können "Sprungstellen" im Heterogenitätszuwachs nach dem Varianzkriterium aufgedeckt und somit ein Vorschlag für die "beste" Clusterzahl entwickelt werden.

Die folgenden Clusteranalysen wurden mit Hilfe des Programmpakets CLUSTAN bei Verwendung des Ward-Verfahrens durchgeführt. Für die Clusteranalyse auf Basis der ADL-Wichtigkeit zeigt die Abbildung 37 die Entwicklung des Heterogenitätszuwachses nach dem Varianzkriterium im Rahmen des Fusionierungsprozesses anhand des entsprechenden Dendrogramms. Große Sprünge im Heterogenitätszuwachs liegen hier insbesondere beim Übergang von 7 zu 6 Clustern (Vergrößerung des Varianzkriteriums um 0,78) und beim Übergang von 5 zu 4 Clustern (Vergrößerung des Varianzkriteriums um 0,66) (34). Um eine nicht zu große Inhomogenität der Cluster in Kauf nehmen zu müssen, wäre folglich die 7 Cluster-Lösung zu wählen. Wir haben uns hier jedoch für den 5 Cluster-Fall entschieden, da

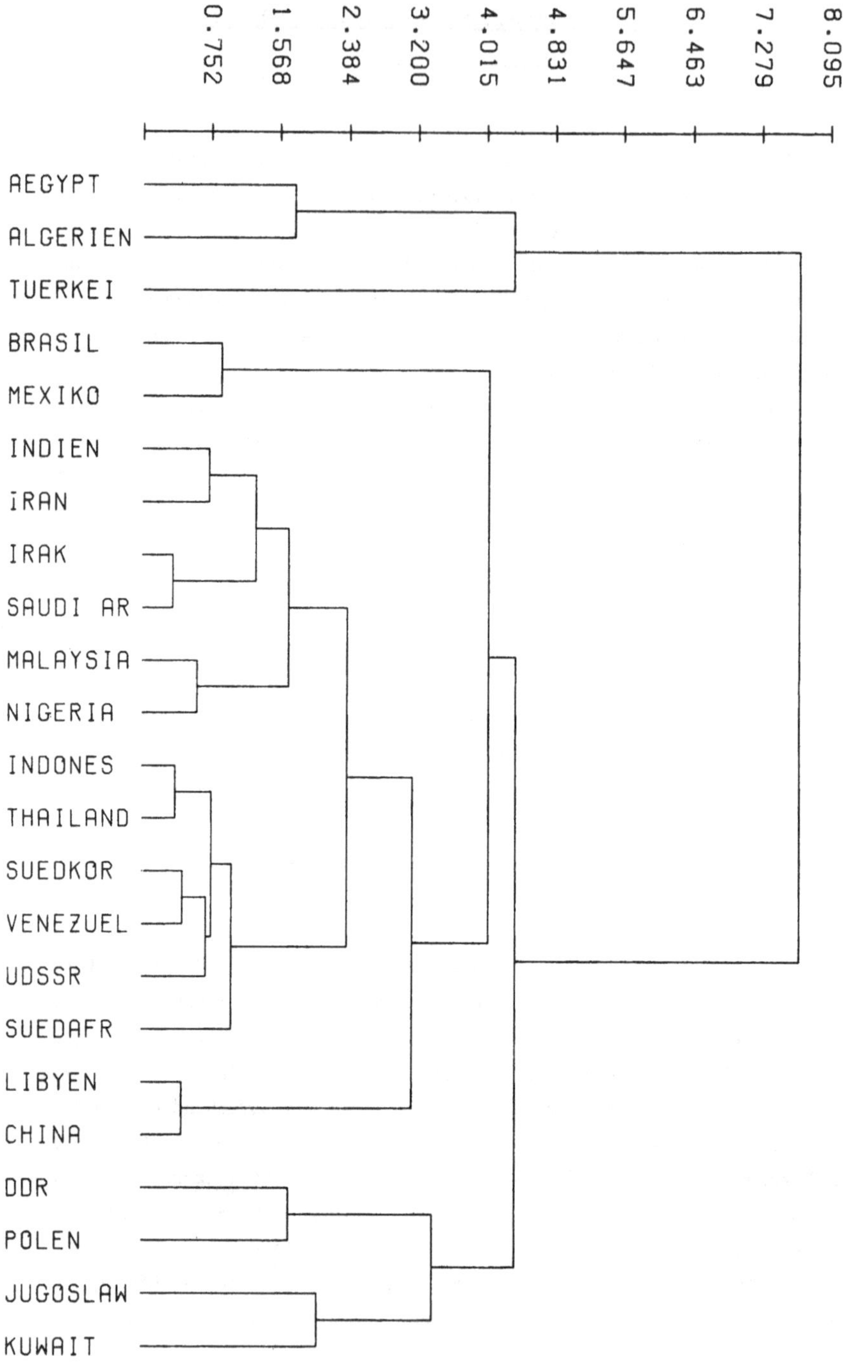

<u>Abb.</u> 37: Dendrogramm für die Clusteranalyse auf Basis der Dienstleistungshäufigkeiten

* diskriminanzanalytische Untersuchungen gezeigt haben, daß die Trennung der Cluster in diesem Fall besser gewährleistet ist als bei der 7 Cluster-Lösung (35),

* die F-Werte beim 5 Cluster-Fall gegenüber der 7 Cluster-Lösung nahezu unverändert blieben und damit nicht auf eine größere Inhomogenität der 5 Cluster-Lösung hinweisen (36).

Die Clusteranalyse auf Basis der ADL-Intensität erbrachte nach dem Elbow-Kriterium einen eindeutigen Sprung im Zuwachs des Heterogenitätsmaßes beim Übergang von 3 zu 2 Clustern (Vergrößerung des Varianzkriteriums um 1,98), so daß wir uns hier eindeutig für den 3 Cluster-Fall entscheiden konnten (37). Die gute Trennung zwischen den 3 Clustern macht auch die Länderkonfiguration in Abbildung 39 deutlich, wobei die Länder nach den Werten der beiden Hauptkomponenten positioniert wurden. Die folgende Abbildung zeigt die Ergebnisse der beiden Clusteranalysen:

Ländergruppen auf Basis der ADL-Häufigkeiten	Ländergruppen auf Basis der ADL-Intensitäten
Cluster 1: Ägypten, Algerien	Cluster 1: Ägypten, Algerien, Indien
Cluster 2: Brasilien, Mexiko	Cluster 2: Irak, Malaysia, Saudi Arabien
Cluster 3: DDR, Jugoslawien, Kuwait, Polen	Cluster 3: Brasilien, DDR, Indonesien, Iran, Jugoslawien, Kuwait, Libyen,Polen, Mexiko, Nigeria, Süd Afrika, Süd Korea, Thailand, Türkei, UdSSR Venezuela, VR China
Cluster 4: Indien, Indonesien, Irak, Iran, Libyen, Malaysia, Nigeria, Süd Afrika, Süd Korea, Venezuela, Thailand, UdSSR, Saudi Arabien, VR China	
Cluster 5: Türkei	

Abb. 38: Ergebnisse der Clusteranalysen auf Basis von Dienstleistungshäufigkeiten und Dienstleistungsintensitäten

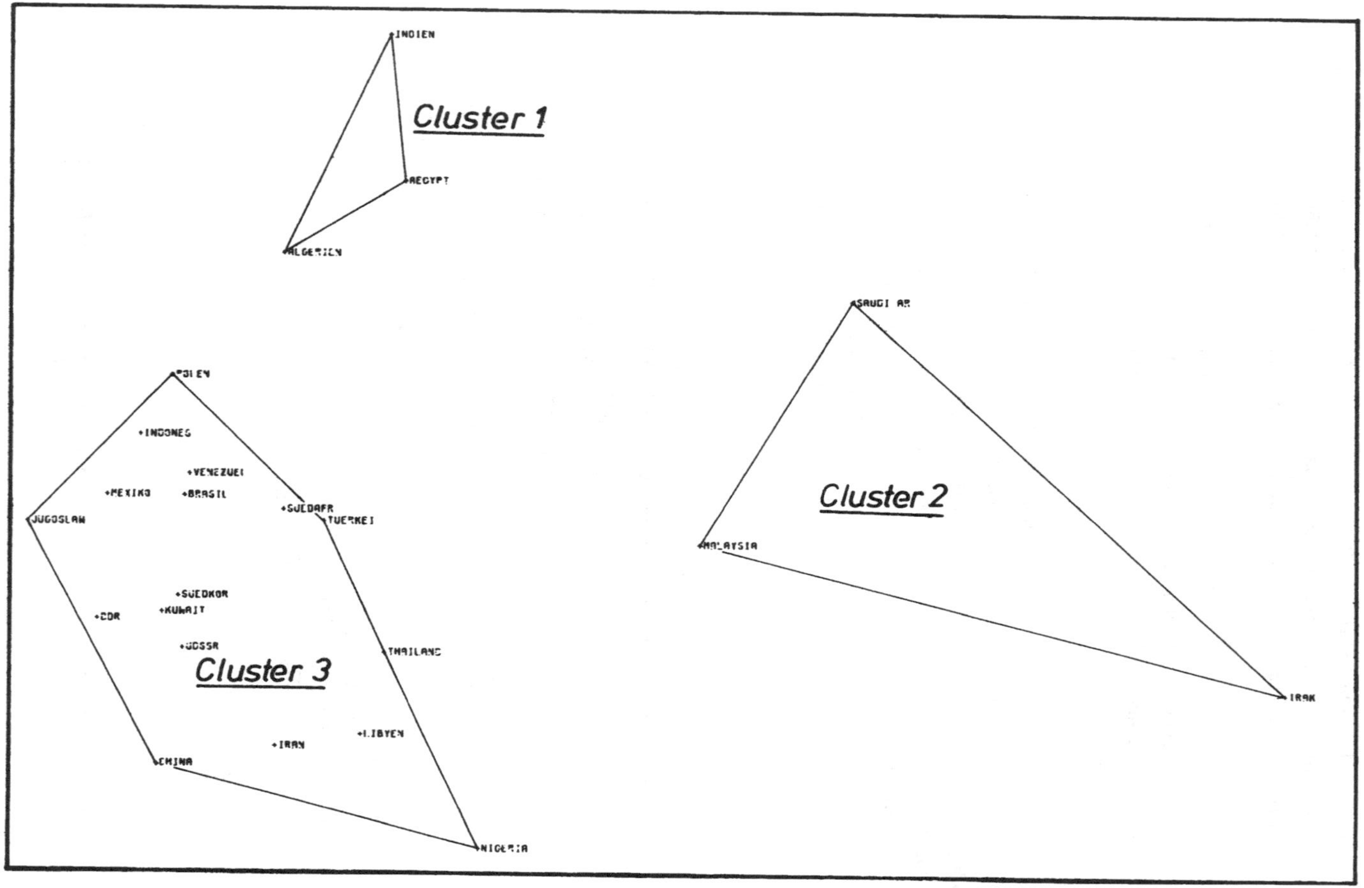

Abb. 39: Länderkonfiguration für die Clusteranalyse auf Basis der Nachfrageintensität von Anwenderdienstleistungen

Die Abbildung 38 macht deutlich, daß sich bei der Nachfragehäufigkeit nach ADL ein wesentlich differenzierteres Bild ergibt als bei der Intensität, mit der die jeweiligen ADL nachgefragt werden. Unter der Zielsetzung einer einheitlichen Marktsegmentierung werden nun beide Analysen zusammengefahren. Dabei werden die Länder zusammengefaßt, die sowohl in bezug auf die ADL-Häufigkeiten als auch bezüglich der ADL-Intensitäten jeweils als gleichartig angesehen werden können. Die Abbildung 40 zeigt die allgemeine Vorgehensweise bei der **zweiseitigen Clusteranalyse**.

ADL-häufigk. \ ADL-intensitäten	Cluster 1 1,2,5	Cluster 2 7,12,16	Cluster 3 3,4,6,8,9,10,11,13,14, 15,17,18,19,20,21,22,23
Cluster 1 1,2	1,2 A		
Cluster 2 3,13			3,13 B
Cluster 3 4,9,10,15			4,9,10,15 D
Cluster 4 5,6,7,8,11,12, 14,16,17,18,19, 21,22,23	5 F	7,12,16 C	6,8,11,14,17,18,19,21, 22,23 E
Cluster 5 20			20 G

Abb. 40: Vorgehensweise der zweiseitigen Clusteranalyse

Nach der zweiseitigen Clusteranalyse ergeben sich somit sieben neue Cluster (A bis G), die in Abbildung 41 nochmals zusammengefaßt sind. Werden also Dienstleistungshäufigkeiten und -intensitäten gleichzeitig als Clusterungsmerkmale herangezogen, so können die Nachfragerländer zu 7 Gruppen zusammengefaßt werden, wobei Indien und die Türkei Ausreißer bilden. Sie werden deshalb und wegen ihrer nur geringen Fallzahl aus den folgenden Betrachtungen ausgeschlossen.

Gruppe	Ländercode	Ländernamen	Fallzahl
A	1,2	Ägypten, Algerien	12
B	3,13	Brasilien, Mexiko	7
C	7,12,16	Irak, Malaysia, Saudi Arabien	31
D	4,9,10,15	DDR, Jugoslawien, Kuwait, Polen	17
E	6,8,11,14, 17,18,19,21 22,23	Indonesien, Iran, Libyen, Nigeria, Süd Afrika, Süd Korea, Thailand, UdSSR, Venezuela, VR China	79
F	5	Indien	8
G	20	Türkei	3

Abb. 41: Ergebnis der zweiseitigen Clusteranalyse

Das Ergebnis zeigt, daß im internationalen Anlagengeschäft auf Basis von ADL räumlich klar voneinander abgegrenzte Marktsegmente existieren. Die in praxi weit verbreitete Segmentierung des Weltmarktes nach benachbarten Ländern oder nach Industrieländern, OPEC-Staaten, Staatshandels-, Schwellen- und Entwicklungsländern wird dabei nicht bestätigt. Zu ähnlichen Ergebnissen gelangte auch BACKHAUS bei einem Marktsegmentierungsansatz auf Basis von Auftragsvergabekriterien (38).

Die Stabilität dieser Ergebnisse wurde durch einen **"Relocate-Lauf"** überprüft. Die Prozedur Relocate ist ein iteratives Verfahren, das von einer zufälligen Anfangspartition ausgehend, die Elemente einem Austauschalgorithmus unterzieht. Die Gesamtpopulation wird so lange untersucht, bis ein lokales Optimum gefunden zu sein scheint (39). Ein Relocate-Lauf wurde sowohl für die ADL-Häufigkeiten als auch für die ADL-Intensitäten gerechnet und anschließend durch die zweiseitige Clusteranalyse zusammengeführt. Dabei erhielten wir bis auf das Land Kuwait, das von Cluster D nach Cluster E wechselte, identische Ergebnisse mit dem Ward-Verfahren. Die von uns gefundene Lösung kann somit als relativ stabil angesehen werden. Trotzdem ist bezüglich der Repräsentativität der Ergebnisse einschränkend zu bemerken, daß aufgrund der z.T. nur geringen Fallzahlen und der nur begrenzten Anzahl der betrachteten Länder (vgl. Abb. 30) Instabilitäten zu erwarten sind (40). Eine Erhöhung der Fallzahl und damit auch gesichertere Resultate lassen sich jedoch im Rahmen des Anlagen-Panels erzielen, auf das das vorgestellte Instrumentarium letztendlich auch ausgerichtet ist.

Zur Überprüfung der Homogenität der gefundenen Cluster, d.h. der Frage, wie gut die ADL die Gruppen voneinander trennen können, wird im folgenden eine Diskriminanzanalyse durchgeführt.

2.2. Typische Anwenderdienstleistungen und ihre Diskriminierungsfähigkeit zwischen den Marktsegmenten

Für die mittels Clusteranalyse gewonnenen Marktsegmente wird im folgenden untersucht, welche der theoretisch abgeleiteten ADL besonders geeignet sind, eine signifikante Unterscheidung zwischen den Ländergruppen herbeizuführen. Wir bedienen uns dabei des Instrumentariums der Diskriminanzanalyse, wobei wir die Betrachtungen auf die Marktsegmente A bis E beschränken (vgl. S.112). Die Grundlage für die folgenden Analysen bilden damit insgesamt 146 Einzelprojekte, die in den einzelnen Ländern abgewickelt wurden. Als Variable werden die Intensitäten herangezogen, mit denen die ADL jeweils nachgefragt werden (relativer Anteil am Gesamtauftragswert) und die metrisches Datenniveau aufweisen.

2.2.1. Diskriminierungsfähigkeit von Anwenderdienstleistungen

Bei der theoretischen Herleitung des Katalogs von Anwenderdienstleistungen gingen wir von der Überlegung aus, eine möglichst vollständige Zahl von ADL ausfindig zu machen. Überschneidungsbereiche zwischen Anwender- und Systemdienstleistungen wurden dabei bewußt in Kauf genommen (41). Das hat jedoch zur Konsequenz, daß wir nun nicht genau festlegen können, welche Dienstleistungen im ADL-Katalog "echte" ADL darstellen und auch tatsächlich zu einer Unterscheidung zwischen den Marktsegmenten in der Lage sind. Zur Ermittlung von ADL, die einen signifikanten Beitrag zur Trennung der Ländergruppen liefern, bietet sich deshalb eine **stufenweise Diskriminanzanalyse** an (42). Bei diesem sequentiellen Vorgehen werden sukzessiv Variable nach einem bestimmten Auswahlkriterium in die Analyse einbezogen. Es wird jeweils die Variable ausgewählt, die am meisten die Gruppentrennung verbessern kann. Mit zunehmender Variablenzahl vergrößert sich die Homogenität der einzelnen Gruppen, und die Unterschiede zwischen den Gruppen werden immer größer. Der Prozeß wird so lange fortgesetzt, bis entweder alle Ausgangsvariable in die Analyse einbezogen sind oder keine Variablen mehr gefunden werden können, die die Gruppentrennung noch verbessern könnten.

Auf Basis der Ergebnisse der stufenweisen Diskriminanzanalyse, die mit Hilfe des Programmpakets SPSS-9 durchgeführt wurde (43), können bezüglich der Unterschiedlichkeit der gefundenen Marktsegmente zwei zentrale Fragen beantwortet werden:

* Wie gut ist die Trennung der Marktsegmente insgesamt, und welchen Beitrag liefern einzelne Diskriminanzfunktionen zur Unterscheidung der Marktsegmente?
* Welche Bedeutung kommt dabei den als trennungswirksam ermittelten Anwenderdienstleistungen zu?

2.2.1.1. Die Bedeutung einzelner Diskriminanzfunktionen für die Trennung der Marktsegmente

Für die Trennung der fünf Marktsegmente wurden vier Diskriminanzfunktionen herangezogen, die gemäß ihrer Bedeutung für die Gruppentrennung (Eigenwerte) abgeleitet wurden. Die Ergebnisse zeigt die folgende Abbildung:

FUNCTION	EIGENVALUE	PERCENT OF VARIANCE	CUMULATIVE PERCENT	CANONICAL CORRELATION
1*	0.76680	42.52	42.52	0.6587900
2*	0.72317	40.10	82.63	0.6478221
3*	0.26324	14.60	97.23	0.4564929
4*	0.05000	2.77	100.00	0.2182231

AFTER FUNCTION	WILKS' LAMBDA	CHI-SQUARED	D.F.	SIGNIFICANCE
0	0.2476332	191.23	44	0.0000
1	0.4375177	113.25	30	0.0000
2	0.7539166	38.699	18	0.0031
3	0.9523787	6.6846	8	0.5710

* MARKS THE 4 CANONICAL DISCRIMINANT FUNCTION(S) TO BE USED IN THE REMAINING ANALYSIS.

Abb. 42: Kennzahlen der Diskriminanzfunktionen

Die relative Diskriminanzkraft ergibt sich aus dem relativen Eigenwertanteil einer Funktion (vgl. Spalte "PERCENT OF VARIANCE" in Abb. 42), der den Anteil der gesamten Trenninformation aller einbezogenen Variablen widerspiegelt, die die jeweilige Diskriminanzfunktion auf sich vereinigt. Die Spalte "CUMULATIVE PERCENT" in Abbildung 42 zeigt, daß die ersten beiden Diskriminanzfunktionen bereits 82,63% der gesamten Trenninformation der ADL auf sich vereinigen. Weiterhin wird deutlich, daß nur die ersten drei Funktionen bei einer Irrtumswahrscheinlichkeit von 0,001 signifikante Beiträge zur Gruppentrennung liefern können. Das zeigt sich auch an den Werten von WILKS' LAMBDA für die jeweiligen Diskriminanzfunktionen und den zugehörigen Signifikanzniveaus. Je kleiner Wilks' Lambda, desto höher ist der Trennbeitrag einer Funktion. Mit Hilfe des kanonischen Korrelationskoeffizienten kann die Stärke des Zusammenhangs zwischen einer Diskriminanzfunktion und den Variablen (ADL) abgeschätzt werden. Zum Beispiel können bei der ersten Funktion 43,4% ($=0,6588^2$) der Streuungen der Diskriminanzwerte durch die Clusterzugehörigkeit erklärt werden (44).

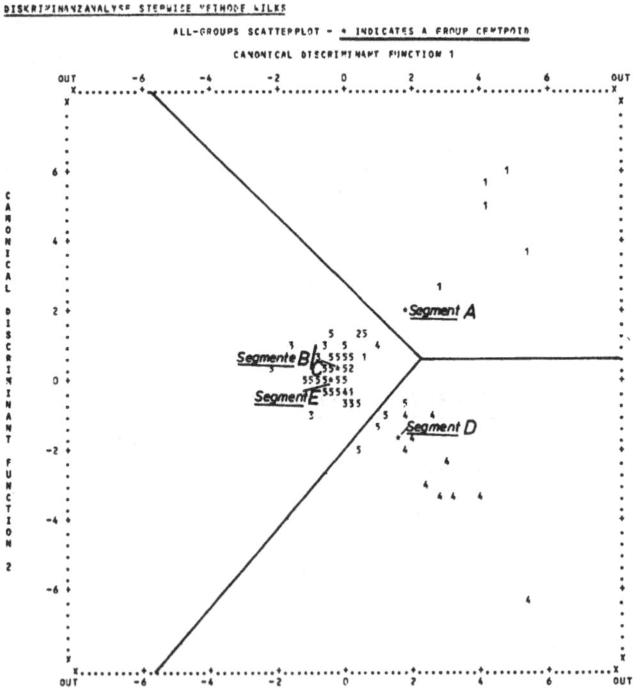

Abb. 43: Streudiagramm der Diskriminanzwerte

Die erste Funktion bewirkt eine Trennung der Gruppen A und D von den übrigen Gruppen. Durch die zweite Funktion kann weiterhin das Marktsegment A von den Segmenten B, C, E und dem Segement D getrennt werden. Durch die Hinzunahme einer dritten Diskriminanzfunktion wird dann eine Trennung zwischen den Ländergruppen C und E erreicht. Die vierte Funktion ist allerdings nicht mehr in der Lage, einen signifikanten Trennbeitrag zu liefern, sie kann lediglich ein Element aus Gruppe B von Gruppe E separieren. Da die Hinzunahme einer vierten Diskriminanzfunktion die Trennung insgesamt jedoch nicht verschlechtert, wollen wir sie auch im folgenden beibehalten. Dieser Sachverhalt läßt sich durch das Streudiagramm der Diskriminanzwerte in Abbildung 43 noch einmal visuell verdeutlichen, wobei wir uns jedoch auf die ersten beiden Diskriminanzfunktionen beschränken müssen.

Eine Aussage über die Güte der Trennung zwischen den einzelnen Ländersegmenten auf Basis der ADL macht aber auch die Betrachtung der folgenden Klassifikationsmatrix:

DISKRIMINANZANALYSE STEPWISE METHODE WILKS

CLASSIFICATION RESULTS

ACTUAL GROUP	NO. OF CASES	PREDICTED GROUP MEMBERSHIP 1	2	3	4	5
GROUP 1 SUBFILE CLUA	12	5 41.7%	0 0.0%	1 8.3%	0 0.0%	6 50.0%
GROUP 2 SUBFILE CLUB	7	0 0.0%	1 14.3%	0 0.0%	0 0.0%	6 85.7%
GROUP 3 SUBFILE CLUC	31	0 0.0%	0 0.0%	7 22.6%	1 3.2%	23 74.2%
GROUP 4 SUBFILE CLUD	17	0 0.0%	0 0.0%	1 5.9%	10 58.8%	6 35.3%
GROUP 5 SUBFILE CLUE	79	0 0.0%	1 1.3%	0 0.0%	4 5.1%	74 93.7%

PERCENT OF "GROUPED" CASES CORRECTLY CLASSIFIED: 66.44%

CLASSIFICATION PROCESSING SUMMARY

146 CASES WERE PROCESSED.
146 CASES WERE USED FOR PRINTED OUTPUT.

Abb. 44: Klassifikationsmatrix der stufenweisen Diskriminanzanalyse

Die Diagonalelemente der Klassifikationsmatrix zeigen an, wieviel Projekte in der jeweiligen Nachfragergruppe auch dieser Gruppe auf Basis der trennscharfen ADL zugeordnet werden. Den höchsten Anteil richtiger Zuordnungen mit 93,7% hat dabei die Nachfragergruppe E (Indonesien, Iran, Libyen, Nigeria usw.), gefolgt von DDR, Jugoslawien, Polen, Kuwait (58,8%) und Ägypten, Algerien (41,7%). Die Gruppen B und C weisen demgegenüber nur geringe richtige Klassifikationen auf. Sie werden beide mit weit über 70% der Gruppe E zugeordnet. Das bedeutet im Ergebnis, daß die Nachfragergruppen B, C und E noch relativ hohe Ähnlichkeiten aufweisen. Insgesamt werden aber 66,44% aller Fälle richtig klassifiziert. Damit ist die Trennung zwischen den Gruppen global noch als befriedigend anzusehen, da die maximale Zufallswahrscheinlichkeit (alle Fälle werden der größten Gruppe - Gruppe Indonesien, Iran usw. mit 79 von 146 Fällen - zugerechnet) hier bei 54,1% liegt.

Die Aussage, daß die Gruppen B, C und E eigentlich ein einheitliches Cluster darstellen, wird auch dadurch bestärkt, daß bei der Betrachtung von nur drei Nachfragergruppen (d.h. 2 Diskriminanzfunktionen) genau die Cluster B, C und E zu einer Gruppe fusioniert werden und die Zahl der Richtigklassifikationen dieser Gruppen quasi konstant bleibt. Sie betragen bei zwei Diskriminanzfunktionen in Gruppe I (Ägypten, Algerien) 41,7% , in Gruppe II (DDR, Jugoslawien, Polen, Kuwait) 58,8% und in Gruppe III (Restländer) 96,2%. Die Zahl der insgesamt richtig klassifizierten Fälle sinkt dabei von 66,44% (vgl. Abb. 44) auf 62,33%. Im Drei-Gruppen-Fall würde damit die Güte der Trennung zwischen den Ländergruppen zwar konstant bleiben, aber die Trennung insgesamt würde sich verschlechtern. Wir wollen deshalb die aus der zweiseitigen Clusteranalyse gewonnenen Ländergruppen (vgl. Abb. 41) beibehalten.

Von Interesse ist nun weiterhin die Frage, welche diskriminatorische Bedeutung den einzelnen ADL zukommt und welche ADL überhaupt durch die Diskriminanzfunktionen als trennungswirksam angesehen wurden.

2.2.1.2. Die Bedeutung von Anwenderdienstleistungen für die Trennung der Marktsegmente

Wie wir bereits erwähnt hatten, ermöglicht die stufenweise Diskriminanzanalyse eine sukzessive Aufnahme der ADL, die zur Trennung der Marktsegmente einen signifikanten Beitrag liefern können. Als Auswahlkriterium für solche ADL wurde von uns zunächst Wilks' Lambda herangezogen, das eine bestmögliche Trennung zwischen allen Gruppen herbeiführt. Auf Basis dieser Analyse konnten folgende ADL mit jeweils signifikanten Trennbeiträgen zur Unterscheidung der Marktsegmente A bis E ermittelt werden:

SUMMARY TABLE

STEP	ACTION ENTERED	ACTION REMOVED	VARS IN	WILKS' LAMBDA	SIG.	LABEL
1	DLANTL3		1	0.701306	-0.0000	MARKETING KONZEPTION
2	DLANTL2		2	0.496218	-0.0000	KOMPENSATION
3	DLANTL5		3	0.441408	-0.0000	BERATUNG PERSONALEINSATZ
4	DLANTL22		4	0.392264	-0.0000	HILFEN BEI ROHMATERIALKAUF
5	DLANTL19		5	0.357830	0.0000	FINANZIERUNGSBESCHAFFUNG
6	DLANTL17		6	0.332512	0.0000	HILFEN BEI TENDERERSTELLUNG
7	DLANTL4		7	0.311198	0.0000	ABSATZHILFEN
8	DLANTL11		8	0.292337	0.0000	ERSATZTEILBEREITSTELLUNG
9	DLANTL16		9	0.279127	0.0000	FEASIBILITY STUDIEN
10	DLANTL18		10	0.263311	0.0000	ABSATZGARANTIEN
11		DLANTL4	9	0.269455	0.0000	ABSATZHILFEN
12	DLANTL21		10	0.258272	0.0000	HILFEN BEI ANGEBOTSAUSWERTUNG
13	DLANTL1		11	0.247633	0.0000	LOCAL CONTENT

Abb. 45: Trennungswirksame Anwenderdienstleistungen

Dabei wurde die ADL "Absatzhilfe" auf der 7. Stufe als trennungswirksam aufgenommen, jedoch auf Stufe 11 wieder eliminiert. Das liegt darin begründet, daß der Trennbeitrag dieser Variable durch andere aufgenommene ADL verschlechtert wurde. Die Trennstärke der einzelnen ADL im sequentiellen Prozeß läßt sich an der Entwicklung von Wilks' Lambda ablesen. Es stellt ein Maß für die Heterogenität zwischen den Marktsegmenten dar. Der Definitionsbereich liegt zwischen 0 und 1. Je kleiner Wilks' Lambda wird, desto homogener sind die Ländergruppen, und desto größer ist der Unterschied, der durch die aufgenommenen ADL zwischen den Gruppen erzeugt werden kann. Die Entwicklung von Wilks' Lambda zeigt, daß der Trennbeitrag, den die einzelnen ADL von Stufe zu Stufe liefern, jedoch immer mehr abnimmt. Während die Kompensationsgeschäfte zur Diskriminierung 0,2051 (0,7013-0,4962) beitragen, können die Local content-Forderungen Wilks' Lambda nur noch um 0,0107 (0,2583-0,2476) reduzieren. Die sukzessive Reduktion von Wilks' Lambda resultiert

* aus der unterschiedlichen Trennfähigkeit der ADL und

* daraus, daß bereits auf vorherigen Stufen einbezogene Variable die Trenninformation nachfolgender ADL mit aufnehmen.

Um die **relative Bedeutung** der einzelnen ADL zur Gruppentrennung ermitteln zu können, müssen wir die standardisierten Koeffizienten der jeweiligen Diskriminanzfunktionen näher untersuchen. Die diskriminatorische Bedeutung (DB_{if}), die einer ADL i bei der Diskriminanzfunktion f zukommt, ermittelt sich gemäß:

$$(1) \quad DB_{if} = \frac{b_{if}}{\sum_i b_{if}}$$

mit: b_{if} = standardisierter Diskriminanzkoeffizient der ADL i bei Diskriminanzfunktion f

Gewichtet man weiterhin die standardisierten Diskriminanzkoeffizienten mit der entsprechenden Diskriminanzkraft der Funktionen (DK_f; f=1,2,3,4) und berechnet dann

$$(2) \quad B_i = \sum_f b_{if} \cdot DK_f,$$

so erhält man die diskriminatorische Bedeutung der ADL i (B_i) für die Trennung aller Marktsegmente:

Anwenderdienst-leistungen	Funkt.1 DK_1 = 0,425	Funkt.2 DK_2 = 0,401	Funkt.3 DK_3 = 0,146	Funkt.4 DK_4 = 0,028	Gewichtete Diskrim.koeffiz. für alle Funkt. (B_i)
Mg.-Konzeption	0,7389	0,6550	0,0809	0,1717	0,5933
Kompensationsgesch.	0,5735	0,6235	0,0428	0,1065	0,5030
Tendererstellung	0,4575	0,3684	0,0507	0,1003	0,3496
Beratungsleistg.	0,3817	0,2954	0,3040	0,0434	0,3263
Absatzgarantien	0,3818	0,4000	0,0049	0,0086	0,3236
Feasibility Studien	0,3782	0,1219	0,4207	0,0894	0,2735
Angebotsauswertg.	0,3542	0,2866	0,0349	0,0615	0,2672
Finanzierung	0,1969	0,2588	0,3682	0,2168	0,2473
Rohmaterialeink.	0,1006	0,0826	0,7195	0,0086	0,1812
Ersatzteildienst	0,1767	0,0511	0,4476	0,4483	0,1735
Local content	0,1404	0,1315	0,1555	0,7367	0,1557
	3,8804	3,2748	2,6297	1,9918	3,3942

mit: DK_f = relative Diskriminanzkraft der Diskriminanzfunktion f

Abb. 46: Standardisierte Diskriminanzkoeffizienten und Diskriminanzgewichte über alle vier Funktionen

Die relative Diskriminanzkraft der ADL i zur Trennung aller Ländergruppen (RB_i) berechnet sich dann analog zu (1) wie folgt:

$$(3) \quad RD_i = \frac{b_i}{\sum_i b_i}$$

mit: $b_i = \sum_f b_{if} \quad DK_f$; gemäß Formel (2)

Die Abbildung 47 zeigt die relative Diskriminanzkraft (RD_i) für die trennungswirksamen ADL, die auf Basis der Werte in Abbildung 46 berechnet wurden:

Anwenderdienst-leistungen	Funkt.1	Funkt.2	Funkt.3	Funkt.4	alle Funkt.	kumuliert
Mg.-Konzeption	**19,04**	**20,00**	3,08	8,62	**17,48**	17,48
Kompensationsgesch.	**14,78**	**19,04**	1,63	5,35	**14,82**	32,30
Tendererstellung	**11,79**	**11,25**	1,93	5,03	**10,30**	42,60
Beratungsleistg.	**9,84**	**9,02**	**11,56**	2,18	**9,61**	52,21
Absatzgarantien	**9,84**	**12,22**	0,18	0,43	**9,53**	61,74
Feasibility Study	**9,75**	3,72	**16,00**	4,49	8,06	69,80
Angebotsauswertg.	**9,13**	8,75	1,33	3,09	7,87	77,67
Finanzierung	5,07	7,90	**14,00**	**10,88**	7,29	84,96
Rohmaterialeink.	2,59	2,52	**27,36**	0,43	5,34	90,30
Ersatzteildienst	4,55	1,56	**17,02**	**22,51**	5,11	95,41
Local content	3,62	4,02	5,91	**36,99**	4,59	100,00
	100	100	100	100		

Abb. 47: Relative diskriminatorische Bedeutung der trennungswirksamen Anwenderdienstleistungen (alle Angaben in Prozent)

Die obige Abbildung macht deutlich (vgl. die fettgedruckten Werte), daß

* die ersten sieben ADL bereits 84,17% der Streuung der Diskriminanzwerte der ersten Funktion erklären und somit primär die Trennung der Gruppen A und D von den übrigen Marktsegmenten bewirken;
* Marktsegment A von den übrigen Segmenten insbesondere durch die ersten fünf ADL der zweiten Diskriminanzfunktion separiert wird, die zusammen 71,53% der Streuung der Diskriminanzwerte dieser Funktion auf sich vereinigen;
* eine Unterscheidung zwischen Irak, Malaysia und Saudi Arabien (Segment C) und Marktsegment E (Indonesien, Iran usw.) insbesondere durch die ADL "Hilfen beim Rohmaterialeinkauf", "Ersatzteildienst", "Feasibility Studies", "Finanzierungsbeschaffung" und "Beratungsleistungen für den Einsatz von Betreiberpersonal" möglich ist (dritte Diskriminanzfunktion);
* Brasilien, Mexiko und Segment E besonders stark in der Nachfrageintensität bezüglich der ADL "Local content", "Ersatzteildienst" und "Finanzierung" variieren (vierte Diskriminanzfunktion);

* bezüglich der Trennung aller Marktsegmente die ersten fünf ADL, die bereits 61,74% der Streuung der Diskriminanzwerte erklären, von besonderer Bedeutung sind.

Diese Aussagen konnten auch durch Alternativrechnungen mit anderen Auswahlkriterien als Wilks' Lambda bestätigt werden. Weitere stufenweise Diskriminanzanalysen wurden mit folgenden Kriterien durchgeführt (45):

* Raos' V,
* Mahalanobis Distanz,
* Maximierung des niedrigsten F-Wertes (MAXMINF).

Während Raos' V, ebenso wie Wilks' Lambda, eine bestmögliche Trennung aller Gruppen anstrebt, versuchen die beiden letztgenannten Kriterien eine maximale Trennung der ähnlichsten Gruppen zu erreichen. Die resultierenden Ergebnisse waren bei allen drei Analysen identisch mit den bisher dargestellten. Unterschiede ergaben sich nur in der Reihenfolge, mit der die ADL in den Diskriminierungsprozeß aufgenommen wurden, und damit auch in der Größe ihres Trennbeitrags. Eine Gegenüberstellung der Alternativrechnungen zeigt die Abbildung 48.

Obwohl alle Analysen im Endergebnis zu den gleichen Resultaten kommen, sind zwei interessante Aspekte zu bemerken:

* Die Kriterien "MAXMINF" und "MAHALANOBIS" messen den ADL "Finanzierung", "Local content", "Ersatzteildienst" sowie "Hilfen bei der Tendererstellung" besondere Bedeutung zu, was nahezu identisch mit der diskriminatorischen Bedeutung dieser ADL bei der vierten Diskriminanzfunktion ist (vgl. die Ausführungen auf S.116f.).

* Bei der Trennung der ähnlichsten Gruppen werden sowohl beim Kriterium "MAXMINF" als auch bei "MAHALANOBIS" die

signifikante Anwenderdienst-leistungen	AUSWAHLKRITERIEN Wilks' Lambda Rang	Raos' V Rang	MAXMINF Rang	Mahalanobis Rang
Mg.-Konzeption	1	1	9	8
Kompensationsgesch.	2	2	4	5
Beratungsleistg.	3	3	10	10
Rohmaterialeink.	4	4	11	7
Finanzierung	5	6	1	1
Tendererstellung	6	5	3	11
Ersatzteildienst	7	9	5	3
Feasibility Study	8	8	7	9
Absatzgarantien	9	7	8	2
Angebotsauswertg.	10	10	6	4
Local content	11	11	2	6
Trennungs-aspekt	maximale Trennung aller Ländergruppen		maximale Trennung der ähnlichsten Ländergruppen	

Abb. 48: Alternative Auswahlkriterien für die Aufnahme von Anwenderdienstleistungen bei der stufenweisen Diskriminanzanalyse

ADL "Absatzhilfen", "Managementverträge" und "Schulungen" auf relativ früher Stufe als trennungsstarke Variable aufgenommen und dann auf späterer Stufe wieder ausgeschlossen. Daraus läßt sich schließen, daß sie nicht vollständig als mögliche ADL mit praktischer Relevanz vernachlässigt werden dürfen.

2.2.2. Relativierung des theoretisch abgeleiteten Katalogs der Anwenderdienstleistungen

Mit Hilfe der stufenweisen Diskriminanzanalyse konnte der theoretisch abgeleitete ADL-Katalog in zwei Kategorien aufgesplittet werden:

> "ADL mit signifikanten Trennbeiträgen zur Diskriminierung der gefundenen Marktsegmente und solche ADL, die keinen Beitrag zur Unterscheidung der Ländergruppen liefern können."

Aus der Diskriminanzkraft von ADL allein kann jedoch noch nicht auf anlagentyp-unabhängige ADL geschlossen werden. Dies gilt erst dann, wenn die untersuchten ADL signifikante Unterschiede bezüglich der betrachteten Marktsegmente und gleichzeitig keine Signifikanz bezüglich des Anlagentyps aufweisen.

Um dies zu prüfen, formulieren wir das Problem so um, daß es mit Hilfe der **multiplen Varianzanalyse** überprüft werden kann (46). Dazu zerlegen wir das Problem in zwei Teilfragen:

(1) Übt die Zusammensetzung der Marktsegmente durch einzelne Länder einen Einfluß auf die Intensität der Dienstleistungsnachfrage aus?
(2) Hat die verkaufte Anlagentechnik einen Einfluß auf die Intensität der Dienstleistungsnachfrage?

Die Varianzanalyse zerlegt im einfachsten Fall die Summe der quadrierten Gesamtabweichungen in eine erklärte Abweichung (Summe der Abweichungsquadrate zwischen den Gruppen) und eine unerklärte Abweichung (Summe der Abweichungsquadrate innerhalb der Gruppen). Mit Hilfe des sog. F-Wertes, der beide Abweichungskomponenten in Beziehung setzt, kann getestet werden, ob die unabhängige Variable (hier: Länder bzw. Anlagentechnik) einen signifikanten Einfluß auf die abhängige Größe (hier: ADL) ausübt. Die multiple Varianzanalyse kann theoretisch auch durch mehrere einfache Varianzanalysen ersetzt werden, indem der Einfluß der unabhängigen Variablen nacheinander auf jede einzelne ADL untersucht wird. Die multiple Varianzanalyse bietet allerdings den Vorteil, daß sie Korrelationen zwischen den ADL erfassen kann. Für unsere Zielsetzung wurden mit Hilfe der Prozedur **MANOVA** des Programmpakets SPSS zwei multiple Varianzanalysen gerechnet, wobei sowohl die gefundenen fünf Marktsegmente als auch die acht Anlagearten (vgl. Abb. 31, S.93) als unabhängige Variable betrachtet wurden. Die Ergebnisse dieser Analysen mit signifikanten F-Werten zeigt die Abbildung 49.

Die Ergebnisse der Varianzanalysen machen deutlich, daß fast alle diskriminierungsfähigen ADL auch Signifikanz über die Ländergruppen aufweisen und damit der Einfluß der Marktsegmente auf die Nachfrageintensität von ADL als bestätigt angesehen werden kann. Andererseits zeigen sieben

	Diskriminanzanalyse		Varianzanalysen	
Dienstleistungen	Rang	Diskriminierungsbeitrag	über Länder Irrtumswahrsch.	über Anlagearten Irrtumswahrsch.
Local content	11	0,01	---	---
Kompensation	2	0,21	0,000	---
Mg.-Konzeption	1	0,30	0,000	0,010
Absatzhilfen	**	**	0,023	---
Beratungsleistg.	3	0,05	0,003	0,003
Schulungen	**	**	---	---
Ersatzteildienst	7	0,02	---	0,013
Management Vertrg.	**	**	0,055	---
Joint Venture	--	---	---	0,058
Lizenzen	--	---	---	---
Wartungsvertrg.	--	---	---	0,006
Reparaturdienst	--	---	---	---
Dokumentation	--	---	---	0,000
Know how-Vertrg.	--	---	---	---
Problemanalysen	--	---	---	0,001
Feasibility Stud.	8	0,01	0,025	---
Tendererstellung	6	0,03	0,000	---
Absatzgarantien	9	0,02	0,018	---
Finanzierung	5	0,03	0,008	---
Angebotsauswertg.	10	0,01	0,000	---
Rohmaterialeink.	4	0,05	0,001	---

Erläuterungen:

- Die fettgedruckten ADL stellen diskriminierungsfähige Anwenderdienstleistungen dar.
- Die Wahrscheinlichkeit, daß signifikante Unterschiede in den Dienstleistungsintensitäten bestehen, beträgt 1 abzüglich der Irrtumswahrscheinlichkeit.
- Die eingerahmten Dienstleistungen sind entweder den Systemdienstleistungen zuzurechnen oder ihnen kommt für eine länderspezifische Unterscheidung keine Bedeutung zu.
- Die mit --- gekennzeichneten Dienstleistungen weisen keine Signifikanz bzw. Diskriminierungsfähigkeit auf.
- Die mit ** gekennzeichneten Dienstleistungen wurden auf späterer Stufe der Diskriminanzanalysen wieder ausgeschlossen.

Abb. 49: Diskriminierungsfähigkeit von Anwenderdienstleistungen und signifikante F-Werte der Varianzanalysen der nicht mit Diskriminanzkraft ausgestatteten ADL aber eine Signifikanz über die Anlagetypen industrieller Großanlagen. Die Intensität der Dienstleistungsnachfrage scheint bei diesen Variablen also offenbar von der Technik der verkauften Anlage beeinflußt zu werden, und ihnen kommt daher **anlagenspezifische Bedeutung** zu.

Auf Grundlage der Abbildung 49 läßt sich jetzt eine erste empirisch begründete Trennung des theoretisch abgeleiteten ADL-Katalogs in Anwender- und Systemdienstleistungen wie folgt vornehmen:

Anlagearten / Marktsegmente		F-Werte der Varianzanalyse	
		signifikant	nicht signifikant
F-Werte der Varianzanalyse	signifikant	Grauzone	Anwender-dienstleistungen
	nicht signifikant	System-dienstleistungen	Grauzone

Abb. 50: Vier-Felder-Tafel zur Klassifikation von Anwender- und Systemdienstleistungen

Nach diesem Klassifikationsmuster lassen sich aus Abbildung 49 im ersten Schritt eindeutige Anwender- und eindeutige Systemdienstleistungen ableiten. Zu den **Anwenderdienstleistungen** zählen alle Dienstleistungen, die nur über die Marktsegmente Signifikanz aufweisen. Hierzu gehören:

* Kompensationsgeschäfte
* Absatzhilfen
* Managementverträge
* Feasibility Studies
* Hilfen bei der Tendererstellung
* Absatzgarantien
* Finanzierungsbereitstellung
* Hilfen bei der Angebotsauswertung
* Hilfen beim Rohmaterialeinkauf

Ebenso sind die Dienstleistungen, die nur Signifikanz über die Anlagearten aufweisen, eindeutig den **Systemdienstleistungen** zuzurechnen. Es sind:

* Ersatzteildienst
* Wartungsverträge
* Dokumentationen
* Problemanalysen
* Joint Venture

Entsprechend dem von uns vorgeschlagenen Konzept der unscharfen Mengen (vgl. Abb. 6) zur Klassifikation von Anwender- und Systemdienstleistungen sind die übrigen Dienstleistungen nicht eindeutig einer der beiden Kategorien zuzuordnen, sondern fallen in den Grauzonenbereich (47). Das gilt insbesondere für die Dienstleistungen "Lizenzen", "Reparaturdienst" und "Know how-Verträge". Die Dienstleistungen "Marketing-Konzeption" und "Beratungsleistungen" weisen signifikante Unterschiede sowohl über die Ländergruppen als auch über die Anlagearten auf und sind mit besonders großer Diskriminanzkraft ausgestattet. Sie werden deshalb hier ebenfalls den ADL zugerechnet, obwohl ihre Nachfrageintensität auch durch die einer Anlage zugrunde liegenden Technik beeinflußt wird. Für die verbleibenden Dienstleistungen "Local content" und "Schulungen" zeigt sich zwar keine Signifikanz bei den Varianzanalysen, dafür kommt aber insbesondere den Local content-Forderungen große diskriminatorische Bedeutung für die Trennung zwischen ähnlichen Marktsegmenten zu (vgl. Abb. 46 und Abb. 47). Sie werden deshalb für unsere Untersuchungszwecke ebenfalls den ADL zugerechnet. Die Trenninformation von Schulungsmaßnahmen hingegen kann durch die übrigen ADL aufgenommen werden, weshalb wir sie der Grauzone zurechnen.

Der theoretisch abgeleitete ADL-Katalog kann nun bezüglich seiner empirischen Bedeutung relativiert werden, und es ergibt sich die in Abbildung 51 dargestellte Einteilung der Dienstleistungsarten.

Mit Hilfe dieser praktisch relevanten ADL können auch die im Rahmen der Clusteranalyse ermittelten Marktsegmente charakterisiert werden, wobei wir uns wiederum auf die Marktsegmente A bis E beschränken wollen.

Kompensationsgeschäfte Absatzhilfen Managementverträge Feasibility Studies Tendererstellung Absatzgarantien Finanzierungsbeschaffung Hilfen bei der Angebotsauswertung Hilfen beim Rohmaterialeinkauf Erstellung einer Marketing-Konzeption Beratungsleistungen Local content-Forderungen	**ANWENDER- DIENSTLEISTUNGEN**
Schulungsmaßnahmen Lizenzen Know how-Verträge Reparaturdienst	**GRAUZONE**
Ersatzteildienst Wartungsverträge Dokumentationen Problemanalysen Joint Venture	**SYSTEM- DIENSTLEISTUNGEN**

Abb. 51: Praktisch relevante Anwender- und Systemdienstleistungen

2.3. Charakterisierung der Marktsegmente auf Basis empirisch relevanter Anwenderdienstleistungen

Die empirisch als relevant erkannten ADL können nun zur Charakterisierung der gefundenen Ländergruppen herangezogen werden. Die Aussage, daß ein Teil der ursprünglichen ADL bezüglich der Ländergruppen keine signifikanten Unterschiede aufweist, wird nicht nur durch die Intensität der Dienstleistungen bestätigt, sondern auch durch die ermittelten Häufigkeiten, mit denen die Dienstleistungen nachgefragt werden.

Betrachten wir den Block der Systemdienstleistungen (vgl. Abb. 51), so zeigt sich, daß die Häufigkeit dieser Dienstleistungsnachfrage

* bei allen Nachfragergruppen jeweils auf einem annähernd gleichen Niveau liegt;
* bei den Dienstleistungen "Dokumentationen" und "Ersatzteildienst" nahezu immer über 90% beträgt;
* bei den übrigen Systemdienstleistungen, mit Ausnahme der Dienstleistung "Wartungsverträge" in Marktsegment A, fast ausschließlich unter 20% liegt (48).

Die Ländergruppen weisen somit nur bei den Anwenderdienstleistungen in bezug auf die **Dienstleistungshäufigkeiten** größere Unterschiede auf. Damit wird das auf Basis der Dienstleistungsintensitäten festgestellte Ergebnis, daß nur die ADL trennfähige Variable zwischen den Clustern darstellen, auch aus Sicht der Nachfragehäufigkeiten bestätigt. Eine Betrachtung der Dienstleistungshäufigkeiten über die Ländergruppen hinweg zeigt, bei welchen ADL größere Unterschiede in der Nachfragehäufigkeit bestehen. Die folgenden Profildarstellungen können diesen Sachverhalt verdeutlichen, wobei aus Gründen der Übersichtlichkeit nicht alle Länder in einer Graphik dargestellt wurden.

Für die Marktsegmente B, C und D zeigt sich, daß vor allem die ADL "Finanzierung", "Beratungsleistungen" und "Local content" eine große Rolle spielen, während die übrigen ADL (mit Ausnahme der Kompensationsgeschäfte in Segment D) nur eine geringe Nachfragehäufigkeit aufweisen. Deutliche Unterschiede weist Segment E gegenüber allen anderen Nachfra-

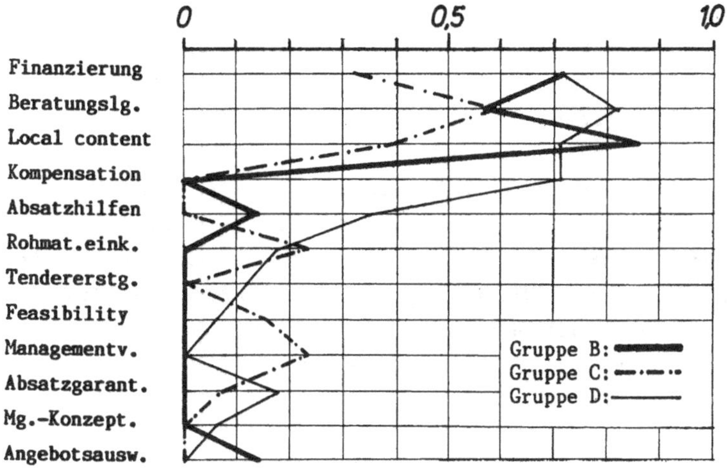

Abb. 52: Häufigkeitenprofil der ADL-Nachfrage für die Marktsegmente B,C und D

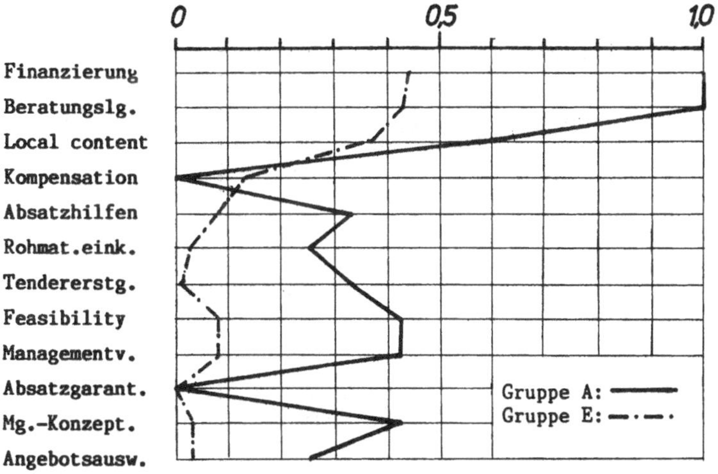

Abb. 53: Häufigkeitenprofil der ADL-Nachfrage für die Marktsegmente A und E

gergruppen auf. Hier werden nahezu alle ADL im Vergleich zu den übrigen Clustern verstärkt nachgefragt. Dem entgegengesetzt ist das Nachfragerverhalten in der Ländergruppe A, bei der die einzelnen ADL relativ selten nachgefragt werden.

Zur Charakterisierung der Marktsegmente wollen wir die einzelnen ADL gemäß ihrer relativen Diskriminanzkraft (DK) für die Trennung aller Ländergruppen heranziehen (vgl. Abb. 47). Danach ergeben sich drei Gruppen von ADL, die unterschiedlich stark zur Unterscheidung der Marktsegmente beitragen. Mit Hilfe der Wichtigkeit der ADL können die Unterschiede zwischen den Marktsegmenten deutlich gemacht werden (49):

Anwenderdienstleistungen	MARKTSEGMENTE A	B	C	D	E	Diskriminanzkraft (DK)
Kompensation	--	--	--	0,71	0,13	
Tendererstg.	0,33	--	--	0,12	0,01	DK >0,1
Mg.-Konzept.	0,42	--	--	0,06	0,03	
Feasibility	0,42	--	0,16	0,06	0,08	
Absatzgarant.	--	--	0,07	0,18	--	
Finanzierung	1,00	0,71	0,32	0,71	0,44	0,05 ≤ DK ≤ 0,1
Angebotsausw.	0,25	0,14	--	--	0,03	
Beratungslg.	1,00	0,57	0,58	0,82	0,43	
Local content	0,58	0,86	0,39	0,71	0,37	
Rohmat.eink.	0,25	--	0,23	0,18	0,03	DK < 0,05
Absatzhilfen	0,33	0,14	--	0,35	0,08	
Managementv.	0,42	--	0,23	--	0,08	

Abb. 54: Häufigkeiten der ADL-Nachfrage von empirisch relevanten Anwenderdienstleistugen in alternativen Marktsegmenten

(1) ADL mit hoher Diskriminanzkraft (DK > 0,1)

Hierzu zählen Kompensationsgeschäfte, die Erstellung einer Marketing-Konzeption und die Hilfen bei der Tendererstellung. Dabei zeigt sich, daß diese ADL bei jeweils einem Marktsegment häufiger nachgefragt werden, während die Nachfrage in den übrigen Segmenten nur sehr gering oder gar nicht vorhanden ist. So spielen die Kompensationsgeschäfte eine bedeutende Rolle nur in der DDR, Jugoslawien, Kuwait und Polen (71%), während sie in Marktsegment E nur noch in 13% der Fälle verlangt werden und in den übrigen Ländergruppen überhaupt nicht zum Tragen kommen. Ähnliches zeigt sich für die ADL "Tendererstellung" und "Marketing-Konzeption". Aus der relativ hohen Bedeutung dieser ADL für jeweils nur ein Marktsegment und der geringen Wichtigkeit in den anderen Segmenten läßt sich auch die große Diskriminanzkraft dieser ADL für alle Marktsegmente erklären.

(2) ADL mit mittlerer Diskriminanzkraft (0,05 ≤ DK ≤ 0,1)

stellen die ADL "Feasibility Studies", "Absatzgarantien", "Beratungsleistungen", "Finanzierungsbeschaffung" und "Hilfen bei der Angebotsauswertung" dar. Die Beratungsleistungen für den Einsatz von einheimischem Betreiberpersonal und die Finanzierungsbeschaffung sind besonders in den Marktsegmenten A, B und D von Bedeutung, während sie in den Segmenten C und E nur seltener nachgefragt werden. Im Vergleich zu diesen ADL spielen die übrigen ADL mit mittlerer Diskriminanzkraft eine nur untergeordnete Rolle. Mit 42% werden Feasibility Studien von Ägypten und Algerien am häufigsten nachgefragt, gefolgt von 16% in der Nachfragergruppe Irak, Malaysia, Saudi Arabien. Absolut am seltensten werden Absatzgarantien verlangt. Sie sind nur in den Marktsegmenten C (7%) und D (18%) von Bedeutung.

(3) ADL mit geringer Diskriminanzkraft (DK <0,05)

Diese ADL können vor allem die ähnlichsten Gruppen am besten voneinander trennen, wie auch ihre relative Diskriminanzkraft bei den Diskriminanzfunktionen 3 und 4 in Abbildung 47 zeigt. Local content-Forderungen sind mit Ausnahme von Marktsegment E in allen übrigen Gruppen von großer Wichtigkeit. Demgegenüber sind die Hilfen beim Rohmaterialeinkauf von nur untergeordneter Bedeutung. Die ADL "Absatzhilfen" und "Managementverträge" sind, wie bereits im vorhergehenden Kapitel bemerkt, vor allem für die Trennung der ähnlichsten Gruppen bedeutsam, obwohl ihr Trennbeitrag letztendlich von den übrigen ADL aufgenommen wird und sie von daher als nicht diskriminierungsfähig eingestuft wurden. Insgesamt läßt sich für die Gruppe der ADL mit geringer Diskriminanzkraft feststellen, daß sie im Vergleich zu den vorher genannten ADL bezüglich der Wichtigkeit durch nivellierende Gruppenunterschiede ausgezeichnet sind, wenn man alle Marktsegmente in die Betrachtung einbezieht.

Die Wichtigkeit, die den insgesamt im internationalen Anlagengeschäft relevant werdenden Dienstleistungen in den jeweiligen Marktsegmenten zukommt, verdeutlicht abschließend nochmals die Abbildung 55. Dabei wurden die Dienstleistungen innerhalb der Nachfragergruppen in absteigender Häufigkeit sortiert und aus Gründen der Übersichtlichkeit nur diejenigen aufgenommen, deren Nachfragehäufigkeit größer als 0,1 ist.

Nachfrage-häufigkeit ($\bar{p}$)	Marktsegmente				
	A	B	C	D	E
$0{,}7 \leq \bar{p} \leq 1$	Dokumentationen Ersatzteildienst Beratungsleistung Finanzierung Schulungen	Dokumentationen Local content Ersatzteildienst Finanzierung	Dokumentationen Schulungen Ersatzteildienst	Dokumentationen Ersatzteildienst Schulungen Beratungsleistung Local content Kompensation Finanzierung	Dokumentationen Ersatzteildienst Schulungen
$0{,}4 \leq \bar{p} < 0{,}7$	Local content Wartungsvertrag Mg.-Konzeption Managementvertrag Feasibility Study	Beratungsleistung Know how-Vertrag	Beratungsleistung		Finanzierung Beratungsleistung
$0{,}1 \leq \bar{p} < 0{,}4$	Absatzhilfen Reparaturdienst Tendererstellung Lizenzverträge Know how-Vertrag Angebotsauswertung Rohmaterialeinkauf	Schulungen Absatzhilfen Reparaturdienst Angebotsauswertung	Local content Finanzierung Managementvertrag Rohmaterialeinkauf Lizenzverträge Wartungsvertrag Feasibility Study Reparaturdienst Know how-Vertrag	Absatzhilfen Know how-Vertrag Lizenzverträge Reparaturdienst Absatzgarantien Rohmaterialeinkauf Wartungsvertrag Tendererstellung	Local content Reparaturdienst Wartungsvertrag Know how-Vertrag Kompensation Lizenzverträge

<u>Abb</u>. 55: Wichtigkeit von Anwender- und Systemdienstleistungen in den betrachteten Marktsegmenten

2.4. Verbundwirkungen zwischen Anwenderdienstleistungen bei alternativen Marktsegmenten

2.4.1. Anwendung der Faktorenanalyse zur Aufdeckung von Dienstleistungsverbunden

Die bisherigen Ausführungen haben gezeigt, daß die ursprünglich untersuchten Dienstleistungen nochmals nach Anwender- und Systemdienstleistungen unterschieden werden können. Nur die Anwenderdienstleistungen zeichnen sich durch Diskriminierungsfähigkeit zwischen den ermittelten Ländergruppen aus. Dabei wurden die einzelnen ADL jedoch als jeweils getrennt voneinander betrachtet, ohne etwaige Verbundwirkungen zwischen den ADL näher zu untersuchen. Im folgenden soll insbesondere den Fragen nachgegangen werden,

* ob sich aufgrund des empirischen Datenmaterials Verbundwirkungen zwischen den ADL ableiten lassen,
* ob auch Nachfrageverbunde zwischen den ADL und den als SDL erkannten Dienstleistungen bestehen.

Da wir noch keine Vorstellungen darüber besitzen, zwischen welchen Dienstleistungen Nachfrageverbunde auftreten, und wie diese ausgestattet sein könnten, eignet sich eine **explorative Faktorenanalyse** dazu, mögliche Verbundwirkungen aufzudecken (50). Das Ziel der explorativen Faktorenanalyse liegt in der Reduktion von hoch korrelierten Variablen auf möglichst wenige unabhängige Faktoren. Sie unterstellt dabei, daß für die Korrelation zweier Größen nicht die eine als verursachend anzusehen ist, sondern daß dieser Zusammenhang aus einer hypothetischen Größe resultiert, die hinter diesen Variablen zu vermuten ist. Bei der Anwendung dieses mathematisch-statistischen Verfahrens hat der Anwender jedoch, ebenso wie bei der Clusteranalyse, eine Reihe von Eingriffsmöglichkeiten, die gleichzeitig auch als Problemkreise der Faktorenanalyse anzusehen sind. Diese Manipulationsspielräume liegen zum einen in der Steuerung des Rechenablaufs der Faktorenanalyse und zum anderen in der Interpretation der gewonnenen Faktoren (51).

In der vorliegenden Untersuchung wurden Faktorenanalysen mit Hilfe der **Hauptachsenanalyse** bei iterativer Schätzung der Kommunalitäten durchgeführt. Die Faktorladungsmatrix wurde rechtwinklig rotiert, um die Unabhängigkeit der Faktoren untereinander sicherzustellen. Bei allen Analysen wurden die Faktoren nach dem **Kaiser-Kriterium** (Extraktion aller Faktoren mit einem Eigenwert größer oder gleich 1) extrahiert. Die Anwendung des Kaiser-Kriteriums beinhaltet die Gefahr, daß die gewonnenen Faktorenlösungen die Varianzen der Ausgangsdaten nur ungenügend reproduzieren können. Andererseits erklären aber Faktoren mit einem Eigenwert kleiner als eins weniger Varianz als eine Ausgangsvariable. Wie gut die Gesamtvarianz der Variablen bei den einzelnen Faktorenanalysen reproduziert werden konnte, muß bei der Interpretation der Faktoren berücksichtigt werden.

Da die Faktorenanalyse an die betrachtete Variablen- und Fallzahl bestimmte Voraussetzungen stellt, mußte die Nachfragergruppe "Brasilien, Mexiko", mit einer Fallzahl von nur 7 Projekten, von den folgenden Betrachtungen ausgeschlossen werden. Weiterhin konnten bei den vier verbleibenden Nachfragergruppen nur die Dienstleistungen in die Analyse eingehen, die innerhalb eines Clusters bei mindestens drei Projekten verlangt wurden. Wegen der nur geringen Fallzahl des Marktsegments "Ägypten, Algerien" mußte hier die Mindestprojektzahl auf 5 erhöht werden, um zu einem eindeutigen Entscheidungskriterium zu gelangen.

Auf Basis der sich damit ergebenden Anzahl der Anwender- und Systemdienstleistungen wurde für die Marktsegmente A, C, D und E jeweils eine Faktorenanalyse durchgeführt. Die Abbildung 56 gibt einen ersten Überblick über die Ergebnisse der Faktorenanalysen.

	MARKTSEGMENTE			
	A	C	D	E
Extraktionskriterium	Kaiser	Kaiser	Kaiser	Kaiser
Variablenzahl	10	13	13	14
Faktorenzahl	4	4	5	6
Varianzerklärungsanteil	84,6%	64,8%	80,7%	67,0%
Gesamtkommunalität an der Gesamtvarianz	81,4%	53,7%	77,6%	47,4%

Abb. 56: Charakteristische Kennzahlen der Faktorenanalysen für die betrachteten Marktsegmente

Für die Interpretation der gewonnenen Faktoren sind insbesondere folgende methodisch bedingte Aussagen von Bedeutung:

* Alle rotierten Faktorladungsmatrizen sind auffallend durch eine sog. Einfachstruktur gekennzeichnet, wodurch die Zuordnung der Variablen zu Faktoren immer in eindeutiger Weise möglich ist.

* Insbesondere die Variablen, die mit nur geringen Ladungen ausgestattet sind und somit zur Interpretation der Faktoren auch nicht herangezogen werden können, sind dadurch gekennzeichnet, daß sie fast immer Kommunalitäten von kleiner als 0,3 aufweisen. Das bedeutet, daß alle extrahierten Faktoren zusammen nur weniger als 30% der Varianz der Variablen erklären können und somit diese Dienstleistungen auch nicht durch die gefundenen Faktoren repräsentiert werden können.

* Geringe Kommunalitäten zeigen sich insbesondere für die ADL "Finanzierungsbeschaffung". Sie weist für Segment D eine Kommunalität von 0,5, für Segment A und C von 0,4 und für Segment E von nur 0,1 auf. Dadurch können durch die Faktorenanalysen mögliche Verbundwirkungen zwischen der "Finanzierungsbeschaffung" und den übrigen Dienstleistungen nur unzureichend aufgedeckt werden.

2.4.2. Phasenspezifische Relevanz von Dienstleistungen im internationalen Anlagengeschäft

Zur Charakterisierung der faktoranalytisch gewonnenen, hypothetischen Dimensionen wurden jeweils nur die Dienstleistungen herangezogen, deren Faktorladungen bei mindestens 0,5 lagen (52). Die damit den einzelnen Faktoren zuzurechnenden Dienstleistungen sind für die analysierten Marktsegmente in der folgenden Abbildung im Überblick dargestellt:

MARKTSEGMENTE

FAKTOREN	A (Ägypten, Algerien)	C (Irak,Malays., Saudi Arab.)	D (DDR,Jugosl., Kuwait,Polen)	E (Indonesien, Iran,usw.)
1	Local content Managementver. Wartungsver.	Managementver. Rohmaterialeinkauf	Kompensationen Lizenzen Know how-Ver.	Kompensationen Feasibility
2	Mg.-Konzept. Feasibility	Schulungen Lizenzen Know how-Ver.	Local content Absatzhilfen Absatzgarant.	Lizenzen Dokumentationen
3	Beratungsl. Schulungen Dokumentationen	Ersatzteild. Reparaturd.	Beratungsl. Schulungen Finanzierung	Wartungsver. Reparaturd.
4	Ersatzteild. Finanzierung	Local content Feasibility	Reparaturd.	Absatzhilfen Beratungensl.
5			Dokumentationen Rohmaterialek.	Schulungen
6				Local content

Abb. 57: Hohe Ladungen der Dienstleistungen auf die Faktoren alternativer Marktsegmente

Eine erste Analyse der rotierten Faktorladungsmatrizen zeigt zunächst ein relativ verwirrendes Bild. Bei näherer Betrachtung können die gefundenen Faktorenmuster jedoch bei allen Ländergruppen gleichartig beschrieben werden. Es stellt sich heraus, daß die Faktoren in engem Zusammenhang mit den im internationalen Anlagengeschäft relevant werdenden Akquisitionsphasen stehen (53). Einen Überblick über den interaktiven Prozeßablauf im Anlagen-Marketing zeigt die Abbildung 58.

Die einzelnen Interaktionsphasen lassen sich kurz wie folgt charakterisieren:

Die **Voranfragenphase** ist durch allgemeine Akquisitionsbemühungen auf der Anbieterseite und einem Suchverhalten nach Problemlösungen auf der Nachfragerseite gekennzeichnet. In dieser Phase sind die Ausschreibungsun-

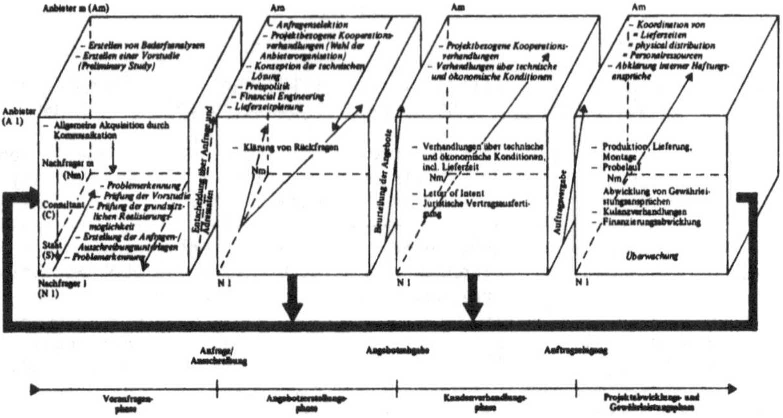

Abb. 58: Interaktiver Prozeßablauf im Anlagen-Marketing
Quelle: BACKHAUS (1982), S.160.

terlagen des Nachfragers noch nicht spezifiziert, und häufig werden Consultants eingeschaltet, die die Realisierungsmöglichkeiten eines geplanten Industrieanlagenprojekts für den Nachfrager untersuchen. Dienstleistungen, die in der Voranfragenphase erbracht werden, liegen vor allem in:

* Erstellung von Problemanalysen,
* Feasibility Studien,
* Hilfen bei der Tendererstellung.

Mit der Bekanntgabe der Tenderdokumente wird beim Anlagenanbieter die **Angebotserstellungsphase** eingeleitet. Häufig verlangt der Nachfrager zu Beginn dieser Phase vom Anbieter eine Präqualifikation, womit er nachweisen muß, daß er bereits erfolgreich die vom Kunden geforderte Anlage gebaut hat. Erst nach erfolgreicher Präqualifikation beginnt beim Anlagenanbieter die eigentliche Erstellung der Angebotsunterlagen, dessen

Kernpunkte in der technischen und kaufmännischen Lösungskonzeption liegen. Mögliche Dienstleistungen liegen in dieser Phase z.B. in

* Hilfen bei der Angebotsauswertung,
* Hilfen beim Rohmaterialeinkauf.

Hat der Anlagenanbieter sein Angebot abgegeben, so erfolgt in der **Kundenverhandlungsphase** eine Prüfung der eingereichten Angebote durch den Nachfrager. Bei der Öffnung der Angebote wird mit ausgewählten Anbietern über solche Angebotsteile verhandelt, bei denen noch kein Konsens zwischen Anbieter und Nachfrager besteht (54). Oft ist es auch vorteilhaft, technische Alternativlösungen ins Angebot aufzunehmen, so daß erst jetzt eine Entscheidung über das technische Lösungskonzept fällt (55).

Während für die Kundenverhandlungsphase keine typischen Dienstleistungen existieren, werden in der **Projektabwicklungs- und Gewährleistungsphase** besonders die Dienstleistungen

* Beratungsleistungen für den Einsatz von Betreiberpersonal
* Schulung des kaufmännischen und technischen Personals

relevant. In dieser Phase ist vor allem die sorgfältige und gewissenhafte Ausführung des Leistungsangebots von Bedeutung. Erst durch die ordnungsgemäße Abwicklung des Auftrags, die sorgfältige Erbringung von Wartungsleistungen und eine schnelle sowie kulante Handhabung von Reparatur- und Garantiefällen kann der Anlagenanbieter die notwendigen Referenzen für Folgeaufträge schaffen (56).

Die Ergebnisse der Faktorenanalysen haben vor dem Hintergrund der im internationalen Anlagengeschäft relevant werdenden Phasen gezeigt, daß die hier untersuchten Dienstleistungen zum Teil

* konkreten Phasen im Interaktionsprozeß zugeordnet werden können;
* phasenverbindende Wirkungen aufweisen;
* phasenunabhängig sind.

Die Abbildung 59 macht die hinter den betrachteten Dienstleistungen ste-

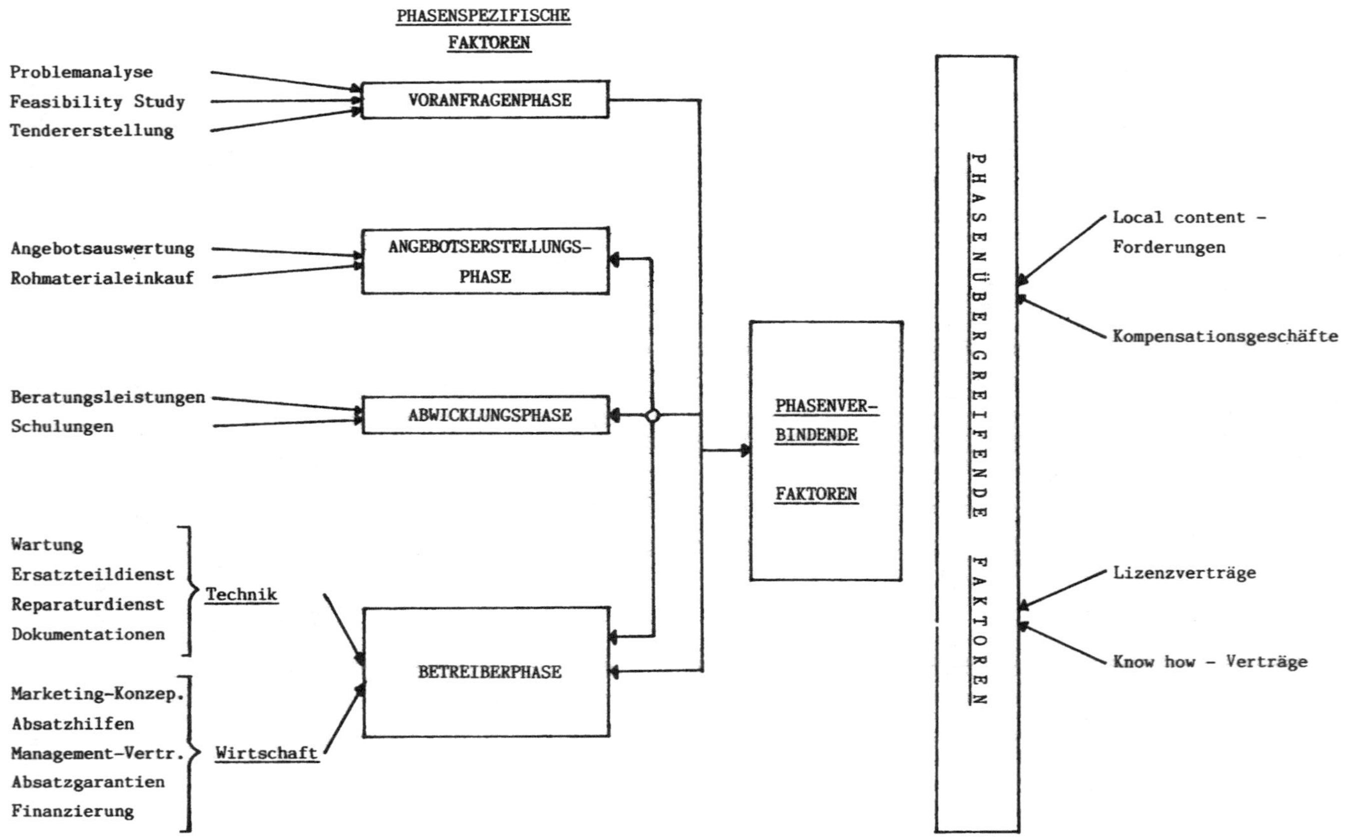

Abb. 59: Phasenspezifische Interpretation der extrahierten Faktoren

hende Struktur deutlich, die durch die Faktorenanalysen bei allen Marktsegmenten aufgedeckt werden konnte.

Die Faktorladungsmatrizen können für alle Ländergruppen wie folgt interpretiert werden (57):

(1) Phasenspezifische Dienstleistungsfaktoren

Als **phasenspezifische Dienstleistungsfaktoren** bezeichnen wir solche Faktoren, die Dienstleistungen aus einer bestimmten Akquisitionsphase miteinander verbinden. Für die Voranfragenphase und die Angenbotserstellungsphase existieren im Prinzip keine solchen Faktoren. Allenfalls kann der Faktor 4 in Marktsegment C als phasentypisch angesehen werden, da er die ADL "Feasibility Studien" und "Local content-Forderungen" verdichtet. Hier liegt die Vermutung nahe, daß bereits zu einem sehr frühen Zeitpunkt die Nachfrager in diesen Segmenten ihre einheimischen Industrien in ein geplantes Industrieprojekt einbezogen wissen wollen. Ein Indiz für diese These sind auch die in Saudi Arabién bestehenden gesetzlichen Vorschriften über die Hinzunahme saudischer Unternehmen bei Anlagengeschäften.

In der Projektabwicklungs- und Gewährleistungsphase hingegen wurden bei fast allen Ländergruppen die in dieser Phase relevant werdenden Dienstleistungen zu Faktoren verdichtet. Sowohl die Dienstleistung "Beratungsleistungen" als auch die "Schulungsmaßnahmen" werden zum einen mit der SDL "Dokumentationen" (Gruppe A) und zum anderen mit der ADL "Finanzierung" (Gruppe D) zu Faktoren verdichtet. Lediglich in Marktsegment E stellt die Schulung einen eigenständigen Faktor (Faktor 5) dar. Daß die relevanten Dienstleistungen in dieser Phase aus einem Mangel an Know how resultieren, wird insbesondere bei Irak, Malaysia und Saudi Arabien deutlich, wo Lizenz-, Know how-Verträge und Schulungsmaßnahmen (Faktor 2) zu einem Faktor verdichtet werden. Die ADL "Beratungsleistungen" lädt ebenfalls mit 0,44 auf diesen Faktor am höchsten.

Die Verdichtung der einzelnen Dienstleistungen zeigt weiterhin, daß im internationalen Anlagengeschäft eine weitere Phase relevant sein kann. Diese ist der Projektabwicklungs- und Gewährleistungsphase nachgelagert und dadurch gekennzeichnet, daß sie Dienstleistungen umfaßt, die das effiziente Betreiben einer Anlage sowohl aus technischer als auch aus betriebswirtschaftlicher Sicht langfristig sicherstellen sollen. Sie kann deshalb als **"Betreiberphase"** bezeichnet werden, in der folgende Dienstleistungen relevant werden:

* Wartungsverträge	
* Ersatzteildienst	**technischer Aspekt**
* Reparaturdienst	(Systemdienstleistungen)
* Dokumentationen	
* Marketing-Konzeption	
* Absatzhilfen	**betriebswirtschaftlicher Aspekt**
* Managementverträge	(Anwenderdienstleistungen)

Die deutliche Trennung in der Betreiberphase zwischen einem technischen und einem betriebswirtschaftlichen Aspekt macht die Art der Variablenkomprimierung durch die Faktorenanalyse deutlich. Nur die den technischen Aspekt betonenden Dienstleistungen werden bei allen Nachfragergruppen, mit Ausnahme von Marktsegment A, zu jeweils einem eigenständigen Faktor verdichtet. Nur in Segment A wird die Systemdienstleistung "Ersatzteildienst" mit der ADL "Finanzierungsbeschaffung" zusammengefaßt. In den übrigen Segmenten werden nur Systemdienstleistungen der Betreiberphase zu eigenständigen Faktoren verdichtet, und Unterschiede ergeben sich lediglich in der Anzahl und in der Zusammensetzung der komprimierten Systemdienstleistungen.

Demgegenüber bilden die ADL in keinem der betrachteten Marktsegmente eigenständige Faktoren, sondern werden in allen Marktsegmenten mit Dienstleistungen aus der Voranfragen- und Angebotserstellungsphase in Verbindung gebracht. Damit zeichnet sich bei den Nachfragern von industriellen Großanlagen die Tendenz ab, Dienstleistungen aus der sehr frühen Phase des Akquisitionsprozesses in enger Verbindung mit Dienstleistungen zu sehen, die an und für sich nach dem "eigentlichen Geschäft" relevant werden. Wir wollen dieses Phänomen als **"Phasenverbindende Dienstleistungen"** bezeichnen.

(2) Phasenverbindende Dienstleistungen

Als **phasenverbindend** bezeichnen wir solche Faktoren, die Dienstleistungen verdichten, die auf unterschiedlichen Stufen des Akquisitionsprozesses im internationalen Anlagengeschäft relevant werden. Sie sind für die von uns untersuchten Marktsegmente insbesondere dadurch gekennzeichnet, daß sie ADL aus der Voranfragenphase mit solchen aus der Betreiberphase verbinden. Die Systemdienstleistungen spielen hier eine nur untergeordnete Rolle.

In den Marktsegmenten A und E werden jeweils die Feasibility Studien sowohl mit der Erstellung einer Marketing-Konzeption (Faktor 2, Gruppe A) als auch mit dem Verlangen nach Kompensationsgeschäften (Faktor 1, Gruppe E) verdichtet. In der Gruppe Irak, Malaysia, Saudi Arabien sind Managementverträge und Hilfen beim Rohmaterialeinkauf als zusammengehörig anzusehen, während in der DDR, Jugoslawien, Kuwait und Polen die Local content-Forderungen, Absatzhilfen und Absatzgarantien eigenständige Faktoren darstellen.

Der Zusammenhang von ADL zwischen diesen unterschiedlichen Stufen des Akquisitionsprozesses ist für den Anlagenbauer von höchster strategischer Bedeutung. Die auffallend häufige Zusammenfassung von ADL aus der Voranfragenphase mit solchen aus der Betreiberphase legt die Vermutung nahe, daß ein Anlagenanbieter sich Präferenzen für weitere Projekte schaffen kann oder zumindest frühzeitig als Berater für anstehende Projekte in die Voranfragenphase einbezogen wird, wenn er bereit ist, den Kunden in der Betreiberphase zu unterstützen. Wir können hier in Analogie zu Referenzanlagen, die ADL der Betreiberphase quasi als **"Referenzdienstleistungen"** bezeichnen, mit denen sich der Anlagenanbieter den Weg für Projekte in der Zukunft bahnen kann (58).

Eine weitere Verdichtung von ADL aus unterschiedlichen Akquisitionsphasen zeigt die Zusammenfassung von Beratungsleistungen und Absatzhilfen durch Faktor 4 in Marktsegment E.

Neben den rein ADL-spezifischen Faktoren werden aber sowohl in Ägypten, Algerien als auch in Marktsegment D System- und Anwenderdienstleistungen verdichtet. Faktor 5 in der Nachfragergruppe D komprimiert die "Hilfen beim Rohmaterialeinkauf" mit der Systemdienstleistung "Dokumentationen", und in Segment A werden Wartungs-, Managementverträge und Local content-Forderungen zusammengefaßt (Faktor 1). Es ist allerdings eindeutig erkennbar, daß den sich aus ADL unterschiedlicher Phasen zusammensetzenden Faktoren die zentrale Stellung im Bereich der phasenverbindenden Dienstleistungen zukommt.

(3) Phasenübergreifende Dienstleistungen

Als phasenübergreifende Dienstleistungen werden solche bezeichnet, denen keine spezifische Bedeutung in den einzelnen Phasen des Akquisitionsprozesses zukommt. Bei den betrachteten Projekten zählen hierzu die Variablen

* Local content-Forderungen,
* Kompensationsgeschäfte,
* Lizenzverträge,
* Know how-Verträge,

Faktoren, die phasenübergreifende Dienstleistungen verdichten, zeigten sich jedoch nur in den Marktsegmenten D und E. Dabei läßt sich u.E. feststellen, daß hier ein Know how-Defizit der Nachfragergruppen für die extrahierten Faktoren verantwortlich zeichnet. In Segment D werden nämlich Kompensationsgeschäfte, Lizenz- und Know how-Verträge zu einem Faktor zusammengefaßt (Faktor 1) und in Segment E Lizenzverträge und Dokumentationen (Faktor 2). Weiterhin bilden in dieser Nachfragergruppe die Local content-Forderungen einen eigenständigen Faktor. Ebenfalls als "Know how-Faktor" kann in der Nachfragergruppe C der Faktor 2 angesehen werden, der die Dienstleistungen "Schulungsmaßnahmen", "Lizenz-" und "Know how-Verträge" vereinigt. Daraus läßt sich u.E. schließen, daß mit Ausnahme von Ägypten und Algerien bei allen Ländern der Mangel an Know how eine entscheidende Rolle für die Nachfrageintensität der Dienstleistungen im internationalen Anlagengeschäft spielt. Auch hier kann der Anlagenbauer durch die Erfüllung der phasenübergreifenden Dienstleistungen die Präferenz für folgende Projekte erhöhen. Dabei ist allerdings einschränkend zu vermerken, daß in der Gruppe Ägypten, Algerien die ADL Lizenz- und Know how-Verträge wegen der geringen Fallzahl nicht in die Faktorenanalyse einbezogen werden konnten.

Die bisher gemachten Aussagen lassen sich zusammenfassend durch die Abbildung 60 verdeutlichen, wobei die den einzelnen Marktsegmenten zugeordneten Zahlen den Faktoren in Abbildung 57 entsprechen.

Faktoren- dimensionen \ Markt- segmente	A	C	D	E
	Interpretierte Faktoren			
(1) Voranfragen-/ Angebotserstellungsphase	-	4	-	-
(2) Abwicklungsphase	3	-	3	5
(3) Betreiberphase	4	3	4	3
(4) Phasenverbindende Dienstleistungen	1/2	1	2/5	1/4
(5) Phasenübergreifende Dienstleistungen	-	2	1	2/6

Abb. 60: Zuordnung segmentspezifischer Faktoren zu konkreten Phasen im Akquisitionsprozeß

Die phasenspezifische Interpretation der gefundenen Faktoren in alternativen Marktsegmenten kann auch durch eine Untersuchung des Verfassers bestärkt werden, in der sich die Marktsegmente z.T. aus anderen Nachfragerländern zusammensetzten (59). Dabei zeigte sich bezüglich der ADL "Finanzierung", daß sie insbesondere mit den ADL "Kompensationsgeschäfte" und "Local content-Forderungen" verbunden wurde. Es kann daher bei der vorliegenden Untersuchung vermutet werden, daß die Finanzierungswirkung von "Kompensationen" und "Local content" insbesondere durch die geringe Kommunalität der ADL "Finanzierung" nicht aufgedeckt werden konnte.

3. Repräsentativität der Ergebnisse

Die vorliegende Untersuchung hatte zum Ziel, Aussagen darüber zu machen, welche Besonderheiten die Entwicklungsländer bei der Dienstleistungsnachfrage im Rahmen des internationalen Anlagengeschäfts aufweisen und welche Auswirkungen sich daraus für den Anlagenbau ergeben. Im Vordergrund standen dabei die nachfragenden Länder und nicht die Anbieter von Industrieanlagen. Die Repräsentativität der Aussagen muß somit bezüglich der betrachteten Länder erreicht werden und nicht in bezug auf die anbietenden Unternehmen. Da eine direkte Befragung der Nachfrager nicht oder nur sehr schwer möglich ist, mußte auf die Urteile von Verkaufsakquisiteuren zurückgegriffen werden (60). Bedingt durch ihre hohe Marktkenntnis ist jedoch zu erwarten, daß sie zu realistischen Einschätzungen bezüglich des Nachfragerverhaltens von Kundenländern bei ADL in der Lage sind.

Allerdings kann noch nicht von einer uneingeschränkten Repräsentativität ausgegangen werden, da eine Reihe von Kundenländern nur mit einer Fallzahl von drei Projekten vertreten war, während andere Länder mit bis zu 16 Projekten in die Analyse eingingen.

Gesichertere Aussagen sind hingegen bei den Auswertungen mit den multivariaten Verfahren zu erwarten, da hier die jeweils gefundenen Marktsegmente analysiert wurden und diese mit einer größeren Anzahl von Projekten vertreten waren. Allerdings stellen auch die Verfahren der Multivariatenanalyse bestimmte Voraussetzungen an das Datenmaterial, damit über die mit ihrer Hilfe gewonnenen Ergebnisse signifikante Aussagen gemacht werder können. Zu den wichtigsten dieser Voraussetzungen zählen

* bei der **Clusteranalyse**,
  daß zwischen den betrachteten Variablen keine zu großen Korrelationen auftreten, da es sonst zu einer Überbetonung der stark korrelierten Größen im Klassifikationsprozeß kommt;
* bei der **Diskriminanz- und Varianzanalyse**,
  daß die Variablen in den einzelnen Gruppen annähernd normalverteilt sind und Varianzhomogenität vorliegt (61).

Bei den Auswertungen zur Clusteranalyse kann die gestellte Voraussetzung unkorrelierter Daten durch den Ausschluß entsprechender Variablen als gesichert angesehen werden. Entsprechende Tests im Rahmen der varianz- und diskriminanzanalytischen Rechnung haben ergeben, daß auch hier die genannten Annahmen weitgehend als erfüllt angesehen werden können. Einschränkend ist allerdings zu vermerken, daß insbesondere bei selten verlangten Dienstleistungen (die dann häufig Nullwerte aufwiesen), die jeweiligen Testverfahren nicht für alle Variablen durchgeführt werden konnten. Gerade die Varianzanalyse zeigt sich aber gegenüber der Verletzung der genannten Voraussetzungen relativ robust (62).

Probleme der multivariaten Analyseverfahren sind aber auch in der Vielzahl subjektiver Eingriffsmöglichkeiten bei der Anwendung der Methoden zu sehen (63). Wir haben jedoch immer versucht, die Möglichkeiten bei der Steuerung der Rechenverfahren entsprechend unseren Zielsetzungen zu begründen und offenzulegen.

Insgesamt läßt sich bezüglich der segmentspezifischen Ergebnisse festhalten, daß eine Repräsentativität durch die z.T. nur geringen Projektzahlen je Land nicht gegeben ist. Die vorausgegangenen Ausführungen machen aber deutlich, daß zumindest ganz bestimmte Tendenzen für die Dienstleistungsnachfrage im internationalen Anlagengeschäft erkennbar sind. Valide und reliable Aussagen über das länderspezifische Nachfragerverhalten bei Dienstleistungen könnten dann sichergestellt werden, wenn eine Expertenbefragung bei den Anlagenanbietern in regelmäßigen Zeitabschnitten durchgeführt würde und damit eine Vergrößerung des Erfahrungspotentials abgewickelter Anlagenprojekte in den einzelnen Nachfragerländern möglich wäre. Bei der Realisation eines Anlagen-Panels ergäben sich dann auch weitere Anwendungs- und Nutzungsmöglichkeiten des vorgestellten Konzepts für die Anbieter.

4. Ansatzpunkte für weitere Analyseverfahren im Anlagen-Panel

Die aufgezeigten Forschungsergebnisse haben exemplarisch verdeutlicht, welche Möglichkeiten das vorgestellte Konzept zur Datenauswertung und Informationsgewinnung bietet. Durch die einmalige Befragung im Rahmen der Basiserhebung konnte jedoch eine Reihe von Konzepten, deren Anwendung kontinuierliches Datenmaterial im Zeitablauf erfordert, nicht empirisch überprüft werden. Gesicherte Aussagen über die Präferenzwirkung von ADL für den Auftragserhalt gegenwärtiger und zukünftiger Anlagenprojekte sind nur auf Basis von Mehrfachbefragungen möglich. Ebenso erhält man aktuelle Informationen über das Nachfragerverhalten von Kundenländern bei Dienstleistungen, die gleichzeitig auch für zukünftige Projekte nutzbar sind, nur dann, wenn

* eine ständige Beobachtung der Dienstleistungsnachfrage gewährleistet werden kann und damit auch Entwicklungstendenzen frühzeitig erkennbar sind;

* die Erfahrungen möglichst vieler Anlagenbauer mit bestimmten Kundenländern genutzt werden können;

* die Zahl der betrachteten Projekte und Kundenländer vergrößert werden kann.

Mit Hilfe des Anlagen-Panels kann der vorgestellte Ansatz in zwei Richtungen fortgesetzt bzw. erweitert werden:

(1) Die zeitkontinuierliches Datenmaterial erfordernden Analyseverfahren können empirisch getestet und evt. weitere Hypothesen über das Verhalten von Ländern bei der ADL-Nachfrage generiert werden.

(2) Die aus der empirischen Untersuchung gewonnenen Hypothesen können zu einem Kausalmodell verdichtet und empirisch getestet werden.

4.1. Ausbau der Analysen auf Basis von Panel-Daten

Durch das Fehlen zeitkontinuierlicher Daten konnten zwei der länderspezifischen Analyseverfahren der Methodenbank nicht im Rahmen der vorliegenden Untersuchung getestet werden. Hierzu zählen die Zuordnung von Nachfragerländern zu bestimmten Marktsegmenten aufgrund spezifischer Ländercharakteristika und der vorgestellte Markov-Ansatz im Rahmen der Wanderungsanalyse.

Durch die Diskriminanz- und Varianzanalysen konnte die Vermutung gestärkt werden, daß die Nachfrage nach ADL in wirtschaftlichen und entwicklungspolitischen Problemen der Nachfragerländer begründet ist. Trifft dieser Sachverhalt zu, so muß ein Gleichlauf zwischen der Entwicklung der ADL-Nachfrage und der wirtschaftspolitischen Indikatoren bestehen. Die Aufgabe besteht nun darin, solche Ländercharakteristika aufzudecken, die in Abhängigkeit zur Nachfrage nach ADL stehen. Wir empfehlen dazu folgendes Vorgehen:

(1) Umfassende Erhebung von Ländercharakteristika für einen längeren Zeitraum, die die wirtschaftliche und entwicklungspolitische Situation eines Nachfragerlandes möglichst gut widerspiegeln (64).
(2) Schätzung des Zusammenhangs zwischen ADL-Nachfrage-Entwicklung und Entwicklung der Ländercharakteristika durch eine stufenweise multivariate Regressionsanalyse.

Die multivariate Regressionsanalyse bietet den Vorteil, daß gleichzeitig die Abhängigkeit aller relevanten ADL von den Ländercharakteristika getestet werden kann, da nicht nur eine abhängige Variable, sondern eine Beobachtungsmatrix mehrerer abhängiger Variablen (ADL) im Zeitablauf in die Analyse eingehen kann (65). Durch das stufenweise Vorgehen können die unabhängigen Variablen (Ländercharakteristika) gemäß ihrem individuellen Erklärungsbeitrag in die Regressionsgleichungen aufgenommen werden (66). Durch sog. Inklusionsparameter werden, ähnlich wie bei der stufenweisen Diskriminanzanalyse, jeweils die unabhängigen Variablen in die Regressionsgleichung aufgenommen, die den höchsten Erklärungsbeitrag für die Gesamtgleichungen liefern. Dieses Vorgehen bringt den Vorteil, daß

* die einzelnen Ländercharakteristika gemäß ihrer individuellen Erklärungskraft für das Gesamtgleichungssystem beurteilt werden können;

* solche Ländercharakteristika identifiziert werden können, die nicht in Abhängigkeit mit der ADL-Nachfrage stehen und somit aus den Betrachtungen ausgeschlossen werden können (67).

Diese Untersuchungen sind allerdings erst dann möglich, wenn auch für die ADL Zeitreihendaten vorliegen. Mit Hilfe erklärungsmächtiger Ländercharakteristika können dann die per Clusteranalyse gewonnenen Marktsegmente beschrieben werden. Damit können auf Basis ihrer spezifischen Länderkennzeichen auch solche Länder einzelnen Marktsegmenten zugeordnet werden, von denen noch keine Daten über das Verhalten bei der ADL-Nachfrage verfügbar sind. Diese Zuordnungen können wiederum mit Hilfe der Diskriminanzanalyse vorgenommen werden, die für noch nicht identifizierte Elemente (Länder) die bedingten Wahrscheinlichkeiten bestimmen kann, daß sie einer bestimmten Klasse (Marktsegment) angehören (68). Die Identifikation noch nicht betrachteter Nachfragerländer mit bestimmten Marktsegmenten ist für den Anlagenbauer mit dem großen Vorteil verbunden, daß damit Aussagen über das Nachfragerverhalten bei ADL auch für solche Kundenländer möglich sind, mit denen der Anlagenbauer bisher noch nicht in Geschäftsbeziehung stand, denn die Marktsegmente sind durch eine homogene ADL-Nachfrage gekennzeichnet (69). Das gilt natürlich nur unter der Voraussetzung, daß sich die Abhängigkeit zwischen ADL-Nachfrage und Ländercharakteristika bestätigen läßt. Die Ergebnisse der Diskriminanz- und Varianzanalysen liefern hierfür bereits ein erstes Indiz.

Ebenso wie die a priori Zuordnung von Nachfragerländern zu Marktsegmenten erfordert auch die von uns vorgeschlagene Wanderungsanalyse das Vorhandensein von Panel-Daten. Mit Hilfe der Daten aus der Basiserhebung lassen sich zum gegenwärtigen Zeitpunkt nur die Kategoriewahrscheinlichkeiten für die Einteilung der ADL in "Steigende", "Fallende" und "Konstante Nachfrage" festlegen. Die Ermittlung der Übergangsmatrix erfordert jedoch, daß mindestens ein weiterer Beobachtungszeitpunkt existiert, mit dessen Hilfe die Entwicklung der ADL in den jeweiligen Kategorien weiterverfolgt werden kann. Auch hier kann nur ein Anlagen-Panel entsprechende Informationen bereitstellen. Da weiterhin die Konstanz der Übergangswahrscheinlichkeiten nur für einen relativ kurzen Zeitraum angenommen werden kann, sind Zeitreihendaten auch für die Anpassung der Übergangsmatrix an die aktuelle Situation notwendig. Die Verfügbarkeit solcher Daten läßt nicht nur eine ständige Aktualisierung der Ergebnisse zu, sondern kann durch den gezeigten Markov-Ansatz auch frühzeitig Umbrüche in der Nachfrageentwicklung von ADL aufzeigen und somit als Frühindikator für die Entwicklung der ADL-Nachfrage angesehen werden.

4.2. Weiterentwicklungen mit Hilfe Konfirmatorischer Analysen

Die vorliegende Arbeit ist aus wissenschaftstheoretischer Sicht primär im Entdeckungszusammenhang angesiedelt und somit durch ein stark explorativ orientiertes Vorgehen gekennzeichnet. Die explorative Datenanalyse geht davon aus, daß über die Strukturen eines gegebenen Datensatzes nichts oder nur sehr wenig bekannt ist. Es wird versucht, Strukturen zu entdecken und Hypothesen zu generieren (70). Zu den explorativen **Analyseverfahren** zählen z.B. die Cluster- und die Faktorenanalyse. Aber auch die Diskriminanzanalyse kann z.T. diesem Bereich statistischer Verfahren zugerechnet werden. In den Begründungszusammenhang dagegen führen konfirmatorische Analysen, mit denen gegebene oder generierte Hypothesen getestet und auf ihre Validität überprüft werden (71). Der Vorteil der **konfirmatorischen Datenanalyse** liegt insbesondere in der Überprüfung einer gegebenen Modellstruktur als Ganzes.

Die durch die vorangegangenen Analysen erzielten Ergebnisse können daher zu einem Modell über die Wirkung von ADL auf die Auftragsvergabe im internationalen Anlagengeschäft weiterentwickelt werden. Wir werden dabei im folgenden aus den zentralen Aussagen der durchgeführten explorativen Analysen Hypothesen ableiten und in ein theoretisches Modell überführen, sowie einen Operationalisierungsvorschlag zum Test des entwickelten Modells unterbreiten. Sobald die Datenbasis aus dem geplanten

Anlagen-Panel zur Verfügung steht, kann das Modell dann auch empirisch getestet werden. Zur Theoriebildung gehen wir von den Ergebnissen der explorativen Analysen aus.

4.2.1. Kovarianzstrukturmodell für Anwenderdienstleistungen im internationalen Anlagengeschäft

Ein zentrales Ergebnis der empirischen Untersuchungen liegt in dem Zusammenhang zwischen ADL der Betreiberphase und dem Akquirieren von Folgeaufträgen. Dabei kann für alle Marktsegmente folgendes vermutet werden:

> Je mehr ein Anlagenanbieter bereit ist, ADL in der Betreiberphase entsprechend dem Verlangen des Kunden zu erfüllen und Dienstleistungen im phasenübergreifenden Bereich auf spezielle Nachfragerwünsche auszurichten, desto größer sind seine Chancen, einen Auftrag zu erhalten und die Präferenz für folgende Aufträge zu erhöhen.

Daraus lassen sich folgende **Hypothesen** ableiten:

H_1: Die Chancen einen aktuellen Auftrag zu erhalten sind für einen Anlagenanbieter umso größer, je mehr ADL der Betreiberphase erbracht werden.

H_2: Die Präferenz eines Nachfragers für einen bestimmten Anlagenanbieter läßt sich umso mehr steigern, je mehr ADL der Betreiberphase erbracht werden.

H_3: Die Chance, daß ein Anlagenanbieter bereits in der Voranfragenphase aktiv an der Problemlösungskonzeption eines geplanten Projekts mitarbeiten kann, ist umso größer, je mehr ADL der Betreiberphase erbracht werden.

H_4: Je mehr der Anlagenbauer den Wünschen des Kunden nach phasenübergreifenden ADL entspricht, desto größer sind seine Chancen, den aktuellen Auftrag zu erhalten.

H_5: Je mehr der Anlagenbauer den Wünschen des Kunden nach phasenübergreifenden ADL entspricht, desto größer sind seine Chancen, Präferenzen für folgende Aufträge zu schaffen.

H_6: Je mehr der Anlagenbauer den Wünschen des Kunden nach phasenübergreifenden ADL entspricht, desto größer sind seine Chancen, bereits in der Voranfragenphase aktiv an der Problemlösungskonzeption eines geplanten Projekts mitzuarbeiten.

Zwischen den "Phasenübergreifenden ADL" und denen der Betreiberphase gehen wir zwar von keinem kausalen Zusammenhang aus, wohl aber von einer korrelativen Beziehung. Ebenso vermuten wir, daß durch ein frühzeitiges Mitwirken eines Anlagenbauers in der Voranfragenphase der Auftragserhalt eines potentiellen Projekts beeinflußt werden kann. Weiterhin unterstellen wir, daß die Chancen des Auftragserhalts (endogene Variablen) durch die Bereitschaft zur ADL-Erbringung (exogene Variablen) determiniert wird. Diese latenten Variablen sollen durch folgende empirische Indikatoren operationalisiert werden (72):

Latente Variable	Empirische Indikatoren
ξ_1 : Phasenüber-geifende ADL	x_1: Nachfrageintensität bei Kompensationsgeschäften
	x_2: Nachfrageintensität bei Local content-Forderungen
	x_3: Nachfrageintensität bei Know how-Verträgen
	x_4: Nachfrageintensität bei Lizenzverträgen
ξ_2 : ADL der Betreiber-phase	x_5: Nachfrageintensität bei Marketing-Konzeptionen
	x_6: Nachfrageintensität bei Absatzhilfen
	x_7: Nachfrageintensität bei Management-Verträgen
	x_8: Nachfrageintensität bei Absatzgarantien
	x_9: Nachfrageintensität bei Finanzierungsbeschaffung
η_1 : Chancen für akt. Auftrag	y_1: Auftrag erhalten? (Nominalskala)
η_2 : Chancen für pot. Auftrag	y_2: Einschätzungen des Anlagenbauers (Rating-Skala)
η_3 : Beteiligung in der Voran-fragenphase	y_3: Nachfrageintensität bei Feasibility-Studies bei nachfolgenden Projekten
	y_4: Nachfrageintensität bei Tendererstellungen bei nachfolgenden Projekten
	y_5: Nachfrageintensität bei Rohmaterialeinkauf bei nachfolgenden Projekten
	y_6: Nachfrageintensität für Angebotsauswertungen bei nachfolgenden Projekten

Abb. 61: Latente Variable und empirische Indikatoren zur Operationalisierung

Die in den aufgestellten Hypothesen vermuteten kausalen Beziehungen lassen sich nun mit Hilfe der empirischen Indikatoren in ein Strukturgleichungsmodell und zwei Meßmodelle überführen. Die folgende Abbildung zeigt das entsprechende Kausaldiagramm (73):

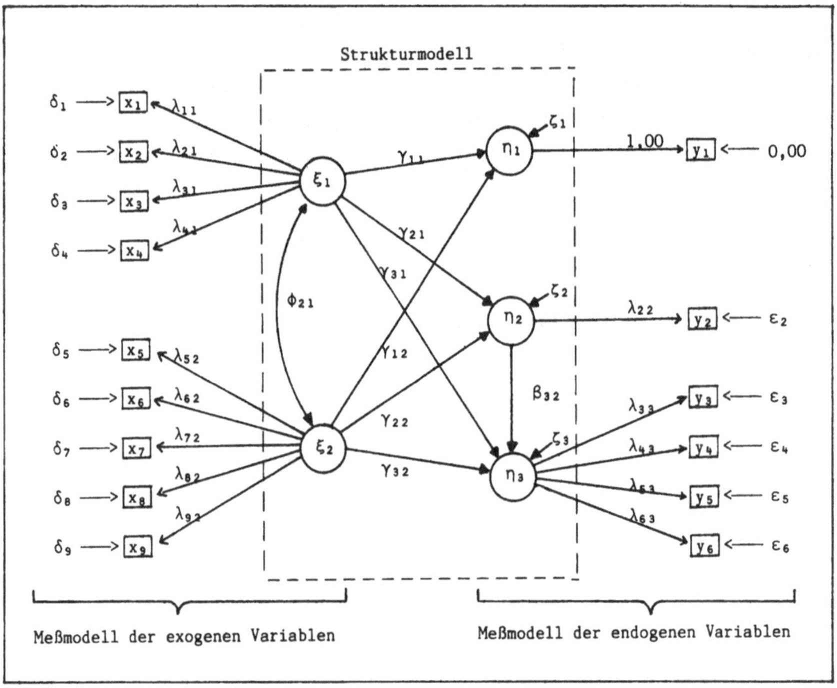

Abb. 62: Kausaldiagramm für ein Kovarianzstrukturmodell

Das theoretische Modell läßt sich mit Hilfe des Programmpakets LISREL VI (74) testen, weshalb hier auch von einem sog. **LISREL-Modell** gesprochen werden kann. In der Notation von JÖRESKOG und SÖRBOM (75) besteht ein LISREL-Modell, auch Kovarianzstrukturmodell genannt, aus drei Gleichungssystemen:

(1) $\underline{\eta} = \underline{B\eta} + \underline{\Gamma\xi} + \underline{\zeta}$ **Strukturgleichungsmodell**

(2) $\underline{y} = \underline{\Lambda_y \eta} + \underline{\varepsilon}$ **Meßmodell der endogenen Variablen**

(3) $\underline{x} = \underline{\Lambda_x \xi} + \underline{\delta}$ **Meßmodell der exogenen Variablen**

<u>mit</u>: $\underline{\eta}$ = Vektor der latenten endogenen Variablen (η_1, η_2, η_3)

$\underline{\xi}$ = Vektor der latenten exogenen Variablen (ξ_1, ξ_2)

$\underline{y}$ = Vektor der empirischen Indikatoren für die endogenen Variablen ($y_1, \ldots, y_6$)

$\underline{x}$ = Vektor der empirischen Indikatoren für die exogenen Variablen ($x_1, \ldots, x_9$)

$\underline{B}$ = Matrix der Regressionskoeffizienten der endogenen Variablen

$\underline{\Gamma}$ = Matrix der Regressionskoeffizienten der endogenen Variablen auf die exogenen Variablen

$\underline{\Lambda_y}$ = Matrix der Faktorladungen von y auf die endogenen Variablen

$\underline{\Lambda_x}$ = Matrix der Faktorladungen von x auf die exogenen Variablen

$\underline{\varepsilon}$ = Vektor der Meßfehler der y-Variable

$\underline{\delta}$ = Vektor der Meßfehler der x-Variable

$\underline{\zeta}$ = Störvektor, mit Fehlern in der Kausalbeziehung

Zur vollständigen Definition des **<u>LISREL-Modells</u>** müssen allerdings noch die folgenden Parametermatrizen spezifiziert sein (76):

$\underline{\Phi}$ = Varianz-Kovarianzmatrix der exogenen Variablen ξ

$\underline{\Psi}$ = Varianz-Kovarianzmatrix der Störvariablen ζ

$\underline{\Theta_\varepsilon}$ = Varianz-Kovarianzmatrix der Meßfehlervariablen ε

$\underline{\Theta_\delta}$ = Varianz-Kovarianzmatrix der Meßfehlervariablen δ

Mit Hilfe obiger Matrizen und Vektoren läßt sich das in Abbildung 62 dargestellte Kausaldiagramm nun durch folgendes Strukturgleichungsmodell in Matrizenschreibweise spezifizieren:

(1) **Strukturgleichungsmodell**

$$\begin{bmatrix} \eta_1 \\ \eta_2 \\ \eta_3 \end{bmatrix} = \begin{bmatrix} 0 & 0 & 0 \\ 0 & 0 & 0 \\ 0 & \beta_{32} & 0 \end{bmatrix} \begin{bmatrix} \eta_1 \\ \eta_2 \\ \eta_3 \end{bmatrix} + \begin{bmatrix} \gamma_{11} & \gamma_{12} \\ \gamma_{21} & \gamma_{22} \\ \gamma_{31} & \gamma_{32} \end{bmatrix} \begin{bmatrix} \xi_1 \\ \xi_2 \end{bmatrix} + \begin{bmatrix} \zeta_1 \\ \zeta_2 \\ \zeta_3 \end{bmatrix}$$

(2) **Meßmodell der endogenen Variablen**

$$\begin{bmatrix} y_1 \\ y_2 \\ y_3 \\ y_4 \\ y_5 \\ y_6 \end{bmatrix} = \begin{bmatrix} 1 & 0 & 0 \\ 0 & \lambda_{22} & 0 \\ 0 & 0 & \lambda_{33} \\ 0 & 0 & \lambda_{43} \\ 0 & 0 & \lambda_{53} \\ 0 & 0 & \lambda_{63} \end{bmatrix} \begin{bmatrix} \eta_1 \\ \eta_2 \\ \eta_3 \end{bmatrix} + \begin{bmatrix} 0 \\ \varepsilon_2 \\ \varepsilon_3 \\ \varepsilon_4 \\ \varepsilon_5 \\ \varepsilon_6 \end{bmatrix}$$

(3) **Meßmodell der exogenen Variablen**

$$\begin{bmatrix} x_1 \\ x_2 \\ x_3 \\ x_4 \\ x_5 \\ x_6 \\ x_7 \\ x_8 \\ x_9 \end{bmatrix} = \begin{bmatrix} \lambda_{11} & 0 \\ \lambda_{21} & 0 \\ \lambda_{31} & 0 \\ \lambda_{41} & 0 \\ 0 & \lambda_{52} \\ 0 & \lambda_{62} \\ 0 & \lambda_{72} \\ 0 & \lambda_{82} \\ 0 & \lambda_{92} \end{bmatrix} \begin{bmatrix} \xi_1 \\ \xi_2 \end{bmatrix} + \begin{bmatrix} \delta_1 \\ \delta_2 \\ \delta_3 \\ \delta_4 \\ \delta_5 \\ \delta_6 \\ \delta_7 \\ \delta_8 \\ \delta_9 \end{bmatrix}$$

Die Kovarianzmatrizen ergeben sich gemäß unserer Modellstruktur als:

$$\Phi = \begin{bmatrix} 1 & \\ \phi_{21} & 1 \end{bmatrix} \qquad \Psi = \begin{bmatrix} \psi_{11} & & \\ \psi_{21} & \psi_{22} & \\ \psi_{31} & \psi_{32} & \psi_{33} \end{bmatrix}$$

$$\Theta_\varepsilon = \text{DIAG}\left[0;\ \theta_{\varepsilon_2};\ \theta_{\varepsilon_3};\ \theta_{\varepsilon_4};\ \theta_{\varepsilon_5};\ \theta_{\varepsilon_6}\right]$$

$$\Theta_\delta = \text{DIAG}\left[\theta_{\delta_1};\ \theta_{\delta_2};\ldots;\ \theta_{\delta_9}\right]$$

Nachdem das Strukturgleichungsmodell spezifiziert ist, können nun die Modellparameter geschätzt werden, was allerdings die Identifizierbarkeit des Modells voraussetzt. Einen Anhaltspunkt für die Identifikation eines Modells erhält man aus der vom LISREL-Programm berechneten "Informationsmatrix" (77). Da aber auch das LISREL-Programm eine bestimmte Mindestfallzahl zur Berechnung erfordert, kann eine Prüfung des Strukturgleichungsmodells erst bei Vorliegen einer größeren Fallzahl durch das Anlagen-Panel vorgenommen werden (78). Bei Vorliegen eines ausreichenden Stichprobenumfangs sind Signifikanzaussagen möglich, und entsprechende Tests auf die Anpassungsgüte des vorgestellten LISREL-Modells (z.B. Chi-Quadrat-Test) können durchgeführt werden (79).

Das vorgestellte Strukturgleichungsmodell enthält dabei **erste Vorstellungen** über den Zusammenhang zwischen ADL und möglichen Präferenzwirkungen auf Folgeprojekte. Bei der Überprüfung eines Modells mit Hilfe von LISREL ist jedoch streng darauf zu achten, daß das zu testende Modell eine möglichst gute Abbildung der Realitätszusammenhänge darstellt. Bei einer Verbreiterung der Datenbasis durch das Anlagen-Panel ist deshalb äußerste Sorgfalt darauf zu verwenden, daß die bisher gefundenen Beziehungen zwischen ADL auch auf breiterer Datenbasis Gültigkeit besitzen. Es ist deshalb ratsam, alle bisher angewendeten Analyseverfahren der Methodenbank einer nochmaligen Auswertung auf vergrößerter Panel-Datenbasis zu unterziehen, um eine möglichst **abgesicherte "Theorie"** aufstellen zu können. Das gilt auch für die im nächsten Kapitel vorgestellte konfirmatorische Faktorenanalyse.

Durch das Programmpaket LISREL lassen sich im Rahmen weiterer Untersuchungen z.B. mit Hilfe des **"Modification Index"** zunächst Fehlspezifikationen der Parameter aufdecken, die dann wiederum Anhaltspunkte für eine "Neuformulierung" des Modells geben können (80):

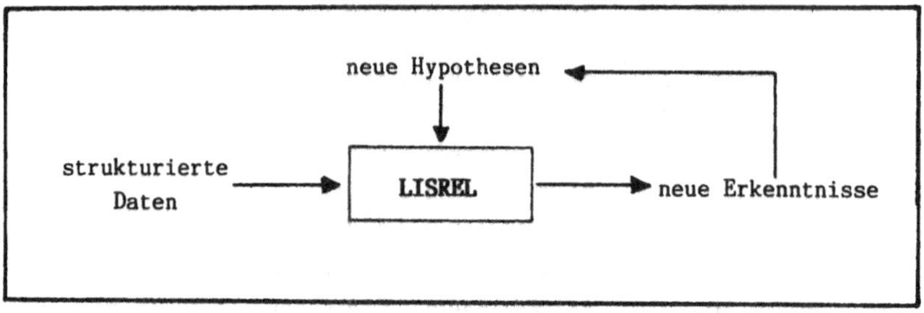

Abb. 63: Aufdeckung neuer Strukturen mit Hilfe des Programmpakets LISREL

Somit können durch "LISREL" auch neue Strukturen im Datensatz aufgedeckt werden, die dann zu einer verfeinerten Spezifikation des vorgestellten Modells führen.

4.2.2. Segmentspezifische Prüfung der Faktorstrukturen mit Hilfe der konfirmatorischen Faktorenanalyse

Neben der Präferenzwirkung von ADL, die für alle Marktsegmente vermutet werden konnte, hat sich aber auch gezeigt, daß in den einzelnen Marktsegmenten phasenspezifische, phasenübergreifende und phasenverbindende Faktoren existieren, die sich jeweils durch unterschiedliche Dienstleistungskonstellationen auszeichnen. Da dieses Ergebnis jedoch aus einer Zeitpunktbetrachtung resultiert, wäre nun im Rahmen des Anlagen-Panels zu prüfen, ob sich die in den einzelnen Marktsegmenten herauskristallisierten Faktoren auch als zeitstabil erweisen. Eine Möglichkeit, die Faktorenstruktur eines Marktsegments im Zeitablauf zu testen, bietet die **konfirmatorische Faktorenanalyse** über mehrere Erhebungszeitpunkte (sog. Multi-Sample Analysis), die ebenfalls in dem Programmpaket LISREL VI implementiert ist (81). Die konfirmatorische Faktorenanalyse bildet einen Spezialfall des oben besprochenen Strukturgleichungsmodells, indem nur das Gleichungssystem

$$\underline{x} = \underline{\Lambda}_x \underline{\xi} + \underline{\delta}$$

betrachtet wird, das erst durch die Festlegung der Parameter-Matrizen $\underline{\Lambda}_x$ $\underline{\Phi}$ und $\underline{\Theta}_\delta$ vollständig spezifiziert ist. Der zentrale Unterschied zwischen explorativer und konfirmatorischer Faktorenanalyse liegt darin begründet, daß bei der konfirmatorischen Faktorenanalyse aufgrund von Plausibilitätsüberlegungen oder aufgestellten Hypothesen eine theoretische Zielmatrix der Faktorladungen vorgegeben wird. Die nicht a priori festgelegten Parameter im obigen Modell werden im LISREL-Programm so bestimmt, daß sich die geschätzte Varianz-Kovarianzmatrix optimal an die Stichproben-Kovarianzmatrix anpaßt. Durch einen Vergleich der geschätzten Varianz-Kovarianzmatrix mit der empirischen Varianz-Kovarianzmatrix kann die Güte der Anpassung eines gegebenen Datensatzes an die theoretische Modellstruktur überprüft werden (82).

Ein Modell der konfirmatorischen Faktorenanalyse läßt sich beispielhaft für Marktsegment C (Irak, Malaysia, Saudi Arabien) wie folgt formulieren (vgl. hierzu auch Abb. 57, S.139):

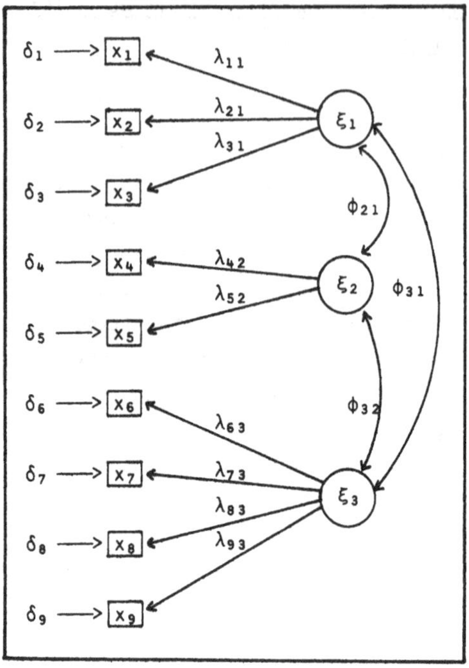

mit:

x1: Lizenzverträge
x2: Know how-Verträge
x3: Schulungen
x4: Ersatzteildienst
x5: Reparaturdienst
x6: Managementverträge
x7: Rohmaterialeinkauf
x8: Feasibility Studies
x9: Local content-Forderungen

ξ_1: Phasenübergreifender Faktor
ξ_2: Faktor der Systemdienstleistungen
ξ_3: Phasenverbindender Faktor

Abb. 64: Modell der konfirmatorischen Faktorenanalyse

Daraus ergibt sich das Gleichungssystem:

$$\begin{bmatrix} x_1 \\ x_2 \\ x_3 \\ x_4 \\ x_5 \\ x_6 \\ x_7 \\ x_8 \\ x_9 \end{bmatrix} = \begin{bmatrix} \lambda_{11} & 0 & 0 \\ \lambda_{21} & 0 & 0 \\ \lambda_{31} & 0 & 0 \\ 0 & \lambda_{42} & 0 \\ 0 & \lambda_{52} & 0 \\ 0 & 0 & \lambda_{63} \\ 0 & 0 & \lambda_{73} \\ 0 & 0 & \lambda_{83} \\ 0 & 0 & \lambda_{93} \end{bmatrix} \cdot \begin{bmatrix} \xi_1 \\ \xi_2 \\ \xi_3 \end{bmatrix} + \begin{bmatrix} \delta_1 \\ \delta_2 \\ \delta_3 \\ \delta_4 \\ \delta_5 \\ \delta_6 \\ \delta_7 \\ \delta_8 \\ \delta_9 \end{bmatrix}$$

Dabei kann im Modell vereinbart werden, ob eine orthogonale (Unabhängigkeit der Faktoren) oder oblique (Abhängigkeit der Faktoren) Lösung erzeugt werden soll. Mit Hilfe der **"Multi-Sample Analysis"** kann weiterhin geprüft werden, ob sich die theoretische Modellstruktur durch die empirischen Daten auch über mehrere Zeiträume hinweg bestätigen läßt und somit der vermutete Zusammenhang zwischen Dienstleistungen und hypothetischen Faktoren kein einmaliges Phänomen darstellt. Der Test auf eine zeitbeständige Faktorenstruktur ist dabei anhand immer restriktiver werdender Hypothesen möglich (83), die für unsere Zielsetzung wie folgt formuliert werden können:

(1) Die Kovarianz- oder Korrelationsmatrizen der unterschiedlichen Erhebungszeitpunkte sind identisch.
(2) Die Anzahl der Faktoren ist in allen Erhebungszeitpunkten gleich.
(3) Die Faktorladungsmatrizen sind in allen Erhebungszeitpunkten identisch.
(4) Faktorladungsmatrizen und die Varianzen der Meßfehler sind zeitinvariant.

Damit eine "Multi-Sample Analysis" durchgeführt werden kann, muß das Anlagen-Panel noch folgendes leisten:

* Die Ableitung theoretischer Modellstrukturen für die einzelnen Marktsegmente sollte nach Möglichkeit auf der Basis eines größeren Stichprobenumfangs vorgenommen werden. Zum gegenwärtigen Zeitpunkt konnten z.B. mangels ausreichender Fallzahlen nicht alle Dienstleistungsvariablen in der explorativen Faktorenanalyse berücksichtigt werden. Hier sind noch Verschiebungen der vorliegenden Ergebnisse denkbar.
* Der Test auf Zeitinvarianz der theoretischen Faktorladungsmatrix in einem bestimmten Marktsegment erfordert das Vorhandensein empirischer Daten über mehrere Zeiträume für das jeweils betrachtete Marktsegment. Voraussetzung ist hierbei weiterhin, daß die einzelnen Markt-

segmente im Zeitablauf relativ stabil sind. Die Zeitstabilität der Marktsegmente ist aber auch eine notwendige Voraussetzung für den Anlagenanbieter, wenn er ein Segment auf Dauer gezielt bearbeiten will.

Die Ausführungen zu möglichen Weiterentwicklungen des vorgestellten Ansatzes haben gezeigt, daß die in diesem Kapitel vorgeschlagenen Analysen nur im Rahmen eines Anlagen-Panels realisierbar sind. Das Vorhandensein von Zeitreihendaten ist somit conditio sine qua non, wenn das vorgestellte Konzept vollständig genutzt werden soll.

F. STRATEGISCHE IMPLIKATIONEN DER EMPIRISCHEN FORSCHUNGSERGEBNISSE FÜR DAS INDUSTRIELLE ANLAGENGESCHÄFT

Der deutliche Auftragsrückgang im internationalen Anlagengeschäft verlangt von den Anlagenanbietern verstärkt eine spezifische und systematische Bearbeitung einzelner Märkte. In jüngster Zeit haben sich viele deutsche Anlagenanbieter auf ihre traditionellen Stärken, insbesondere die technologische Überlegenheit verlassen, ohne ihr Leistungsangebot immer und vor allem rechtzeitig den Erfordernissen der Märkte anzupassen. Zu viele Entscheidungen werden jeweils projektspezifisch getroffen, ohne daß eine klare strategische Grundausrichtung erkennbar ist, "das heißt, es werden sprunghaft Märkte bearbeitet, die bestenfalls für Einmalaufträge gut sind, so daß wichtige Ressourcen verzettelt werden" (1). Auftragsverluste werden häufig über den Preis begründet, obwohl einer der Kernpunkte in der unzureichenden "Kenntnis der Kundenbedürfnisse und damit Anbieten zu aufwendiger Lösungen aufgrund mangelnder Marktbearbeitung" (2) zu sehen ist.

Entscheidungen über Einzelprojekte sollten in ein strategisches Rahmenkonzept eingebunden sein, um die Zielbezogenheit von Einzelmaßnahmen beurteilen zu können. Als **strategische Marketing-Entscheidungen** sind solche Entscheidungen anzusehen, die nicht projektspezifisch, sondern projektübergreifend getroffen werden und damit eine langfristige Zielausrichtung der Unternehmung bedeuten. Sie müssen vor dem Hintergrund zukünftiger Marktentwicklungen getroffen werden und die Aktivitäten einer Unternehmung in ein stimmiges Rahmenkonzept einpassen. Strategische Entscheidungen bestimmen das langfristige Erfolgspotential einer Unternehmung und sind besonders zum Aufbau akquisitorischer Potentiale geeignet. Durch die Ausrichtung eines strategischen Marketings auf die Marktbesonderheiten können dann auch bei Einzelprojekten Konkurrenzvorteile geschaffen werden. Das gilt sowohl für die verkaufte Technik als auch für das Dienstleistungsangebot.

Bei der strategischen Ausrichtung des Dienstleistungsangebots muß beachtet werden, daß im internationalen Anlagengeschäft **"Dienstleistungen nicht gleich Dienstleistungen"** sind. Es muß zwischen System- und Anwenderdienstleistungen unterschieden werden. Während die Systemdienstleistungen projektbezogene Entscheidungen erfordern, verlangen die ADL kundenbezogene strategische Grundsatzentscheidungen mit konkreten anwenderbezogenen Handlungsempfehlungen. Das Angebot von ADL bedeutet für den Anlagenanbieter eine erhebliche Sortimentsausweitung, und er muß entweder primär solche Marktsegmente bearbeiten, die möglichst gut seinem gegenwärtigen Dienstleistungs-Know how entsprechen oder seine Dienstleistungskapazitäten auf konkrete Marktsegmente ausrichten.

Die empirische Untersuchung hat gezeigt, daß für die bedeutendsten Kundenländer des deutschen Anlagenbaus fünf Marktsegmente in bezug auf die ADL relevant sind. Der einzelne Anlagenanbieter muß nun entscheiden, welche Teilmärkte er bearbeiten will. Bei der Entscheidung über die **Marktsegment-Auswahl** sind insbesondere drei Aspekte von Bedeutung (3):

(1) Relative Konkurrenzvorteile;
(2) Wachtumspotentiale eines Marktsegments;
(3) Risiko der Segmentstabilität.

Bezüglich des Risikos der Segmentstabilität stehen bei unserer Analyse die projektunspezifischen (Länder-) Risiken im Vordergrund der Betrachtungen. Zur Beurteilung von Länderrisiken in ihren spezifischen Ausprägungen ist eine Vielzahl von Risikobeurteilungskonzepten entwickelt worden, deren Aussagewert bereits im einzelnen analysiert wurde. Da sich für unsere Zwecke keine zusätzlichen Besonderheiten ergeben, kann auf die entsprechende Literatur verwiesen werden (4).

Möglichkeiten zur Schaffung relativer Konkurrenzvorteile auf Basis von Anwenderdienstleistungen

Es ist zunächst zu prüfen, inwieweit die verschiedenen ADL den Aufbau einer komparativen Konkurrenzvorteils-Position ermöglichen. Immmer dann, wenn ein Anbieter im Hinblick auf die gewünschten ADL im Vergleich zum Konkurrenten ein besseres Leistungsangebot bieten kann, ist der Aufbau von komparativen Vorteilspositionen möglich. Hierzu bieten die ADL eine Reihe von Ansatzpunkten:

(1) Aufgrund wirtschaftlicher Schwierigkeiten sind die Kundenländer gezwungen, immer neue Wege zu finden, ihren Bedarf an Industrieanlagen zu befriedigen. Umfangreiche Finanzierungsforderungen, Abnahmeverpflichtungen, Kompensationsgeschäfte und Local content-Forderungen sind hierfür ein Indiz. Der Anlagenanbieter muß sein Dienstleistungsangebot auf diese spezifischen Anforderungen der Nachfragerländer ausrichten. Anwenderdienstleistungen, die besonders häufig in einem Marktsegment verlangt werden, müssen zu einem **"Standardangebot"** des Anlagenanbieters werden.
Zur Schaffung komparativer Konkurrenzvorteile sind darüber hinaus besonders solche ADL geeignet, die zunächst nur von vereinzelten Nachfragerländern verlangt werden. Je früher es dem Anlagenanbieter gelingt, solche ADL zu identifizieren und sie in der vom Kunden gewünschten Form zu erbringen, desto eher kann er die Präferenz des Kunden für sein Leistungsangebot erhöhen. Nur durch rechtzeitiges Reagieren auf die Wünsche der Nachfrager nach ADL kann ein Anlagenhersteller sich von den übrigen Wettbewerbern differenzieren. Mögliche Anhaltspunkte für in der Zukunft relevant werdende ADL bieten z.B.:

* Die wirtschaftliche Entwicklung von Nachfragerländern:
  Da die Nachfrage nach ADL u.a. aus der wirtschaftlichen Situation der Kundenländer resultiert, kann aus einer sich verändernden Wirtschaftslage in einem Nachfragerland auf zukünftige Nachfrage nach ADL geschlossen werden. Ein Beispiel hierfür sind die zunehmenden Finanzierungsschwierigkeiten der Entwicklungsländer, die dazu geführt haben, daß immer mehr nach **Finanzierungssurrogaten** gesucht wird, die in letzter Konsequenz zu den ansteigenden Forderungen nach Local content-Anteilen und Kompensationen geführt haben.

* Erstmals auftretende ADL-Forderungen bei Anlagenprojekten:
  Werden "neue ADL" von einem Nachfrager verlangt, so kann vermutet werden, daß in Zukunft auch andere Länder in dem entsprechenden Marktsegment diesem Beispiel folgen werden. Das gilt in verstärktem Maße dann, wenn eine Forderung nach ADL erstmals erfolgreich durchgesetzt werden konnte.

(2) Einige ADL sind in ihrer Bedeutung für die Auftragsvergabe so wichtig geworden, daß sie bereits in den Tenderunterlagen schriftlich fixiert oder sogar per staatlichem Dekret vorgeschrieben werden. So legt z.B. das im Mai 1983 von Saudi Arabien verabschiedete sog. "Royal Decret" fest, daß bei Exportgeschäften mit Saudi Arabien mindestens 30% des Gesamtauftragswerts an lokale Unternehmen vergeben werden müssen. Ein anderes Beispiel liefert Indonesien, wo nur solche Firmen in die Bieterliste aufgenommen werden, die sich zur Kompensation in einer erst später auszuhandelnden Höhe und Art bereit erklären (5). Der Anlagenanbieter hat in diesen Fällen keine Wahlmöglichkeiten bezüglich der Erbringung von ADL, sondern er steht hier vor dem Problem einer Ja-Nein-Entscheidung: Entweder er ist bereit, die entsprechenden ADL-Forderungen des Kunden zu erfüllen oder er muß diesen Auftrag als verloren ansehen. Der Verzicht auf einen potentiellen Auftrag ist nur dann möglich, wenn dem Anlagenanbieter entweder weitere Alternativen zur Verfügung stehen oder die Aufwendungen für die Leistungserstellung eine Erbringung der ADL nicht rechtfertigen. Will der Anlagenanbieter einen aktuellen Auftrag nicht verlieren und kann er kurzfristig keine entsprechenden Kapazitäten bereitstellen, so muß er versuchen, die Dienstleistungserbringung auf Dritte zu verlagern. Hier bietet sich insbesondere der Einbezug von spezialisierten Dienstleistungsanbietern an, die eine Reihe von Leistungen auch im Bereich der ADL erbringen (6).

(3) Die Grundsatzentscheidung, ob bestimmte Dienstleistungen **selbsterstellt oder fremdbezogen** (Make or Buy-Entscheidung) werden sollen (7), erfordert neben den in der Literatur diskutierten generellen Einflußfaktoren (8) die Beachtung einiger Spezifika des ADL-Angebots. Dabei sprechen vor allem folgende Punkte für die **Selbsterstellung** von ADL:

* Möglichkeit des kalkulatorischen Ausgleichs:
Durch den verstärkten Preisdruck im Anlagengeschäft, nicht zuletzt verursacht durch das Auftreten von Billiganbietern aus Schwellenländern, wird die Deckung der Kosten für die technische Problemlösungskomponente einer Anlage zunehmend

schwieriger. Da die ADL stets in Verbindung mit einem konkreten Anlagenprojekt nachgefragt werden, können im Zuge eines kalkulatorischen Ausgleichs bei den ADL neue Ausgleichsträger aufgebaut werden. Dies gilt insbesondere dann, wenn im Bereich der ADL im Vergleich zur technischen Problemlösungskomponente ein größerer komparativer Konkurrenzvorteil besteht.

* Verbessertes Schnittstellenmanagement:
Bestehen zwischen ADL oder zum technischen Leistungsangebot wichtige Schnittstellen (z.B. Erstellung von Marketing-Konzeptionen und Management einer Anlage), so verbleibt bei Selbsterstellung der ADL das Schnittstellenmanagement vollständig in der Hand des Anlagenanbieters, wodurch potentielle Schnittstellenprobleme reduziert werden können. Dieser Effekt tritt besonders dann auf, wenn zum Schnittstellenmanagement spezifisches technisches Know how aus dem Anlagengeschäft benötigt wird, über das spezialisierte Dienstleistungsunternehmen nicht verfügen. Das gilt z.B. für die technische Spezifikation im Rahmen der Tenderdokumente oder für die Hilfen beim Einkauf von Rohmaterialien.

(4) Um die Diffusionsprozesse von ADL, für die der Anbieter bereits Know how aufgebaut hat, in einem bestimmten Marktsegment oder über die Segmentgrenzen hinaus zu beschleunigen, kann er in bestimmten Fällen über das Angebot von ADL eine Nachfrage nach Anlagen erzeugen (**Marketing in der Voranfragenphase**). Durch das unentgeltliche Angebot von ADL ist eine Bedarfsweckung für Anlagen dann möglich, wenn der Anlagenanbieter dem Nachfrager z.B. durch das Erstellen einer Problemanalyse nachweisen kann, daß unter Wirtschaftlichkeits- und Kapazitätsaspekten eine bestimmte Anlagentechnik für den Nachfrager besonders interessant ist oder eine bestimmte Anzahl von Anlagen notwendig ist, um den langfristigen Bedarf im Nachfragerland decken zu können.

(5) Anhaltspunkte für eine **aktive Dienstleistungspolitik** ergeben sich vor allem auch daraus, daß die im internationalen Anlagengeschäft

relevant werdenden Dienstleistungen in Verbindung mit dem Interaktionsprozeß beim Marketing komplexer Industrieanlagen zu sehen sind. Die Dienstleistungen müssen phasenspezifisch, phasenverbindend und phasenübergreifend betrachtet werden. Besonderes Augenmerk ist dabei den **phasenverbindenden ADL** zu schenken, die von Marktsegment zu Marktsegment unterschiedlich ausgeprägt sind. Für die Schaffung relativer Konkurrenzvorteile kommt im Hinblick auf Folgeaufträge vor allem den ADL der Betreiberphase eine besondere Bedeutung zu. Die empirische Untersuchung hat gezeigt, daß diese Dienstleistungen in Verbindung mit der Voranfragenphase gesehen werden. Das bedeutet, daß ein kundenproblem-bezogenes Dienstleistungsangebot in der Betreiberphase nicht nur Dissonanzen beim Kunden abbauen, sondern auch die Voraussetzungen für zukünftige Aufträge verbessern kann. Derjenige Anlagenanbieter, der bereit ist, den Kunden in der Betreiberphase umfassend zu unterstützen, kann häufiger auch bei folgenden Projekten frühzeitig in die Planung und Spezifikation des Projekts eingreifen. Er kann damit auch die gesuchte technische Problemlösung des Kunden für Folgeprojekte in Richtung auf sein eigenes Leistungsprofil lenken. Anwenderdienstleistungen der Betreiberphase sind damit besonders geeignet, langfristige Geschäftsbeziehungen aufzubauen, deren Wirkungen auch über den ADL-Bereich hinaus auf den Kern des Anlagengeschäfts, das Hardware- und Systemdienstleistungsangebot, ausstrahlen.

(6) Die ADL sind dazu geeignet, sog. **Referenzdienstleistungen** zu schaffen. Als Referenzdienstleistungen werden solche Anwenderdienstleistungen bezeichnet, auf die ein Nachfrager nach ihrer Erbringung bei mindestens einem weiteren Kauf Bezug nimmt (9). Referenzdienstleistungen werden von den Nachfragern häufig als Beurteilungskriterium für Beschaffungsentscheidung von ADL bei Folgeprojekten herangezogen und sind damit in besonderem Maße zur Schaffung akquisitorischer Potentiale geeignet.

Da die Erbringung von ADL beim Anlagenanbieter anlagenunspezifisches Know how voraussetzt, kann davon ausgegangen werden, daß die Nachfrager Referenzen über bereits erbrachte ADL einholen, mit denen der Anlagenanbieter dieses Zusatz-Know how nachweist. Gefördert wird diese Referenznachfrage durch die spezifische Marktsituation bei Industrieanlagen: Aufgrund "der geringen Zahl von Anbietern und Nachfragern herrscht eine ausgezeichnete Markttransparenz; es bestehen informelle Kommunikationsbeziehungen nicht nur innerhalb der Abnehmer, sondern auch zwischen den Abnehmern und der Konkurrenz. Fehllieferungen und -leistungen werden daher sehr schnell bekannt. ... Dem Anbieter werden dabei nicht nur technische Mängel, sondern auch ein wirtschaftlicher Mißerfolg der übernommenen Projekte angelastet." (10). Die marktstrategische Bedeutung von Referenzdienstleistungen liegt für den Anlagenanbieter daher vor allem in folgenden Punkten:

* Bei auftretenden **Negativ-Referenzen** muß der Anlagenanbieter mit Auftragsverlusten rechnen, denn die Nachfrager werden mit zunehmender Wichtigkeit von ADL auf Anbieter ausweichen, die in diesem Bereich Referenzen nachweisen können.
* Der Anlagenanbieter muß innerhalb eines Marktsegments darum bemüht sein, **Referenzpotentiale** aufzubauen, um damit Wettbewerbsreferenzen zu verhindern, die zu einer Verschärfung des Wettbewerbs auch im Dienstleistungsbereich führen.
* Der Nachweis von Referenzdienstleistungen kann in bestimmten Fällen zumindest partiell das **Fehlen von Teilreferenzen** im Bereich der Anlagenlieferungen kompensieren. Das gilt vor allem dann, wenn durch eine Nichterfüllung der ADL-Forderungen das Projekt nicht realisierbar ist. Das trifft z.B. zu, wenn die Nichterfüllung einer Kompensationsforderung das nachfragende Land außer Stande setzt, ausreichend Mittel für den Kauf einer Anlage zur Verfügung zu stellen.

Referenzdienstleistungen im Sinne von ADL der Betreiberphase stellen für den Nachfrager weitgehend **Know how-Referenzen** dar, mit denen der Anbieter seine Qualifikation bei der Erbringung von ADL nachweisen kann. In der Vergangenheit erfolgreich erbrachte ADL dienen für aktuelle Projekte als Nachweis für das ADL-spezifische Know how des Anbieters. Als Know how-Referenzen können besonders die ADL der Betreiberphase dienen, mit denen ein Anlagenanbieter z.B. das erfolgreiche Management einer Anlage demonstrieren kann. Neben der reinen Know how-Referenz können Referenzdienstleistungen aber auch als **Koordinations-Referenz** angesehen werden, mit der der Anlagenanbieter zeigt, daß er in der Lage ist, gemeinsam mit dem Nachfrager z.B. das Management einer Anlage durchzuführen oder eine Marketing-Konzeption zu erstellen. Koordinations-Referenzen kann der Anlagenanbieter verstärkt im Bereich der phasenübergreifenden ADL schaffen, wenn es darauf ankommt, Kompensationsgeschäfte abzuwickeln oder gemeinsam mit dem Nachfrager eine Anlage zu erstellen (Local content).

Beurteilung des Wachstumspotentials von Marktsegmenten

"Das Wachstumspotential bestimmt v.a. die Tragfähigkeit eines Marktsegments, die ausschlaggebend dafür ist, ob die Zusatzerlöse die Kosten für die Entwicklung segmentspezifischer Problemlösungen überkompensieren" (11). Da das Angebot von ADL Sach- und Personalkapazitäten bindet, muß der Anlagenanbieter auch im ADL-Bereich abschätzen, ob die in einem Marktsegment verlangten ADL den Aufbau langfristiger Kapazitäten rechtfertigen. Das gilt in verstärktem Maße für solche ADL, für die neue Kapazitäten aufgebaut werden sollen bzw. aufgebaut wurden. Zur Beurteilung der zukünftigen Entwicklung der ADL-Nachfrage können insbesondere folgende Aspekte Anhaltspunkte liefern:

(1) Mit Hilfe der von uns vorgeschlagenen **Wanderungsanalyse** können Wachstumspotentiale in einem Marktsegment aufgedeckt werden. Durch die Wanderungsanalyse lassen sich für einzelne Marktsegmente solche ADL identifizieren, bei denen in Zukunft mit einer verstärkten Nachfrage zu rechnen ist. Diese Möglichkeit der Einschätzung von Nachfrageentwicklungen ist für den Anlagenanbieter vor allem für bisher nur vereinzelt aufgetretene ADL von Bedeutung.

(2) Die in einem Marktsegment zusammengefaßten Länder sind neben einem homogenen Nachfragerverhalten bei ADL dadurch gekennzeichnet, daß sie auch bezüglich ihrer wirtschaftlichen und entwicklungspoliti-

schen Situation hohe Ähnlichkeiten aufweisen. Somit können Nachfrageländer, mit denen ein Anlagenanbieter bisher noch keinerlei Geschäftserfahrungen sammeln konnte, allein aufgrund ihrer allgemeinen Ländercharakteristika a priori konkreten Marktsegmenten zugeordnet werden. Diese Möglichkeit der Kundeneinschätzung ist für den Anlagenanbieter von besonderer Bedeutung, da bei einer Vielzahl von Ländern Aufträge nur sporadisch auftreten. Das Wachstumspotential eines Marktsegments läßt sich mit Hilfe einer **Weltmarktsegmentierung**, die alle potentiellen Kundenländer umfaßt, auf Basis von allgemeinen Ländercharakteristika abschätzen. Die Weltmarktsegmentierung liefert im Ergebnis Marktsegmente, die sich dadurch auszeichnen, daß die in einem Segment zusammengefaßten Länder durch gleich gelagerte Wirtschaftsprobleme gekennzeichnet sind, für die die Nachfrage nach spezifischen ADL prognostiziert werden kann. Je mehr Kundenländer einem Marktsegment zugeordnet werden können, die nur vereinzelt als Nachfrager auftreten, desto

* eher lohnt es sich für den Anlagenanbieter, segmentspezifische ADL bereitzustellen;
* größer ist die Wahrscheinlichkeit, daß er bei selten auftretenden Nachfragern für die von ihnen verlangten ADL Referenzdienstleistungen besitzt und somit Präferenzen für sein Angebot schaffen kann.

(3) Die Entwicklungen der Vergangenheit haben gezeigt, daß gerade bei der Forderung nach immer "exotischer" werdenden ADL bestimmte Länder eine Vorreiterstellung einnehmen. Gelingt es diesen Ländern, ihre Forderungen erfolgreich durchzusetzen, so werden diese ADL von immer mehr Ländern in dem entsprechenden Marktsegment nachgefragt. Beispiele für solche "**Vorreiter**" sind z.B. die erstmals von Katar vor ca. 14 Jahren verlangten Absatzgarantien und der in jüngster Zeit von Algerien angestrebte "profit en poche-Vertrag" (12). Beachtet man weiterhin, daß "neue ADL" zunächst immer innerhalb eines Marktsegments diffundieren, so kann hieraus in Verbindung mit dem Volumen eines Marktsegments auf Wachstumspotentiale bezüglich "neuer ADL" geschlossen werden. Ein Beispiel für die Diffusion von ADL innerhalb einzelner Marktsegmente bieten z.B. die Kompensationsgeschäfte, die

zuerst nur von den Staatshandelsländern verlangt wurden. Heute ist das Verlangen nach Kompensation nicht nur auf Länder des RGW- Bereichs beschränkt, sondern wesentlich weiter verbreitet. Eine ähnliche Entwicklung zeichnet sich im Bereich der Entwicklungsländer für die Local content-Forderungen ab, die in allen von uns untersuchten Marktsegmenten nachgefragt werden (14).

Es läßt sich somit feststellen, daß zunächst die Länder als Nachfrager von "neuen ADL" auftreten, die dem Marktsegment der "Vorreiter" angehören. Erst nach fortgeschrittener Diffusion innerhalb eines Marktsegments werden "neue ADL" auch in anderen Segmenten nachgefragt. Um rechtzeitig Vorreiter der ADL-Nachfrage identifizieren und das Ausmaß der Nachfragediffusion einschätzen zu können, müssen die Marktsegmente einer ständigen Beobachtung unterzogen werden. Aus diesem Grunde wurde das Anlagen-Panel entwickelt.

Die vorangegangenen Ausführungen haben gezeigt, daß die Ausrichtung des Dienstleistungsangebots im internationalen Anlagengeschäft eine **strategische Entscheidung** darstellt. Es ist stets in einem Investitionskalkül zu prüfen, ob sich das Angebot einer speziellen Dienstleistung auf Dauer rentiert. Um am Markt erfolgreich zu sein, sind auch im Dienstleistungsbereich rechtzeitig Überlegungen darüber anzustellen, welche Marktentwicklungen in der Zukunft zu erwarten sind und wie sich Anlagenanbieter von Mitwettbewerbern differenzieren können. Der vorgestellte Ansatz bietet dem Anlagenanbieter eine Hilfe, den Entwicklungen im Dienstleistungsbereich frühzeitig Rechnung zu tragen und zeigt auf, wie eine **zielbezogene Gestaltung des Dienstleistungsangebots** im internationalen Anlagengeschäft erreicht werden kann.

ANMERKUNGEN

Anmerkungen zu Kapitel A:

(1) Vgl. z.B. MORNER, Peter (1983): Auf Sand gesetzt, in: Capital, Heft 9 (1983), S.167. NEUBERGER, Wolfgang W./ SCHOSSLEITNER, Dieter (1984): Im deutschen Anlagenbau das Übel an der Wurzel packen, in: Produktion, Nr. 11 (1984), S.3. O.V. (1983a): Die Lurgi ist auch zu höheren Risiken bereit, in: FAZ, 15.06.1983, S.17. O.V. (1983b): Einbruch im Anlagenbau, in: FAZ, vom 31.08.1983, S.14.

(2) Vgl. FISCHBEIN, Wolfgang (1982b): Der Umgang mit Auslandsausschreibungen II, in: Blick durch die Wirtschaft, vom 19.08.1982, S.3. Vgl. GASSERT, Herbert (1983): Investitionsgütermärkte im Wandel, in: Marketing-Forum Hannover 1983, hrsg. von Deutsche Marketing-Vereinigung e.V. Düsseldorf, Hannover-Düsseldorf 1983, S. 19f. HEINISCH, Rainald (1982): Ingenieurleistungen - Hilfestellungen für den Verkauf von Industrieanlagen?, in: ZfbF - Kontaktstudium, 34 (1982), S.462ff. HERDMANN, G. (1982): Die Kunst des Marketing ist Schlüssel zum Erfolg: Marketing im Anlagenbau - Ein Bündel von Dienstleistungen, in: Blick durch die Wirtschaft, vom 15.11.1982, S.3. LINDEINER von, Klaus (1982): Die eigentliche Bewährungsprobe des Anlagenbaus, in: Blick durch die Wirtschaft, vom 15.01.1982, S.3 O.V. (1983c): Eisenbach baut die Dienstleistungen aus, in: FAZ, vom 12.12.1983, S.15. O.V. (1983e): Zurück zur Urgesellschaft, in: Wirtschaftswoche, Nr. 29, 37(1983), S.79. O.V. (1982a): Friedlicher Feldzug, in: Wirtschaftswoche, 36(1982), Nr. 47, S.72ff.

(3) Vgl. ARBEITSGEMEINSCHAFT GROSSANLAGENBAU im VDMA (1983): Lagebericht 1982, Frankfurt/Main o.J. (1983), S.16. GBUREK, Manfred (1982): Westeuropa und Amerika rücken vor, in: Wirtschaftswoche, 36(1982), Nr. 47, S.80. O.V. (1982a), a.a.O., S.76.

(4) Vgl. O.V. (1982a), a.a.O., S.72f.

(5) Vgl. ARBEITSGEMEINSCHAFT GROSSANLAGENBAU im VDMA (1984): Lagebericht 1983, Frankfurt/Main o.J. (1984), S.9. NUNNENKAMP, Peter (1983): Die Verschuldungskrise der Entwicklungsländer, in: WiSt, Heft 11, 12(1983), S.578.

(6) ARBEITSGEMEINSCHAFT GROSSANLAGENBAU im VDMA (1984), a.a.O., S.11.

(7) Vgl. die unter (2) zitierte Literatur.

Anmerkungen zu Kapitel B:

(1) Vgl. zu den folgenden Ausführungen: WIDMANN, Albert J. (1977): Handbuch des Investitionsgüter- und Industrieanlagen-Exports, München 1977, S.21ff.

(2) ARBEITSKREIS "MARKETING IN DER INVESTITIONSGÜTER-INDUSTRIE" DER SCHMALENBACH-GESELLSCHAFT (1975): Systems Selling, in: ZfbF, 27 (1975), S.759.
Zu ähnlichen definitorischen Bestimmungen von kompletten Industrieanlagen vgl. auch: ARLT, Volker/ BACKHAUS, Klaus (1977): Ein Vertriebssystem für das Anlagengeschäft, in: ZfbF-Kontaktstudium, 29 (1977), S.32. BACKHAUS, Klaus (1982): Investitionsgüter-Marketing, München 1982, S.96. Derselbe (1980): Auftragsplanung im industriellen Anlagengeschäft, Stuttgart 1980, S.1. ENGELHARDT, Werner Hans/ GÜNTER, Bernd (1981): Investitionsgüter-Marketing, Stuttgart-Berlin-Köln-Mainz 1981, S.94.

(3) Vgl. zum Leistungsumfang schlüsselfertiger Anlagen und der Vielzahl synonym verwendeter Begriffe: DÜNNWEBER, Inge (1984): Vertrag zur Erstellung einer schlüsselfertigen Industrieanlage im internationalen Wirtschaftsverkehr, Berlin-New York 1984, S.6ff. EGLI, Alfred (1974): Die wirtschaftliche Bedeutung des Technologietransfers nach Entwicklungsländern, Birsfelden 1974, S.114ff. GÜNTER (1979a), a.a.O., S.8ff., S.20ff.

(4) DÜNNWEBER (1984), a.a.O., S.11.

(5) Vgl. dieselbe, ebenda, S.11. SALEM, Mahmoud/ SANSON-HERMITTE, Marie-Angele (1979): Les cle contrats "cle en main" et les contrats "produit en main" - Technologie et vente de developpement, Paris 1979, S.44.

(6) Vgl. SCHLOTKE, Helmut (1984): Risiken im Zusammenhang mit Funktions-, Leistungs- und Verfügbarkeitsgarantien und deren rechtliche Erfassung, in: Nicklisch, Fritz (Hrsg.): Bau- und Anlagenverträge, Heidelberg 1984, S.158f.

(7) Vgl. SALEM/ SANSON-HERMITTE (1979), a.a.O., S.47.

(8) POLLAK, Christian (1982a): Neue Formen internationaler Unternehmenszusammenarbeit ohne Kapitalbeteiligung, Ifo-Studie zur Entwicklungsforschung Nr. 10, München-Köln-London 1982, S.44. Vgl. auch: DÜNNWEBER (1984), a.a.O., S.11. SALEM/ SANSON-HERMITTE(1979), a.a.O., S.48f.

(9) Vgl. THIELE, Wolfram (1977): Produkt- und marktspezifisch bedingte Erlösplanung und -kontrolle im Großmaschinen- und Anlagenbau, in: Schmalenbach-Gesellschaft (Hrsg.): Erlösplanung und Erlöskontrolle als Instrument der Absatzpolitik, ZfbF-Sonderheft 6/77, Opladen 1977, S.81.

(10) Vgl. SCHLOTKE (1984), a.a.O., S.158. WENDLER, Wolf-D. (1983): Vertragliche Gestaltung einschließlich Haftungsklauseln im Großanlagengeschäft, Referat im Rahmen der Kurztagung "Großanlagenbau - Planung

und Durchführung" der C. Rudolf Poensgen-Stiftung e.V., vom 7.12.1983 in Düsseldorf.

(11) Vgl. z.B.: BAUER, Klaus (1978): Das Angebot von Sekundärleistungen im Investitionsgüterbereich, unveröffentlichte Diplomarbeit, München 1978, S.6ff. ENGELHARDT, Werner Hans/ SCHWAB, Wilfried (1982): Die Beschaffung von investiven Dienstleistungen, in: DBW, 42(1982), S.503ff. FRANZ, Otmar (1982): Dienstleistungen im internationalen Anlagengeschäft, in: ZfbF, 34(1982), S.456ff. HEILAND, Carl H. (1970): Service: Kein Geschenk an den Kunden, in: Marketing Journal, 5(1970), S.357ff. PFEIFFER, Werner/ BISCHOF, Peter (1974): Investitionsgüterabsatz, in: Tietz, Bruno (Hrsg.): Handwörterbuch der Absatzwirtschaft, Stuttgart 1974, Sp.921. SCHLUPP, Karl (1974): Kundendienst für Investitionsgüter, in: Marketing Enzyklopädie, München 1974, S.225ff. SCHWAB, Wilfried (1984): Die Träger von Instandhaltungsleistungen im Anlagengeschäft, Berlin 1984, S.12ff.

(12) Vgl. z.B.: ALTENBURGER, Otto A. (1980): Ansätze zu einer Produktions- und Kostentheorie der Dienstleistungen, Berlin 1980. BEREKOVEN, Ludwig (1983): Der Dienstleistungsmarkt in der Bundesrepublik Deutschland, Band 1, Göttingen1983. Derselbe (1974): Der Dienstleistungsbetrieb, Wiesbaden 1974. Derselbe (1966): Der Begriff "Dienstleistungen" und seine Bedeutung für eine Analyse der Dienstleistungsbetriebe, in: JdAV, 12(1966), S.314ff. FALK, Bernd (Hrsg.) (1980): Dienstleistungsmarketing,Landsberg am Lech 1980. LANGEARD, Eric (1981): Grundfragen des Dienstleistungsmarketing, in: Marketing ZFP, 3(1981), S.233ff.MALERI, Rudolf (1973): Grundzüge der Dienstleistungsproduktion,Berlin-Heidelberg-New York 1973. MELCHER, Peter N. (1972): Kundendienst im Kauf- und Warenhaus, Stuttgart 1972. SCHEUCH, Fritz/ HASENAUER, Rainer (1969): Leistung - Dienstleistung - Dienstleistungsbetrieb, in: JdAV, 15(1969), S.125ff.

(13) Vgl. z.B.: ARNFIELD, Ron (1968): The role of industrial marketing, in: British Journal of Marketing, Spring 1968, S.25ff. EISELE, Rainer (1974): Beschaffungsprozesse in Unternehmungen als Grundlage der Absatzpolitik von Produktionsgüter-Handelsbetrieben, Diss. Mannheim 1974, S.154 und S.290. ENGELHARDT, Werner Hans (1977): Grundlagen des Anlagen-Marketing, in: Engelhardt/ Laßmann (1977), S.29f. FRANZ (1982), a.a.O., S.458. GÜNTER (1979a), a.a.O., S.20ff. HERDMANN (1982), a.a.O., S.3. HOPFENBECK, Waldemar (1974): Planung und Errichtung von kompletten Industrieanlagen in Entwicklungsländern, Diss. München 1974, S.41f. und S.210ff. QUINKLER, Rochus (1968): Vereinheitlichung im Chemieanlagenbau, Diss. Berlin 1968, S.140.

(14) Vgl. zu den Besonderheiten von Anwenderdienstleistungen: WEIBER, Rolf (1984b): Die Nachfrage nach Dienstleistungen im internationalen Anlagengeschäft, Arbeitspapier Nr. 5 zur Betriebswirtschaftslehre des industriellen Anlagengeschäftes, hrsg. von Klaus Backhaus, Mainz 1984.

(15) Vgl. z.B. FRANZ (1982), a.a.O., S.460. HOHMANN, Hans (1983): Gegengeschäftsverpflichtungen sind schwerer zu erfüllen, in: Handelsblatt, vom 14.11.1983, S.10.

(16) Vgl. hierzu die Ausführungen in Kap. E.2.2.2. dieser Arbeit.

(17) GRAHAM, Jones (1971): The Role of Science and Technology in Developing Countries, London-New York-Toronto 1971, S.21.

(18) STUMPF, Herbert (1977): Der Know-How-Vertrag, 3. Aufl. Heidelberg 1977, S.21.

(19) Vgl. ROHE, Christoph (1980): Technologietransfer durch Industrielizenzen, Berlin-Bielefeld-München 1980, S.6.

(20) Vgl. STUMPF (1977), a.a.O., S.27.

(21) Vgl. POLEY, W. Leonhard (1979): Know-how-Vergabe: Gewußt wie, in: asw 1979, Heft 2, S.89.

(22) Vgl. GÖRGE, Alfred (1979): Die Internationalisierung von Franchise-Systemen, Göttingen 1979, S.116.

(23) BENCI, Marguerite/ SEIBERT, Klaus (1979): Joint Ventures als Marketing-Problem, Opladen 1979, S.8.

(24) Vgl. FRÖHLICH, Friedrich Wilhelm (1974): Multinationale Unternehmen - Entstehung, Organisation und Management, Schriftenreihe Europäische Wirtschaft, hrsg. von Rudolf Regul, Bd. 71, Baden-Baden 1974, S.79.

(25) Vgl. hierzu auch die Ausführungen im Rahmen von Local content-Forderungen auf S.26f. dieser Arbeit.

(26) Daß Ausbildung eine wichtige Zusatzleistung bei der Vergabe von Großprojekten darstellt, zeigen z.B. KÜHNEL, Wolfgang (1981): Ausbildungsleistungen in Exportverträgen des deutschen Großanlagenbaus, in: Recht der internationalen Wirtschaft, Heft 8 (1981), S.533ff. POLLAK, Christian (1982b): Die Alternative zur Direktinvestition, in: Handelsblatt, vom 19.04.1982, S.18.

(27) Vgl. EGLI (1974), a.a.O., S.110ff.

(28) "... in cases where patented process technology is transfered, the unpatented components which might appear as a mere implementing appendage of a patent are in fact the more important and valuable component of the transfer." FROES, Carlos Henrique/ SEPULVEDA, Cesar/ WODAK, Juan E. F. (1963): Current Developments in Industrial Property Rights in Latin America, in: Patent, trade-mark and copy right journal of research and education, Vol. 7 (1963), S.278.

(29) Vgl. zum Umfang möglicher Garantieleistungen die Ausführungen auf S.7ff. dieser Arbeit.

(30) Eine eindeutige Abgrenzung des Umfangs von Feasibility Studies findet sich in der Literatur allerdings nicht. Vgl. LEMIESZ, Dieter (1978): Abwicklung von Industrialisierungsprojekten, Essen 1978, S.135ff. WIMMER, Ludwig (1974): Marketing für industrielle Großanlagen, Diss. Wien 1974, S.10f.

(31) Zu Inhalt und Umfang von Feasibility Studies vgl.: LEMIESZ (1978), a.a.O., S.136ff. MINISTERIUM FÜR WIRTSCHAFT, MITTELSTAND UND VER-

KEHR BADEN-WÜRTTEMBERG (Hrsg.) (1983): Leitfaden Auslandsinvestitionen, Heimsheim 1983, S.32ff. WIDMANN (1977), a.a.O., S.317ff. WIMMER (1974), a.a.O., S.10f.

(32) Vgl. FISCHBEIN, Wolfgang (1982a): Der Umgang mit Auslandsausschreibungen, in: Blick durch die Wirtschaft, vom 12.08.1982, S.3.

(33) Vgl. derselbe, ebenda, S.3.

(34) Vgl. AGARWAL, Jamuna P./ DONGES, Jürgen B./ HORN, Ernst-Jürgen/ NEU, Axel D. (1975): Übertragung von Technologien an Entwicklungsländer, Tübingen 1975, S.14f.

(35) Vgl. dieselben, ebenda, S.16.

(36) Vgl. ARBEITSGEMEINSCHAFT GROSSANLAGENBAU im VDMA (1984), a.a.O., S.9.

(37) Vgl. O.V. (1984b): In der Liquiditätsfalle, in: Wirtschaftswoche, Nr. 8, 38(1984), S.12.

(38) Vgl. NUNNENKAMP (1983), a.a.O., S.578.

(39) Vgl. O.V. (1984b), a.a.O., S.13. NUNNENKAMP (1983), a.a.O., S.579f.

(40) Eine kritische Analyse von Konzepten zur Beurteilung von Länderrisiken liefern: BACKHAUS, Klaus/ MEYER, Margit (1984a): Internationale Risiko-Barometer, in: asw, Heft 10, 27(1984), S.64f. MEYER, Margit (1984): Konzepte zur Beurteilung von Länderrisiken, Arbeitspapier Nr. 4 zur Betriebswirtschaftslehre des industriellen Anlagengeschäftes, hrsg. von Klaus Backhaus, 2. Aufl. Mainz 1984, S.3ff.

(41) FISCHBEIN (1982b), a.a.O., S.3.

(42) Die zunehmende Bedeutung des financial engineering im internationalen Anlagengeschäft betonen z.B.: ARBEITSGEMEINSCHAFT GROSSANLAGENBAU im VDMA (1984), a.a.O., S.16f. LINDEINER von (1982), a.a.O., S.3. MÜLLER-BERGHOFF, Bernd (1984): Die eigene Exportindustrie stärker fördern, in: Blick durch die Wirtschaft, vom 3.02.1984, S.3. NEUBERGER/ SCHOSSLEITNER (1984), a.a.O., S.3. VOSS, Karlheinz (1984): Auf niedrigerem Niveau durchaus ein akzeptables Geschäft möglich, in: Handelsblatt, vom 14./15.09.1984, S.15.

(43) Vgl. zu den Instrumenten der klassischen Auftragsfinanzierung: BACKHAUS (1982), a.a.O., S.224ff. HOMBACH, Hans (1984): Exportkreditversicherung und Exportfinanzierung - Wettbewerbsverzerrung durch Subventionierung -, Arbeitspapier Nr.2 zur Betriebswirtschaftslehre des industriellen Anlagengeschäftes, 2. Aufl. Mainz 1984, S.3ff. VOIGT, Heinz (1979): Handbuch der Exportfinanzierung, 2. Aufl. Frankfurt/Main 1979, S.93ff.
Zur Problematik der Finanzierungserstellung im internationalen Anlagengeschäft vgl. BACKHAUS, Klaus/ MOLTER, Wolfgang (1983): Finanzierungskosten im Anlagengeschäft - Kalkulation mit Hilfe von Standardformeln?, in: ZfbF, 35(1983), S. 1078ff.

(44) Vgl. VOIGT (1979), a.a.O., S.121ff. WIDMANN (1977), a.a.O., S.252ff.

Zur Problematik der Mischfinanzierung allgemein vgl. SCHNUR, Ilse (1983): Die Mischfinanzierung als entwicklungspolitisches Instrument, Bochum 1983.

(45) Vgl. STECKHAHN, Rainer B. (1984): Umschuldung und Kofinanzierung, in: Zeitschrift für das gesamte Kreditwesen, 37(1984), S.892ff. Derselbe (1983): Weltbank und Geschäftsbanken als Partner - Neue Instrumente der Ko-Finanzierung, in: Zeitschrift für das gesamte Kreditwesen, 36(1983), S.178ff.

(46) Vgl. GOWERS, Andrew (1984): Beleguered Third World leads the barter boom, in: Financial Times, vom 2.02.1984, o.S. O.V. (1984c): Küken in der Kanzlei, in: Wirtschaftswoche, Nr. 14, 38(1984), S.186. O.V. (1984d): Ansteckender Virus, in: Wirtschaftswoche, Nr. 26, 38(1984), S.41.

(47) Vgl. O.V. (1984d), a.a.O., S.41.

(48) Vgl. BRACHER, Roy N. (1984): If countertrade is inevitable make the best of it, in: The Banker, Mai 1984, S.70. ENGELHARDT, Werner Hans/ SCHUSTER, Falko (1980): Kompensationsgeschäfte - Erscheinungsformen und Marketing-Probleme, in: ZfbF, 32(1980), S.104ff. SCHUSTER, Falko (1979): Gegen- und Kompensationsgeschäfte als Marketing-Instrument im Investitionsgüterbereich, Berlin 1979, S.16ff und S.55.

(49) Vgl. BACKHAUS (1982), a.a.O., S.121ff. ENGELHARDT/ GÜNTER (1981), a.a.O., S.136ff. KAIKATI, Jack G. (1976): The Reincarnation of Barter Trade as a Marketing Tool, in: JoM, 40(1976), S.20ff. SCHUSTER (1979), a.a.O., passim.

(50) Vgl. HOHMANN (1983), a.a.O., S.10.

(51) Vgl. O.V. (1984d), a.a.O., S.42. O.V. (1984e): Moskau bedrängt die Maschinenexporteure, in: Handelsblatt, vom 26.09.1984, S.1. O.V. (1984f): Ceausesu: Nur noch Ware gegen Ware, in: FAZ, vom 17.10. 1984, S.13.

(52) Vgl. HOHMANN, Hans (1984): Vor einer Festlegung muß der Partner im Westen den Markt exakt prüfen, in: Handelsblatt, vom 31.08.1984, S.17. PELLAY, Stephan (1984): Counter-trade survey, in: Development Forum Business Edition, Nr. 145, vom 29.02.1984, S.3.
Die Praktiken von 20 Entwicklungsländern im Umgang mit Kompensationsgeschäften analysiert: PELLAY (1984), a.a.O., S.3f.
Eine Analyse für 7 RGW-Staaten findet sich bei: HOHMANN (1983), a.a.O., S.10.

(53) Vgl. GOWERS (1984), a.a.O., o.S. O.V. (1982b): New Restrictions on World Trade, in: Business Week, vom 19.07.1982, S.129.

(54) Vgl. BACKHAUS (1982), a.a.O., S.120. BRACHER (1984), a.a.O., S.70f. GOWERS (1984), a.a.O., o.S. O.V. (1984g): Wie man mit Kokosnüssen eine Fabrik bezahlt, in: Handelsblatt, vom 22.02.1984, S.6. O.V. (1983d): Der Tauschhandel steht in Amerika hoch im Kurs, in: FAZ, vom 14.09.1983, S.16. RAEMY-DIRKS, Christine (1983): Die Rückkehr zum Tauschhandel, in: FAZ, vom 3.09.1983, S.14.

Kompensationsgeschäfte sind jedoch nicht in jedem Fall günstig für ein Entwicklungsland. Sie können sich durch Kompensationsgeschäfte den eigenen Absatzmarkt verderben, da die Kompensationswaren auf dem Weltmarkt i.d.R. zu geringeren Preisen angeboten werden. Vgl. RAEMY-DIRKS (1983), a.a.O., S.14.

(55) Vgl. ARBEITSGEMEINSCHAFT GROSSANLAGENBAU im VDMA (1983), a.a.O., S.7. GASSERT, Herbert (1983): Investitionsgütermärkte im Wandel, in: Marketing-Forum Hannover 1983, hrsg. von Deutsche Marketing-Vereinigung e.V. Düsseldorf, Hannover-Düsseldorf 1983, S.19. GBUREK (1982), a.a.O., S.80. LINDEINER von (1982), a.a.O., S.3. O.V. (1984a): Um den Einstieg in den Markt am Golf wird mit harten Bandagen gekämpft, in: Handelsblatt, vom 28./29.09.1984, S.14. O.V. (1982a), a.a.O., S.81. POLLAK (1982b), a.a.O., S.18.

(56) Vgl. LINDEINER von (1982), a.a.O., S.3.

(57) Vgl. GÜNTER, Bernd (1984): Local content - eine Herausforderung für das internationale Marketing, unveröffentlichtes Manuskript, Bochum 1984, S.4.

(58) Vgl. O.V. (1984a), a.a.O., S.14.
Das in jüngster Zeit aktuell gewordene Schlagwort der Local content-Forderungen ist bereits früher unter dem Begriff "Importsubstitution" stark diskutiert worden: Statt Importen wird die Produktion im Inland angestrebt. Vgl. z.B.: CLARK, Peter B. (1970): Planning Import Substitution, Amsterdam-London 1970, passim. EGLI (1974), a.a.O., S.152 und die dort zitierte Literatur. FANE, George (1971): Import Substitution and Export Expansion: Their Measurement and Example of Their Application, Cambridge Mass. 1971, passim. HOFFMANN, Lutz (1970): Importsubstitution und wirtschaftliches Wachstum in Entwicklungsländern, Tübingen 1970, passim.

(59) Vgl. GÜNTER (1984), a.a.O., S.2f.

(60) Vgl. GÜNTER (1984), a.a.O., S.7f. POLLAK (1982a), a.a.O., S.56, S.72ff.

(61) Im Arbeitsforum "Investitionsgüter-Marketing" sind folgende deutsche Anlagenbauer vertreten: AEG-Telefunken Anlagentechnik AG/ Brown, Boveri & Cie AG/ Deutsche Babcock AG/ Fried. Krupp GmbH/ Gutehoffnungshütte Sterkrade AG/ Hoesch Tecna GmbH/ Klöckner Industrie-Anlagen GmbH/ Krupp Industrie- und Stahlbau GmbH/ Krupp-Koppers GmbH/ Mannesmann Demag AG/ Siemens AG.

(62) Eine Kurzcharakterisierung der einzelnen ADL ist in Anhang I beigefügt. Detaillierte Dienstleistungs-Kataloge für das industrielle Anlagengeschäft finden sich auch bei: ARBEITSFORUM "INVESTITIONSGÜTER-MARKETING" (1983): Dienstleistungen im Anlagengeschäft, Arbeitspapiere zum Marketing Nr. 12, hrsg. von Werner Hans Engelhardt u. Peter Hammann, Bochum 1983, S. 11f. BÖTTCHER/ FISCHBECK/ HRONEK/ SCHNEIDER (1981): Gliederung und Inhalt der Dienstleistungen für die elektrischen und leittechnischen Ausrüstungen von Anlagen, unveröffentlichtes Arbeitspapier des AIM, vom 23.01.1981, Frankfurt/Main 1981. KOURIS, Ch./ ROGWALDER, Gunnar (1980): Dienstleistungsklassifikation, unveröffentlichtes Arbeitspa-

pier des AIM, vom 1.10.1980, Mannheim-Duisburg 1980. O.V. (1981): Dienstleistungen im Anlagengeschäft, unveröffentlichtes Arbeitspapier des AIM, vom 7.07.1981, Mannheim 1981.

(63) Vgl. BACKHAUS (1982), a.a.O., S.100ff. Derselbe (1984b): Marktorientierte Strategieplanung im industriellen Anlagengeschäft, in: Backhaus, Klaus (1984a), S.10ff.

Anmerkungen zu Kapitel C:

(1) Vgl. zu den Problemen im Rahmen von Panel-Erhebungen: HÜTTNER, Manfred (1977): Grundzüge der Marktforschung, 3. Aufl. Wiesbaden 1977, S.119ff.

(2) Vgl. zu den Charakteristika des industriellen Anlagengeschäfts: Backhaus (1982), a.a.O., S.96ff. Derselbe (1980), a.a.O., S. 4ff.

(3) Zur Identifikation einzelner Ländersegmente vgl. Kap. D.4.2. dieser Arbeit.

(4) Vgl. BACKHAUS, Klaus (1977): Bestimmungsfaktoren der Lieferantenauswahl als Basis einer Marktsegmentierung im internationalen Anlagengeschäft, in: Engelhardt/ Laßmann (1977), S.61ff.

(5) Vgl. derselbe, ebenda, S.61.

(6) Vgl. den Katalog der Anwenderdienstleistungen in Abb. 7, S.26 und Anhang I.

(7) Zur empirischen Untersuchung vgl. Kap. E.2. dieser Arbeit.

Anmerkungen zu Kapitel D:

(1) Vgl. MEFFERT, Heribert (1975): Computergestützte Marketing ins internationale Marketing, unveröffentlichtes Manuskript, Bochum 1984, S.4.

(2) Vgl. zur allgemeinen Definition eines Marketing-Management-Informationssystems (MAIS): MEFFERT (1975), a.a.O., S.16.

(3) Das IMAGA ist damit <u>nur</u> auf die ADL ausgerichtet und stellt <u>kein</u> allgemeines Betriebsinformationssystem für das industrielle Anlagengeschäft dar, das technische <u>und</u> kaufmännische Informationen phasenspezifisch generiert. Ansätze für allgemeine Betriebsinfor-

mationssysteme im Anlagengeschäft finden sich z.B. bei: ARLT/ BACKHAUS (1977), a.a.O., S.31ff. BACKHAUS, Klaus/ HISS, Wolfgang/ MÜLLER-HILLEBRAND, Hartmann (1984): Ein Vertriebsinformationssystem als Planungsgrundlage im industriellen Anlagengeschäft, in: Backhaus (1984a), S.93ff.

(4) Vgl. zu den Komponenten und der Grundstruktur eines Marketing-Informationssystems: MEFFERT (1975), a.a.O., S.23, S.28f. MEFFERT, Heribert/ STEFFENHAGEN, Hartwig (1977): Marketing-Prognosemodelle, Stuttgart 1977, S.46ff. BREITUNG, Ansgar Franz (1974): Management--Informationssysteme. Ein methodologischer Beitrag zur Analyse von Datenverarbeitungsprozessen, Diss. Münster 1974, passim.

(5) Vgl. zu den Zielen Abb. 10, S.40 dieser Arbeit.

(6) Vgl. LITTLE, John D. (1970): Models and Managers: The Concept of a Decision Calculus, in: Management Science, 16(1970), S.B-466ff.

(7) Zu den Konstruktionsprinzipien des Decision Calculus-Ansatzes vgl. auch: MAZANEC, Josef (1975): Das Konzept des "Decision Calculus" - Fortschrittsfähiger Ansatz der Modellkonstruktion oder Immunisierungsstrategie?, in: WiSt, 4(1975), S.318f.

(8) Ein hypothetisches Konstrukt stellt eine gedankliche Hilfskonstruktion zur Beschreibung abstrakter empirischer Beziehungen dar, die nicht beobachtbare Größen und Prozesse darstellen und nur aus Beobachtbarem erschließbar sind. Vgl. MAC CORQUODALE, K./ MEEHL, P. (1948): On a distinction between hypothetical constructs and intervening variables, in: Psychology Review, 55(1948), S.95ff. Zitiert nach: Foppa, Klaus (1969): Lernen, Gedächtnis, Verhalten, Köln-Berlin 1969, S.337.

(9) Vgl. Abb. 11, S.43.

(10) In der Literatur sind umfangreiche Kataloge über Konstruktionsregeln im Zusammenhang mit Rating-Skalen entwickelt worden, damit ihre Anwendung zu brauchbaren Ergebnissen führt. Vgl. z.B.: DAWES, Robya M. (1977): Grundlagen der Einstellungsmessung, Weinheim-Basel 1977, S.213ff. TROMMSDORFF, Volker (1977): Probleme der Image- und Einstellungsmessung im Werbepretest, in: Reber, Gerhard (Hrsg.): Personal- und Sozialorientierung der Betriebswirtschaftslehre, Bd. 3: Marketing, Stuttgart 1977, S.77ff. Derselbe (1975), a.a.O., S.84ff.

(11) GREEN, Paul/ TULL, Donald (1982): Methoden und Techniken der Marketingforschung, Stuttgart 1982, S.164.

(12) Vgl. OPP, Karl Dieter/ SCHMIDT, Peter (1976): Einführung in die Mehrvariablenanalyse, Reinbek bei Hamburg 1976, S.35.

(13) Zum Problem der Antworttendenzen und Kontexteffekte vgl.: TROMMSDORFF, Volker (1975): Die Messung von Produktimages für das Marketing, Köln-Berlin-Bonn-München 1975, S.33ff.

(14) Vgl. KERLINGER, Fred N. (1979): Grundlagen der Sozialwissenschaften, Bd. 2, Weinheim-Basel 1979, S.800f.

(15) Eine eingehende Erörterung möglicher Kontexteffekte findet sich bei:

GUILFORD, Joy Paul (1954): Psychometric Methods, 2. Eds. New York-Toronto-London 1954, S.278ff.

(16) Vgl. KAPLAN, Kalman J. (1972): On the Ambivalence-Indifference Problem in Attitude Theory and Measurement: A Suggested Modification of the Semantic Differential Technique, in: Psychological Bulletin, 77(1972), S.361ff.

(17) Nach dem Gesetz der großen Zahlen von Jakob Bernoulli gilt:
Bei einer Zufallserscheinung trete das Ergebnis A in n unabhängigen Versuchen genau k mal ein. Dann strebt die relative Häufigkeit k/n für $n \to \infty$ gegen die Wahrscheinlichkeit p und es gilt:
$\lim p(|k/n - p| < \varepsilon) = 1$. Vgl. HÄRTTER, Erich (1974): Wahrscheinlichkeitsrechnung für Wirtschafts- und Naturwissenschaftler, Göttingen 1974, S.162.

(18) Vgl. hierzu die Ausführungen in Kap. D.3.2.3. dieser Arbeit.

(19) Zu den möglichen Ähnlichkeitsmaßen bei binärer Variablenstruktur vgl. z.B.: SCHUCHARD-FICHER, Christiane/BACKHAUS, Klaus/ HUMME, Udo/ LOHRBERG, Werner/ PLINKE, Wulff/ SCHREINER, Wolfgang (1985): Multivariate Analysemethoden, 3. Aufl. Berlin-Heidelberg-New York 1985, S.110ff. STEINHAUSEN, Detlef/ LANGER, Klaus (1977): Clusteranalyse, Berlin-New York 1977, S.53ff.

(20) Die Delphi-Technik stellt eine anonyme, mehrfache Befragung von Experten mit Informationsrückkopplung und statistischer Auswertung der Antworten dar. Zur Vorgehensweise vgl. z.B.: BLOHM, Hans (1979): Methoden zur Prognose technischer Entwicklungen (I), in: wisu, 8(1979), S.117ff. HANSMANN, Karl-Werner (1983): Kurzlehrbuch Prognoseverfahren, Wiesbaden 1983, S.22ff. JANTSCH, Erich (1967): Technological Forecasting in Perspective, Paris 1967, S.137ff.
Eine uneingeschränkte Überlegenheit der Delphi-Methode gegenüber anderen Prognoseverfahren wird in der Literatur jedoch nicht anerkannt. Vgl. z.B.: BROCKHOFF, Klaus (1977): Prognoseverfahren in der Unternehmensplanung, Wiesbaden 1977, S.81ff. DREYER, Arend (1974): Scoring-Modelle bei Mehrfachzielsetzungen - Eine Analyse des Entwicklungsstandes von Scoring-Modellen, in: ZfB, 44(1974), S.262f.

(21) Vgl. HANSMANN (1983), a.a.O,, S.25. TURBAN, Efraim/ METERSKY, Morton L. (1971): Utility theory applied to multivariable system effectiveness evaluation, in: Management Science, 17(1971), passim.

(22) Es ist zu beachten, daß in der Matrix $\underline{B}$ -im Gegensatz zu den bisherigen Matrizen- in der Vorspalte die Länder und in der Kopfzeile die ADL abgetragen sind.

(23) In der Matrix $\underline{B}$ tritt ein Wert von Null immer dann auf, wenn die ADL entweder von dem entsprechenden Land nicht verlangt wird, oder der Anbieter die ADL ohne Probleme erbringen kann; d.h. aber <u>nicht</u>, daß der Anlagenbauer diese ADL auch nicht anbieten kann.

(24) Zur Portfolio-Analyse vgl. z.B.: DUNST, Klaus H. (1979): Portfolio Management, Berlin-New York 1979. DUNST stellt allerdings auf die Positionierung von Konkurrenten oder Produkten ab und nicht auf die Positionierung von Nachfragern.

(25) Ein solch umfassendes Entscheidungsmodell zur Auftragsplanung im industriellen Anlagengeschäft wird von BACKHAUS geliefert. Vgl. BACKHAUS (1980), a.a.O., S.30ff.

(26) Einen empirischen Marktsegmentierungsansatz für das industrielle Anlagengeschäft liefert auch BACKHAUS. Auf Basis von 40 Auftragsvergabekriterien, die über eine Expertenbefragung gewonnen und anschießend faktoranalytisch verdichtet wurden, ergaben sich nun Marktsegmente. Bei diesem Ansatz fließen ADL jedoch nur indirekt ein. BACKHAUS betont, daß diese Studie als Pilotprojekt gedacht war, und die Übertragbarkeit der Ergebnisse nur unter Einschränkungen möglich ist. Vgl. BACKHAUS (1977), a.a.O., S.58ff. Derselbe (1984b), a.a.O., S.12ff.

(27) Zur Vorgehensweise der Clusteranalyse vgl. SCHUCHARD-FICHER u.a. (1985), a.a.O., S.105ff. STEINHAUSEN/ LANGER (1977), a.a.O., S.79ff.

(28) Die Clusteranalyse soll Länder zu homogenen Gruppen zusammenfassen, deshalb müssen in der Ausgangsmatrix zur Clusterung in der Vorspalte die einzelnen Länder als zu betrachtende Objekte abgetragen sein, und die Matrizen W und R sind zu transponieren. Vgl. zu den Matrizen Kap. D.3.1. dieser Arbeit.

(29) Vgl. hierzu Kap. E.4.1. dieser Arbeit.

(30) Beachtet man, daß die Arbeitsgemeinschaft Großanlagenbau nur die Meldungen ihrer Mitglieder in ihren Statistiken berücksichtigt, so kann davon ausgegangen werden, daß die Zahl der "Einmalkunden" noch größer ist.

(31) Vgl. zur Faktorenanalyse: SCHUCHARD-FICHER u.a. (1985), a.a.O., S.213ff. ÜBERLA, Karl (1977): Faktorenanalyse, 2. Aufl. Berlin-Heidelberg-New York 1968. WEIBER, Rolf (1984a): Die Faktorenanalyse, St. Gallen 1984.

(32) Vgl. zur Theorie der Markov-Ketten: FERSCHL, F. (1970): Markovketten, Berlin-Heidelberg-New York 1970, S.12ff. LANGROCK, P./ JAHN, W. (1979): Einführung in die Theorie der Markovschen Ketten und ihre Anwendungen, Leipzig 1979, S.24ff.

(33) Vgl. LANGROCK/ JAHN (1979), a.a.O., S.52ff.

(34) Vgl. HANSEN, Hans Robert (1981): Wirtschaftsinformatik I, 3. Aufl. Stuttgart-New York 1981, S.299. MEFFERT (1975), a.a.O., S.29.

(35) Vgl. HANSEN (1981), a.a.O., S.305f. SCHEER, August-Wilhelm (1978): Wirtschafts- und Betriebsinformatik, München 1978, S.131ff.

(36) Vgl. HANSEN (1981), a.a.O., S.305f. SCHEER (1978), a.a.O., S.136ff.

(37) Vgl. HANSEN (1981), a.a.O., S.307. SCHEER (1978), a.a.O., S.140. Insbesondere die Datenbanksysteme mit Datenmodellen nach dem hierarchischen -, Netzwerk- und Relationen-Prinzip haben in der Praxis Bedeutung erlangt. Eine Vielzahl weiterer Datenmodelle findet sich bei: SOKOLOVSKY, Zbynek (1977): Ein systemtheoretisch-analytisches Modell eines betrieblichen formatierten Datenbanksystems, Diss.

Gießen 1977, S.386ff.

(38) Vgl. SCHEER (1978), a.a.O., S.140f.

(39) Der Fragebogen ist in Anhang III dieser Arbeit beigefügt.

(40) Zur Marktsegmentierungsanalyse vgl. Kap. D.3.3.1. dieser Arbeit.

(41) Typologisierungsansätze für Länder auf der Basis von u.a. wirtschaftlichen und politischen Indikatoren liefern z.B.: GOODNOW, J. D./ HANSZ, J. E. (1972): Environmental Determinants of Overseas Market Entry Strategies, in: Journal of International Business Studies, 7(1972), No. 1, S.33ff. HENZLER, H. (1979): Neue Strategie ersetzt den Zufall, in: Manager Magazin, 9(1979), Heft 4, S.123ff. JUNGHANNS, Hendrik (1983): Strategieorientierte Kategorisierung von Entwicklungsländern als Voraussetzung für den Technologietransfer, Diss. Berlin 1983, S.76ff. LORENZ, Detlef (1968): Zur Typologie der Entwicklungsländer, in: Fritsch, Bruno (Hrsg.): Entwicklungsländer, Köln-Berlin 1968, S.38ff. POTT, Philipp (1983): Direktinvestitionen im Ausland, München 1983, S.203ff. RUSSETT, B. M. et al. (1977): World Handbook of Political and Social Indicators, Westport (Conn.) 1977, S.293ff. SETHI, S. P./ HOLTON, R. H. (1973): Country Typologies for the Multinational Corporation: A New Approach, in: California Management Review, No. 3, 15(1973), S.106ff.

(42) Vgl. z.B.: EGLI (1974), a.a.O., S.3ff. GOODNOW/ HANSZ (1972), a.a.O., S.33ff. SETHI/ HOLTON (1973), a.a.O., S.108ff. WELTBANK (1983): Weltentwicklungsbericht 1983, Washington-Bonn-Frankfurt/ Main, S.IX.

(43) Vgl. hierzu die Ausführungen in Kap. E.4.1. dieser Arbeit.

Anmerkungen zu Kapitel E:

(1) Vgl. hierzu die Übersichtstabelle in Anhang II.

(2) Zur Klassifikation multivariater Analysemethoden vgl. auch: BACKHAUS, Klaus/ WEIBER, Rolf (1984): Die Anwendung multivariater Analysemethoden in der Marktforschung, in: WISU, Heft 10, 13(1984), S.457ff. SHETH, Jagdish N. (1981): Multivariate Methods for Market and Survey Research, 2. Aufl. Chicago 1981, S.3ff.

(3) Vgl. KROEBER-RIEL, Werner (1980): Konsumentenverhalten, 2. Aufl. München 1980, S.18ff.

(4) Vgl. hierzu ausführlich: WEIBER (1984a), a.a.O., S.13ff.

(5) Vgl. Kap. D.3.3.2. dieser Arbeit.

(6) Vgl. KROEBER-RIEL (1980), a.a.O., S.28ff.

(7) Vgl. STEINHAUSEN/ LANGER (1977), a.a.O., S.69.

(8) Vgl. dieselben, ebenda, S.100ff.

(9) Vgl. dieselben, ebenda, S.73ff.

(10) Vgl. dieselben, ebenda, S.100f.

(11) Vgl. die Ausführungen aus S. 112f. dieser Arbeit.

(12) Vgl. BERGS, Siegfried (1981): Optimalität bei Clusteranalysen, Diss. Münster 1981, S.25. BOCK, Hans Hermann (1974): Automatische Klassifikation, Göttingen 1974, S.418f. VOGEL, Friedrich (1975): Probleme und Verfahren der numerischen Klassifikation, Göttingen 1975, S.211, S.340ff.

(13) Vgl. z.B.: BERGS (1981), a.a.O, S.83ff. BOCK (1974), a.a.O., S.383ff. KAUFMANN, Heinz/ PAPE, Heinz (1984): Clusteranalyse, in: Fahrmeir/ Hammerle (Hrsg.) (1984), S.391ff. SPÄTH, Helmuth (1975): Cluster-Analyse-Algorithmen zur Objektklassifizierung und Datenreduktion, Wien 1975, S.162ff. STEINHAUSEN/ LANGER (1977), a.a.O., S.75ff.

(14) Vgl. BOCK (1974), a.a.O., S.390f. LAUWERTH, Werner/ OPITZ, Otto (1983): Kontraktion und Dilatation in der hierarchischen Klassifikation, Arbeitspapier zur mathematischen Wirtschaftsforschung, Heft 66, hrsg. vom Institut für Statistik und mathematische Wirtschaftstheorie der Universität Augsburg, Augsburg 1983, S.7ff. STEINHAUSEN/ LANGER (1977), a.a.O., S.75.

(15) Vgl. LAUWERTH/ OPITZ (1983), a.a.O., S.6.

(16) Vgl. BERGS (1981), a.a.O., S.95.

(17) Derselbe, ebenda, S.96.

(18) Derselbe, ebenda, S.97. Auf die Vorteilhaftigkeit des Ward-Verfahrens weisen außerdem hin: SCHUCHARD-FICHER u.a. (1985), a.a.O., S.136ff. STEINHAUSEN/ LANGER (1977), a.a.O., S.81. VOGEL (1975), a.a.O., S.317ff.

(19) Vgl. BERGS (1981), a.a.O., S.92.

(20) Vgl. STEINHAUSEN/ LANGER (1977), a.a.O., S.81. VOGEL (1975), a.a.O., S.315. WISHART, David (1984): Clustan-Benutzerhandbuch, 3. Ausgabe, Stuttgart-New York 1984, S.34.

(21) Die Wahl zwischen Distanz- und Ähnlichkeitsmaßen als Proximitätsmaß ist entscheidend von der zugrunde liegenden Fragestellung abhängig. Ein Beispiel für den Korrelationskoeffizienten als geeignetes Proximitätsmaß bringen: BACKHAUS, Klaus/ MEYER, Margit (1984b): Country Risk Assessment in International Industrial Marketing, unveröffentlichtes Vortragsmanuskript anläßlich der German-American-Conference "New Developments in Industrial Marketing" im September 1984, Mainz

1984, S.29ff.

(22) Vgl. STEINHAUSEN/ LANGER (1977), a..a.O., S.58.

(23) Vgl. Kap. D.3.1. dieser Arbeit.

(24) Vgl. BERGS (1981), a.a.O., S.56f.

(25) Vgl. STEINHAUSEN/ LANGER (1977), a.a.O., S.60.

(26) Vgl. STEINHAUSEN/ LANGER (1977), a.a.O., S.61. VOGEL (1975), a.a.O., 90ff.

(27) VOGEL (1975), a.a.O., S.92.

(28) Derselbe, ebenda, S.92. Diese Ansicht vertreten auch: JARDINE, N./ SIBSON, R. (1971): Mathematical Taxonomy, London-New York usw. 1971, S.34.

(29) Vgl. BERGS (1981), a.a.O., S.54.

(30) Vgl. hierzu die Abb. 40, S.111. Eine ähnliche Vorgehensweise findet sich auch in der Untersuchung von BACKHAUS/ MEYER (1984b), a.a.O., S.31f.

(31) Vgl. zum Varianzkriterium: BOCK (1974), a.a.O., S.162ff. STEINHAUSEN/ LANGER (1977), a.a.O., S.101ff.

(32) Vgl. STEINHAUSEN/ LANGER (1977), a.a.O., S.79ff.

(33) Vgl. MOJENA, R (1977): Hierarchical Grouping Methods and Stopping Rules: An Evaluation, in: Computer Journal, 20(1977), S.359ff.

(34) Vgl. hierzu auch die kontinuierlich dargestellte Entwicklung des Heterogenitätsmaßes in Anhang IVa und die dort eingerahmten Felder.

(35) Vgl. auch die Ausführungen auf S. 122ff. dieser Arbeit.

(36) Der F-Wert setzt die Varianz einer Variable innerhalb eines Clusters zu der in der Gesamtpopulation in Beziehung. Je kleiner der F-Wert ist, desto geringer sind die Variationen der Variable in einem Cluster im Vergleich zur Gesamtpopulation und desto homogener kann folglich das Cluster angesehen werden. Vgl. auch: WISHART (1984), a.a.O., S.84.

(37) Vgl. die Entwicklung des Heterogenitätsmaßes in Anhang IVb.

(38) Vgl. BACKHAUS (1984b), a.a.O., S.16f. Derselbe (1977), a.a.O., S.57ff.

(39) Vgl. WISHART (1984), a.a.O., S.46ff. KAUFMANN/ PAPE (1984), a.a.O., S.403ff.

(40) Das zeigt auch eine Untersuchung des Verfassers, die auf gleicher Datenbasis jedoch mit anderen Optionen durchgeführt wurde. Vgl. WEIBER (1984b), a.a.O., S.20ff.

(41) Vgl. die Ausführungen auf S.12f. Arbeit.

(42) Vgl. zur Diskriminanzanalyse und den folgenden Ausführungen: COOLEY, William W./ LOHNES, Paul R. (1971): Multivariate Data Analysis, New York-London-Sydney-Toronto 1971, S.243ff. SCHUCHARD-FICHER u.a. (1985), a.a.O., S.179ff.

(43) Vgl. NIE, Norman H./ HULL, C. Hadlai/ JENKINS, Jean G./ STEINBRENNER, Karin/ BENT, Dale H. (1975): SPSS: Statistical Package for the Social Science, 2. Aufl. New York- St. Louis usw. 1975, S.434ff. BEUTEL, Peter/ SCHUBÖ, Werner (1983): SPSS 9, 4. Aufl. Stuttgart-New York 1983, S.131ff.

(44) Vgl. SCHUCHARD-FICHER u.a. (1985), a.a.O., S.174ff.

(45) Vgl. dieselben, ebenda, S.181.

(46) Vgl. zur Varianzanalyse: COOLEY/ LOHNES (1971), a.a.O., S.223ff. GLASER, Wilhelm R. (1978): Varianzanalyse, Stuttgart-New York 1978, S.273ff. SCHUCHARD-FICHER u.a. (1985), a.a.O., S.11ff.

(47) Vgl. die Ausführungen auf S. 12f.

(48) Vgl. zu den Dienstleistungshäufigkeiten und -intensitäten in den einzelnen Marktsegmenten die Tabellen in Anhang V.

(49) Vgl. zu den folgenden Ausführungen auch Anhang V.

(50) Vgl zur Faktorenanalyse und den folgenden Ausführungen insbesondere: SCHUCHARD-FICHER u.a. (1985), a.a.O., S.251ff. ÜBERLA (1977), a.a.O., S.43ff. WEIBER (1984a), a.a.O., S.13ff.

(51) Vgl zu den Manipulationsspielräumen der Faktorenanalyse: SCHUCHARD-FICHER u.a. (1985), a.a.O., S.245ff.

(52) Vgl. zu den Ergebnissen der Faktorenanalysen Anhang VI.

(53) Vgl. BACKHAUS (1982), a.a.O., S.165ff. Derselbe (1980), a.a.O., S.3ff. BACKHAUS, Klaus/ GÜNTER, Bernd (1976): A Phase-Differentiated Interaction Approach to Industrial Marketing Decisions, in: IMM, 5(1976), S.255ff.

(54) Vgl. BACKHAUS (1982), a.a.O., S.245.

(55) Vgl. FISCHBEIN (1982b), a.a.O., S.3.

(56) Vgl. FISCHBEIN (1982b), a.a.O., S.3. BACKHAUS (1982), a.a.O., S.256f.

(57) Vgl. zu den folgenden Ausführungen die Ergebnistabellen der Faktorenanalysen in Anhang VI.

(58) Vgl. hierzu die ausführliche Diskussion in Kap. F dieser Arbeit.

(59) Vgl. WEIBER (1984b), a.a.O., S.39ff.

(60) Vgl. hierzu die Ausführungen in Kap. C dieser Arbeit.

(61) Vgl. zu den Voraussetzungen der einzelnen Analyseverfahren: SCHUCHARD-FICHER u.a. (1985), a.a.O., passim.

(62) Vgl. dieselben, ebenda, S.44.

(63) Vgl. HAMMANN, Peter (1974b): Über die Anwendungsmöglichkeiten einiger neuerer mathematischer und statistischer Methoden in der Marktforschung, in: Der Markt, Heft 49 (1974), S.85ff.

(64) Vgl. zu möglichen Ländercharakteristika Kap. D.4.2. dieser Arbeit.

(65) Vgl. zur multivariaten Regressionsanalyse: FAHRMEIER, Ludwig/ KAUFMANN, Heinz/ KREDLER, Christian (1984): Regressionsanalyse, in: Fahrmeier/ Hamerle (Hrsg.) (1984), S.130ff.

(66) Vgl. zur stufenweisen Regression allgemein: SCHUCHARD-FICHER u.a. (1985), a.a.O., S.76ff. und im multivariaten Fall: FAHRMEIER/ KAUFMANN/ KREDLER (1984), a.a.O., S.138ff.

(67) Die Bestimmung von Einflußfaktoren mittels multipler Regressionsanalyse für eine konkrete Fragestellung im industriellen Anlagenbau wird auch vorgeschlagen von: BACKHAUS, Klaus/ SIMON, Wolfgang (1981): Indikatorprognosen im Investitionsgüter-Marketing, in: DBW, 41(1981), S.427.

(68) Vgl. FAHRMEIER, Ludwig/ HÄUßLER, Walter/ TUTZ, Gerhard (1984): Diskriminanzanalyse, in: Fahrmeier/ Hamerle (Hrsg.) (1984),a.a.O., S.302ff.

(69) Vgl. hierzu die Ausführungen in Kap. E.2.3. dieser Arbeit.

(70) Vgl. zu den Verfahren explorativer Datenanalyse im Überblick: BOCK, Hans Hermann (1984): Explorative Datenanalyse - Eine Übersicht, in: Allgemeines Statistisches Archiv, Band 68, Heft 1 (1984), S.1ff.

(71) Vgl. allgemein zur konfirmatorischen Datenanalyse: HILDEBRANDT, Lutz/ TROMMSDORFF, Volker (1983): Konfirmatorische Analysen in der empirischen Forschung, in: Forschungsgruppe Konsum und Verhalten (Hrsg.): Innovative Marktforschung, Würzburg-Wien 1983, S.139ff.

(72) Vgl. zur Operationalisierung der empirischen Indikatoren in Abb. 61 auch die Ausführungen in Kap. E.2.4.

(73) Vgl. zu den Konstruktionsregeln von Kausaldiagrammen: HILDEBRANDT/ TROMMSDORFF (1983), a.a.O., S.141. OPP, Karl-Dieter/ SCHMIDT, Peter (1976): Einführung in die Mehrvariablenanalyse, Reinbek bei Hamburg 1976, S.28f.

(74) Vgl. JÖRESKOG, Karl G./ SÖRBOM, Dag (1984): LISREL VI - Analysis of Linear Structural Relationships by Maximum Likelihood and Least Squares Methods, Research Report 81-8, University of Uppsala 1984, passim. SCHUCHARD-FICHER, Christiane/ BACKHAUS, Klaus/ ERICHSON, Bernd/ PLINKE, Wulff/ WEIBER, Rolf (1986): Multivariate Analyseme-

thoden, 4. Aufl. Berlin-Heidelberg-New York 1986 (in Vorbereitung).

(75) Vgl. JÖRESKOG/ SÖRBOM (1984), a.a.O., S.I.5ff. Dieselben (1982): Recent Developments in Structural Equation Modeling, in: Journal of Marketing Research, 19(1982), S.404.

(76) Vgl. dieselben (1984), a.a.O., S.I.8, I.13f.

(77) Vgl. dieselben, ebenda, S.I.23f. Vgl. zur Identifikation und Schätzung der Modellparameter auch: HILDEBRANDT, Lutz (1983): Konfirmatorische Analysen von Modellen des Konsumentenverhaltens, Berlin 1983, S.76ff.

(78) Vgl. JÖRESKOG/ SÖRBOM (1984), a.a.O., S.I.39. HILDEBRANDT (1983), a.a.O., S.95.

(79) Vgl. zu den Prüfkriterien für die Anpassungsgüte eines LISREL-Modells: FÖRSTER, Friedrich/ FRITZ, Wolfgang/ SILBERER, Günter/ RAFFEE, Hans (1984): Der LISREL-Ansatz der Kausal analyse und seine Bedeutung für die Marketing-Forschung, in: ZfB, 54(1984), Heft 4, S.357ff. JÖRESKOG/ SÖRBOM (1984), a.a.O., S.I.36ff. Dieselben (1982), a.a.O., S.407ff. HILDEBRANDT (1983), a.a.O., S.93ff. SCHUCHARD-FICHER u.a. (1986), a.a.O., (in Vorbereitung).

(80) Vgl. JÖRESKOG/ SÖRBOM (1984), a.a.O., S.III.18ff.

(81) Vgl. JÖRESKOG, Karl G. (1971): Simultaneous Factor Analysis in Several Populations, in: Psychometrika, 36 (1971), No. 4, S.409ff. JÖRESKOG/ SÖRBOM (1984), a.a.O., S.V.1ff.

(82) Vgl. HILDEBRANDT/ TROMMSDORFF (1983), a.a.O., S.151.

(83) Vgl. JÖRESKOG (1971), a.a.O., S.417ff. JÖRESKOG/ SÖRBOM (1984), a.a.O., S.V.7ff.

Anmerkungen zu Kapitel F:

(1) NEUBERGER/ SCHOSSLEITNER (1984), a.a.O., S.4.

(2) Dieselben, ebenda, S.4.

(3) Vgl. BACKHAUS (1982), a.a.O., S.103. Derselbe (1984b), a.a.O., S.18ff.

(4) Eine zusammenfassende Darstellung findet sich bei: MEYER (1984), a.a.O., S.3ff.

(5) Diese Informationen konnten aus Gesprächen mit Praktikern gewonnen werden.

(6) Vgl. BÖRSCHLEIN/ KLEINER (1984): Consulting Engineers im industriellen Anlagengeschäft - Bedeutung, Markteinfluss, Arbeitsweise, in: Backhaus (1984a), S.32ff.

(7) Zu den Unterschieden zwischen Eigenfertigung und Framdbezug vgl. MÄNNEL, Wolfgang (1981): Eigenfertigung und Fremdbezug, 2. Aufl. Stuttgart 1981, S.41ff.

(8) Vgl. ENGELHARDT/ SCHWAB (1982), a.a.O., S.506. MÄNNEL (1981), a.a.O., S.70ff.

(9) Referenzdienstleistungen werden hier in Analogie zu Referenzanlagen definiert. Vgl. GÜNTER, Bernd (1979b): Die Referenzanlage als Marketing-Instrument, in: ZfbF-Kontaktstudium, 31(1979), S.145.

(10) WIMMER (1974), a.a.O., S.217.

(11) BACKHAUS (1982), a.a.O., S.103.

(12) Vgl. hierzu ausführlich die Ausführungen auf S.73ff. dieser Arbeit.

(13) Vgl. WENDLER (1983), a.a.O., o.S.

(14) Vgl. hierzu die Daten in Anhang Va.

ANHANG

Anhang I: Kurzcharakterisierung möglicher Anwenderdienstleistungen im internationalen Anlagengeschäft und Nachfrageursachen

ANWENDERDIENSTLEISTUNGEN	KURZCHARAKTERISIERUNG	NACHFRAGEURSACHEN	LITERATURHINWEISE
LOCAL CONTENT-FORDERUNGEN	beinhalten alle Forderungen der Nachfragerländer, die Wirtschaft des Nachfragers z.B. als Sublieferanten in das Bauvorhaben einer geplanten Anlage einzubeziehen.	unterschiedliche Faktorenproportionen; Stärkung es inländischen Unternehmerpotentials; erhoffte Beschäftigungswirkungen; Zahlungsschwierigkeiten.	CLARK (1970); FANE (1971); GÜNTER (1984); HOFFMANN (1970)
KOMPENSATIONSGESCHÄFTE	sind alle Geschäfte, bei denen bestimmte Wirtschaftssubjekte bewußt wechselseitig Realgüter aneinander abgeben bzw. abnehmen, unabhängig davon, ob zusätzlich Zahlungen erfolgen oder nicht.	Absatzschwierigkeiten, Finanzierungsschwierigkeiten; Zahlungsbilanzschwierigkeiten; Erschließung neuer Absatzmärkte.	BACKHAUS (1982); MOSER/TROPRITZHOFER (1978); POLLAK (1982a); SCHUSTER (1979)
ERSTELLUNG EINER MARKETING-KONZEPTION	beschreibt alle Planungsaufgaben, die sich auf die Vermarktung der auf der Anlage erstellten Produkte beziehen und die ein Anlagenanbieter im Auftrag des Projektlandes ergreift.	fehlendes Markt-Know how; Erschließung neuer Absatzmärkte.	WIMMER (1974)
ABSATZHILFEN	beinhalten alle konkreten Maßnahmen, die sich auf die Vermarktung der auf der Anlage erstellten Produkte beziehen und die ein Anlagenanbieter im Auftrag des Projektlandes ergreift (Realisierung der Marketing-Konzeption).		
UNTERSTÜTZUNG BEI PERSONALAUSWAHL UND PERSONALEINSATZ (BERATUNGSLEISTUNGEN)	umfaßt alle diejenigen Beratungsleistungen des Anlagenanbieters im Bereich des Personalwesens, die sich auf den Einsatz und die Kontrolle von Arbeitskräften beim Bau und Betreiben der Anlage beziehen.	fehlendes Know how; effiziente Produktionsplanung.	
SCHULUNGSMASSNAHMEN	beinhalten die Schulung von Arbeitskräften des Projektlandes im Projekt- oder Industrieland, mit dem Ziel, ihnen das zum reibungslosen Betreiben der Anlage notwendige technische und kaufmännische Fachwissen zu vermitteln.	fehlendes Know how; Mangel anqualifizierten Arbeitskräften; Beschäftigungsprobleme.	EGLI (1974); KÜHNEL (1981)
MANAGEMENTVERTRÄGE	umfassen die auf eine bestimmte Zeit begrenzte kaufmännische und technische Leitung einer Anlage durch den Anlagenanbieter im Auftrag des Projektlandes.	fehlendes Know how; Mangel an qualifizierten Arbeitskräften.	GÖRGE (1979); POLLAK (1982a); SIMMERL (1981)
JOINT VENTURE	ist eine spezielle ökonomische Ausgestaltung kooperativer Zusammenarbeit, die durch eine vertragliche <u>und</u> kapitalmäßige Bindung der Kooperationspartner bestimmt ist, ohne daß ein Partner seine Unabhängigkeit verliert.	fehlendes Know how; Zahlungsbilanzschwierigkeiten; Finanzierungsschwierigkeiten; staatliche Restriktionen; Beteiligung des Anbieters am Betreiberrisiko.	BACKHAUS (1982); BENCI/SEIBERT (1979); FRÖHLICH (1974); KUMAR (1975)

ANWENDERDIENSTLEISTUNGEN	KURZCHARAKTERISIERUNG	NACHFRAGEURSACHEN	LITERATURHINWEISE
LIZENZVERTRÄGE	übertragen dem Lizenznehmer die Befugnis, ein Sonderschutzrecht des gewerblichen Rechtsschutzes oder ein Schutzrecht des Urheberrechts auf die Verwendung von Know how vollständig oder zum Teil auszunutzen, wobei die Einräumung entgeltlich oder unentgeltlich erfolgen kann.	fehlendes Know how; staatliche Restriktionen.	BACKHAUS (1982); KOWALSKI (1980); POLLAK (1982a); ROHE (1980)
WARTUNGSVERTRÄGE	umfassen die laufende Überwachung und Inspektion einer Anlage durch den Anbieter, um ihre reibungslose Funktionsfähigkeit im Sinne einer vorbeugenden Maßnahme zu garantieren.	fehlendes Know how; Mangel an qualifizierten Arbeitskräften.	BENNEWITZ (1968); HOPFENBECK (1974); KROOSS (1966); LÖBEL (1966); WIMMER (1974)
ERSATZTEILDIENST	dient zur Erhaltung und Wiederherstellung der Funktionsfähigkeit einer Anlage. Die Kernleistung besteht vor allem darin, die benötigten Ersatzteile vorrätig zu halten und sie dem Verwender möglichst schnell zugänglich zu machen.		
REPARATURDIENST	dient zur Erhaltung und Wiederherstellung der Funktionsfähigkeit einer Anlage. Die Kernleistung liegt in der sorgfältigen und fachmännischen Behebung auftretender Störungen einer Anlage durch den Anlagenanbieter sowie der Bereitstellung von Ersatzaggregaten.		
DOKUMENTATIONEN	umfassen alle schriftlichen Projektunterlagen, die Erläuterungen über die Funktionsweise und das Betreiben der Anlage enthalten.	fehlendes Know how.	RÜSBERG (1976); WIMMER (1974)
KNOW HOW-VERTRÄGE	beinhalten die Gewährung von Nutzungsrechten an rechtlich geschütztem Know how, wobei die praktische Anwendung des Wissens im Vordergrund steht.		POLEY (1979); POLEY (1978); STUMPF (1977)
PROBLEMANALYSEN	stellen eine grundsätzliche Untersuchung dar, die im Hinblick auf die beim Kunden auftretenden Probleme technischer, wirtschaftlicher, politischer und sonstiger Art Alternativen aufzeigen und Bewertungskriterien für Problemlösungen bereitstellen sollen.		FISCHBEIN (1982a); FISCHBEIN (1982b); LEMIESZ (1978); RÜSBERG (1976); WIDMANN (1977); WIMMER (1974)
FEASIBILITY STUDIES	stellen eine vollständige Studie zur Überprüfung der Durchführbarkeit eines geplanten Anlagenprojekts im Nachfragerland dar.		

ANWENDERDIENSTLEISTUNGEN	KURZCHARAKTERISIERUNG	NACHFRAGEURSACHEN	LITERATURHINWEISE
HILFEN BEI DER TENDERERSTELLUNG	detaillierte Tenderunterlagen enthalten formelle Hinweise für die Gestaltung der Angebotsabgabe, evt. Vordrucke für die Angebotsabgabe sowie technische Spezifikationen der Anlage.		FISCHBEIN (1982a); FISCHBEIN (1982b)
ABSATZGARANTIEN	der Anlagenanbieter gewährt dem Kunden eine Garantie auf den Absatz der Produkte, die auf der georderten Anlage erstellt werden.	fehlendes Know how; Absatzschwierigkeiten; Erschließung neuer Märkte; Risikostreuung.	BACKHAUS (1982); THIELE (1977); SCHLOTKE (1984)
FINANZIERUNGSBESCHAFFUNG	der Anlagenanbieter stundet dem Kunden einen bestimmten Teil des Kaufpreises (Lieferantenkredit) oder dem Kunden wird von einer Bank ein Kredit eingeräumt, wobei der Anlagenanbieter i.d.R. eine Exporteurgarantie für kundenseitige Zahlungsausfälle erbringt (Bestellerkredit).	Finanzierungsschwierigkeiten.	BACKHAUS (1982); HOMBACH (1984); VOIGT (1979)
HILFEN BEI DER ANGEBOTSAUSWERTUNG	umfassen alle Maßnahmen, mit denen der Anlagenanbieter bei der Angebotsselektion des Nachfrager mitwirkt.	fehlendes Know how; Nutzung von Potentialen des Anlagenherstellers.	
HILFEN BEIM ROHMATERIALEINKAUF	beinhalten alle Aktivitäten den Anlagenbauers, mit denen er den Nachfrager bei der Ermittlung von Bezugsquellen und der Beschaffung von Rohmaterialien (entweder für den Bau oder das Betreiben einer Industrieanlage) unterstützt.		

Anhang II: Auslands- Auftragseingang der deutschen Anlagenbauer im VDMA nach Ländern von 1976 bis 1983

AUSLANDS- AUFTRAGSEINGANG DER DEUTSCHEN ANLAGENBAUER im VDMA NACH LÄNDERN (in Mio. DM)*

	1976	1977	1978	1979	1980	1981	1982	1983
EUROPA								
A. EWG								
Belgien	87.3	74.7	73.4	110.5	304.9	214.6	172.8	160.3
Frankreich	100.5	67.5	57.3	75.1	115.2	105.0	121.8	115.4
Griechenland	127.1	42.1	---	102.1	---	111.1	---	38.5
Großbritannien	94.7	131.2	67.7	99.7	106.6	53.1	106.3	74.2
Irland	---	---	---	---	---	150.9	---	56.6
Italien	58.7	60.3	63.0	---	70.5	87.5	108.5	47.7
Niederlande	---	65.6	157.9	72.9	124.4	78.2	135.5	213.6
B. OSTEUROPA								
Bulgarien	182.4	---	---	---	---	75.3	55.4	---
DDR	1115.0	47.7	189.5	290.1	223.0	141.8	101.5	32.9
Polen	149.1	---	217.3	135.0	367.6	---	---	---
Rumänien	136.2	58.8	68.8	---	119.8	---	---	---
Sowjetunion	1005.2	1251.9	1003.2	746.3	821.7	1531.6	1960.0	539.3
Tschechoslowakei	105.8	45.5	65.8	60.6	---	93.6	50.4	30.5
Ungarn	---	104.1	---	---	---	---	66.4	35.8
C. SONSTIGE								
Finnland	---	---	---	---	70.2	---	---	35.0
Jugoslawien	98.2	138.4	226.7	174.7	206.6	---	72.1	97.0
Norwegen	---	---	---	108.8	---	---	136.6	66.2
Österreich	---	149.5	73.6	77.7	92.4	296.5	92.3	108.5
Portugal	145.6	---	---	56.9	85.9	---	57.1	---
Schweden	104.8	---	---	116.5	122.5	115.4	---	81.5
Schweiz	---	---	100.9	70.5	90.2	73.4	60.5	88.2
Spanien	124.5	134.0	---	---	86.8	193.1	139.8	50.0
Türkei	144.1	40.0	65.8	---	174.3	92.3	88.9	249.4
AMERIKA								
A. NORDAMERIKA								
USA	177.0	212.9	330.0	381.6	283.6	759.0	244.5	329.3
Kanada	32.6	52.6	12.8	---	86.6	101.4	74.1	28.5
B. LATEINAMERIKA								
Argentinien	---	70.8	87.4	190.2	179.8	91.6	76.2	29.9
Bolivien	58.4	---	---	---	---	---	---	---
Brasilien	201.8	523.2	749.0	360.3	141.5	225.5	217.6	313.2
Chile	---	---	---	---	---	88.9	---	---
Kolumbien	---	---	---	106.0	---	---	---	57.4
Mexiko	59.6	---	---	265.0	150.0	348.0	176.7	123.2
Peru	---	76.8	---	---	---	---	---	---
Venezuela	210.7	57.0	179.2	161.2	---	111.0	129.4	46.0
AFRIKA								
Ägypten	---	---	189.9	170.8	86.2	172.5	418.6	147.7
Algerien	858.8	57.8	292.7	57.9	---	64.8	60.5	---
Elfenbeinküste	---	128.4	---	---	---	---	---	---
Kenia	50.8	---	---	---	---	---	---	---
Libyen	860.2	1237.8	356.2	379.3	658.6	3077.6	209.6	260.2

	1976	1977	1978	1979	1980	1981	1982	1983
Nigeria	144.9	550.1	205.1	513.7	385.8	403.7	315.1	531.4
Somalia	---	---	---	---	---	---	55.9	---
Sudan	---	---	---	---	---	---	54.6	---
Südafrika	1546.7	242.7	193.3	1412.0	653.6	809.5	391.2	441.9
Tansania	---	---	---	---	53.8	---	---	---
<u>ASIEN</u>								
Burma	---	---	---	---	---	258.5	---	---
Indien	245.5	105.8	---	96.3	170.0	181.0	489.4	417.0
Indonesien	---	62.8	64.8	599.2	611.5	591.3	2151.1	360.4
Irak	63.0	---	74.8	360.6	167.8	2768.6	338.0	82.2
Iran	1005.2	520.0	4082.1	57.5	88.3	---	53.5	234.1
Japan	74.0	---	---	---	51.8	114.9	---	83.1
Jordanien	---	---	---	---	133.0	92.4	---	75.7
Katar	---	---	---	---	---	370.2	---	---
Kuwait	---	---	76.2	121.7	607.0	252.8	373.6	348.4
Malaysia	---	---	---	---	91.6	632.1	168.7	---
Pakistan	77.2	---	---	---	---	---	77.8	86.7
Philippinen	---	---	---	---	110.3	---	168.1	---
Saudi-Arabien	541.1	501.8	900.9	973.7	1489.8	1196.6	1367.5	286.8
Singapur	---	---	---	---	---	---	50.0	---
Sri Lanka	---	---	---	---	---	---	---	134.0
Süd-Korea	303.8	616.8	250.6	69.7	121.1	---	94.4	266.8
Syrien	---	---	---	146.5	---	---	---	---
Taiwan	---	95.0	---	152.0	174.6	100.5	---	55.5
Thailand	---	79.4	---	65.6	151.2	64.9	51.2	52.5
Ver. Arab. Emirate	195.2	50.5	421.9	---	92.9	399.2	---	---
VR China	57.9	147.4	1907.7	1114.5	903.7	83.6	52.3	117.5
<u>AUSTRALIEN/ NEUSEELAND</u>	20.1	78.9	362.0	144.6	325.6	414.2	385.9	140.2

*) ohne Klein- und Ersatzteilaufträge

<u>Quelle</u>: ARBEITSGEMEINSCHAFT GROSSANLAGENBAU IM VDMA (1984), S. 33; (1983), S.33; (1982), S.33; (1981), S.33; (1980), S.31; (1979), S.27; (1978), S.27; (1977), S.23; (1976), S.23.

Anhang III: Fragebogen

FRAGEBOGEN ZUM FORSCHUNGSPROJEKT
"Dienstleistungen im industriellen Anlagengeschäft"

Das vorliegende Forschungsprojekt hat zum Ziel, die Bedeutung von Dienstleistungen bei der Vermarktung von schlüsselfertigen Industrieanlagen zu untersuchen. Bitte beurteilen Sie in dem folgenden Fragebogen ein von Ihnen in jüngster Zeit abgewickeltes Anlagenprojekt mit einem beliebigen Nachfragerland.

(1) Um welche Anlage handelt es sich bei dem betrachteten Projekt?

- ☐ Chemieanlage
- ☐ Baustoffanlage
- ☐ Kraftwerksanlage
- ☐ Energieanlage
- ☐ Hüttenanlage
- ☐ Walzwerksanlage
- ☐ Gewinnungs- und Aufbereitungsanlage

Sonstige: ....

(2) In welchem Jahr haben Sie dem Nachfrager ein Angebot unterbreitet? 19 ....

(3) Wie heißt das Nachfragerland? ....

(4) Wurde die Anlage von einem privaten oder einem öffentlichen Nachfrager geordert?

- ☐ privater Nachfrager
- ☐ öffentlicher Nachfrager

(5) War der Nachfrager ein Consultant oder ein Letztkunde?

- ☐ Consultant
- ☐ Letztkunde

(6) Haben Sie den Auftrag erhalten?

- ☐ Auftrag erhalten
- ☐ Auftrag nicht erhalten

(7) Wieviele Konsortialpartner waren bei der Erstellung der Anlage beteiligt? ....

(8) Welchen Wert hatte die gesamte Anlage für alle beteiligten Konsortialpartner in TDM? ....

(9) Welche Anlagenkomponente haben Sie angeboten?

- ☐ Elektro-Teil
- ☐ Mechanik-Teil
- ☐ Bau-Teil
- ☐ komplette Anlage

(10) Welchen Wert hatte die von Ihnen angebotene Anlagenkomponente in TDM? ....

	Bitte kreuzen Sie die Dienstleistungen an, die bei dem vorliegenden Projekt von dem Nachfrager verlangt wurden.	Konnten diese verlangten Dienstleistungen von IHREM Unternehmen auch erbracht werden? (Kennzeichnen Sie die erbrachten Dienstleistungen durch ein Kreuz)	Wieviel Prozent machten diese von Ihnen erbrachten Dienstleistungen in bezug auf IHREN Auftragsanteil (entsprechend Frage 10) aus? (verlangte Intensität)	Wie hoch würden Sie den prozentualen Anteil der Dienstleistungen bezüglich der verlangten Intensität ansetzen, der von IHNEN ohne Probleme erbracht werden konnte? (keinerlei Probleme = 100% höchste Probleme = 0%)
LOCAL CONTENT FORDERUNGEN	( )	( )	____%	____%
KOMPENSATIONSGESCHÄFTE	( )	( )	____%	____%
ERSTELLUNG EINER MARKETING - KONZEPTION FÜR DIE AUF DER ANLAGE ERSTELLTEN PRODUKTE	( )	( )	____%	____%
ABSATZHILFEN BEI DER VERMARKTUNG FÜR DIE AUF DER ANLAGE ERSTELLTEN PRODUKTE	( )	( )	____%	____%
BERATUNGSLEISTUNGEN FÜR DEN EINSATZ VON EINHEIMISCHEM BETREIBERPERSONAL	( )	( )	____%	____%
SCHULUNGSMAßNAHMEN	( )	( )	____%	____%
MANAGEMENTVERTRÄGE	( )	( )	____%	____%
JOINT VENTURES	( )	( )	____%	____%
LIZENZVERTRAG	( )	( )	____%	____%
WARTUNGSVERTRAG	( )	( )	____%	____%
BEREITSTELLUNG VON ERSATZTEILEN	( )	( )	____%	____%
REPARATURDIENST	( )	( )	____%	____%
DOKUMENTATIONEN, INCL. DES DAFÜR ERFORDERLICHEN ENGINEERING-AUFWANDES	( )	( )	____%	____%
KNOW HOW - VERTRAG	( )	( )	____%	____%
ERSTELLUNG EINER PROBLEM-ANALYSE	( )	( )	____%	____%
FEASIBILITY STUDIEN (INCL. MARKTUNTERSUCHUNGEN)	( )	( )	____%	____%
HILFEN BEI DER TENDER-ERSTELLUNG	( )	( )	____%	____%
ABSATZGARANTIEN	( )	( )	____%	____%
FINANZIERUNGSBESCHAFFUNG	( )	( )	____%	____%
HILFEN BEI DER ANGEBOTS-AUSWERTUNG	( )	( )	____%	____%
HILFEN BEIM EINKAUF VON ROHMATERIALIEN	( )	( )	____%	____%

(15) In wieviel Prozent der Fälle spielten in dem betrachteten Nachfragerland die folgenden Dienstleistungen eine Rolle?

	A) in den letzten FÜNF Jahren	B) vor 1978
LOCAL CONTENT FORDERUNGEN	________%	________%
KOMPENSATIONSGESCHÄFTE	________%	________%
ERSTELLUNG EINER MARKETING-KONZEPTION FÜR DIE AUF DER ANLAGE ERSTELLTEN PRODUKTE	________%	________%
ABSATZHILFEN BEI DER VERMARKTUNG FÜR DIE AUF DER ANLAGE ERSTELLTEN PRODUKTE	________%	________%
BERATUNGSLEISTUNGEN FÜR DEN EINSATZ VON EINHEIMISCHEM BETREIBERPERSONAL	________%	________%
SCHULUNGSMAßNAHMEN	________%	________%
MANAGEMENTVERTRÄGE	________%	________%
JOINT VENTURES	________%	________%
LIZENZVERTRAG	________%	________%
WARTUNGSVERTRAG	________%	________%
BEREITSTELLUNG VON ERSATZTEILEN	________%	________%
REPARATURDIENST	________%	________%
DOKUMENTATIONEN, INCL. DES DAFÜR ERFORDERLICHEN ENGINEERING-AUFWANDES	________%	________%
KNOW HOW - VERTRAG	________%	________%
ERSTELLUNG EINER PROBLEM-ANALYSE	________%	________%
FEASIBILITY STUDIEN (INCL. MARKTUNTERSUCHUNGEN)	________%	________%
HILFEN BEI DER TENDER-ERSTELLUNG	________%	________%
ABSATZGARANTIEN	________%	________%
FINANZIERUNGSBESCHAFFUNG	________%	________%
HILFEN BEI DER ANGEBOTS-AUSWERTUNG	________%	________%
HILFEN BEIM EINKAUF VON ROHMATERIALIEN	________%	________%

VIELEN DANK!

Anhang IV: Heterogenitätsmaße bei der Clusterbildung nach dem Verfahren von WARD

(a) bei der Clusteranalyse auf Basis der Dienstleistungshäufigkeiten

(b) bei der Clusteranalyse auf Basis der Dienstleistungsintensitäten

Anhang IVa: Heterogenitätsmaße für die Clusteranalyse auf Basis der Dienstleistungshäufigkeiten

```
WARDS METHOD

OUTPUT CLASSIFICATIONS FOR    2 TO    8 CLUSTERS

CYCLE   1 NOW FUSE POINTS   7  16 AT COEFFICIENT   0.307 -  22 CLUSTERS AND NEW CLUSTER CODE IS   7
CYCLE   2 NOW FUSE POINTS   6  19 AT COEFFICIENT   0.340 -  21 CLUSTERS AND NEW CLUSTER CODE IS   6
CYCLE   3 NOW FUSE POINTS  11  23 AT COEFFICIENT   0.423 -  20 CLUSTERS AND NEW CLUSTER CODE IS  11
CYCLE   4 NOW FUSE POINTS  18  22 AT COEFFICIENT   0.427 -  19 CLUSTERS AND NEW CLUSTER CODE IS  18
CYCLE   5 NOW FUSE POINTS  12  14 AT COEFFICIENT   0.599 -  18 CLUSTERS AND NEW CLUSTER CODE IS  12
CYCLE   6 NOW FUSE POINTS  18  21 AT COEFFICIENT   0.703 -  17 CLUSTERS AND NEW CLUSTER CODE IS  18
CYCLE   7 NOW FUSE POINTS   5   8 AT COEFFICIENT   0.735 -  16 CLUSTERS AND NEW CLUSTER CODE IS   5
CYCLE   8 NOW FUSE POINTS   6  18 AT COEFFICIENT   0.766 -  15 CLUSTERS AND NEW CLUSTER CODE IS   6
CYCLE   9 NOW FUSE POINTS   3  13 AT COEFFICIENT   0.878 -  14 CLUSTERS AND NEW CLUSTER CODE IS   3
CYCLE  10 NOW FUSE POINTS   6  17 AT COEFFICIENT   1.011 -  13 CLUSTERS AND NEW CLUSTER CODE IS   6
CYCLE  11 NOW FUSE POINTS   5   7 AT COEFFICIENT   1.297 -  12 CLUSTERS AND NEW CLUSTER CODE IS   5
CYCLE  12 NOW FUSE POINTS   5  12 AT COEFFICIENT   1.679 -  11 CLUSTERS AND NEW CLUSTER CODE IS   5
CYCLE  13 NOW FUSE POINTS   4  15 AT COEFFICIENT   1.689 -  10 CLUSTERS AND NEW CLUSTER CODE IS   4
CYCLE  14 NOW FUSE POINTS   1   2 AT COEFFICIENT   1.741 -   9 CLUSTERS AND NEW CLUSTER CODE IS   1
WARDS METHOD GROUP  15 FUSE POINTS    9  10 AT COEF    2.023    8 CLUSTERS
    1    1    3    4    5    6    5    5    9    9   11    5    3    5    4    5    6    6    6   20
    6    6   11
WARDS METHOD GROUP  16 FUSE POINTS    5   6 AT COEF    2.369    7 CLUSTERS
    1    1    3    4    5    5    5    5    9    9   11    5    3    5    4    5    5    5    5   20
    5    5   11
WARDS METHOD GROUP  17 FUSE POINTS    5  11 AT COEF    3.145    6 CLUSTERS
    1    1    3    4    5    5    5    5    9    9    5    5    3    5    4    5    5    5    5   20
    5    5    5
WARDS METHOD GROUP  18 FUSE POINTS    4   9 AT COEF    3.388    5 CLUSTERS
    1    1    3    4    5    5    5    5    4    4    5    5    3    5    4    5    5    5    5   20
    5    5    5
WARDS METHOD GROUP  19 FUSE POINTS    3   5 AT COEF    4.045    4 CLUSTERS
    1    1    3    4    3    3    3    3    4    4    3    3    3    3    4    3    3    3    3   20
    3    3    3
WARDS METHOD GROUP  20 FUSE POINTS    1  20 AT COEF    4.343    3 CLUSTERS
    1    1    3    4    3    3    3    3    4    4    3    3    3    3    4    3    3    3    3    1
    3    3    3
WARDS METHOD GROUP  21 FUSE POINTS    3   4 AT COEF    4.368    2 CLUSTERS
    1    1    3    3    3    3    3    3    3    3    3    3    3    3    3    3    3    3    3    1
    3    3    3
CYCLE  22 NOW FUSE POINTS   1   3 AT COEFFICIENT   7.724 -   1 CLUSTERS AND NEW CLUSTER CODE IS   1
JOB ENDS
```

Anhang IVb: Heterogenitätsmaße für die Clusteranalyse auf Basis der Dienstleistungsintensitäten

```
WARDS METHOD

OUTPUT CLASSIFICATIONS FOR    2 TO   8 CLUSTERS

CYCLE   1 NOW FUSE POINTS   3  22 AT COEFFICIENT   0.091 -  22 CLUSTERS AND NEW CLUSTER CODE IS   3
CYCLE   2 NOW FUSE POINTS   3  17 AT COEFFICIENT   0.153 -  21 CLUSTERS AND NEW CLUSTER CODE IS   3
CYCLE   3 NOW FUSE POINTS   4   8 AT COEFFICIENT   0.493 -  20 CLUSTERS AND NEW CLUSTER CODE IS   4
CYCLE   4 NOW FUSE POINTS  11  18 AT COEFFICIENT   0.512 -  19 CLUSTERS AND NEW CLUSTER CODE IS  11
CYCLE   5 NOW FUSE POINTS  10  20 AT COEFFICIENT   0.534 -  18 CLUSTERS AND NEW CLUSTER CODE IS  10
CYCLE   6 NOW FUSE POINTS  13  21 AT COEFFICIENT   0.549 -  17 CLUSTERS AND NEW CLUSTER CODE IS  13
CYCLE   7 NOW FUSE POINTS  11  23 AT COEFFICIENT   0.731 -  16 CLUSTERS AND NEW CLUSTER CODE IS  11
CYCLE   8 NOW FUSE POINTS  15  19 AT COEFFICIENT   1.085 -  15 CLUSTERS AND NEW CLUSTER CODE IS  15
CYCLE   9 NOW FUSE POINTS   4   6 AT COEFFICIENT   1.099 -  14 CLUSTERS AND NEW CLUSTER CODE IS   4
CYCLE  10 NOW FUSE POINTS   1   5 AT COEFFICIENT   1.411 -  13 CLUSTERS AND NEW CLUSTER CODE IS   1
CYCLE  11 NOW FUSE POINTS   9  13 AT COEFFICIENT   1.453 -  12 CLUSTERS AND NEW CLUSTER CODE IS   9
CYCLE  12 NOW FUSE POINTS   3  10 AT COEFFICIENT   1.495 -  11 CLUSTERS AND NEW CLUSTER CODE IS   3
CYCLE  13 NOW FUSE POINTS  11  14 AT COEFFICIENT   1.822 -  10 CLUSTERS AND NEW CLUSTER CODE IS  11
CYCLE  14 NOW FUSE POINTS   7  12 AT COEFFICIENT   1.873 -   9 CLUSTERS AND NEW CLUSTER CODE IS   7
WARDS METHOD GROUP  15 FUSE POINTS   1   2 AT COEF    1.892   8 CLUSTERS
    1    1    3    4    1    4    7    4    9    3   11    7    9   11   15   16    3   11   15    3
    9    3   11
WARDS METHOD GROUP  16 FUSE POINTS   4   9 AT COEF    2.324   7 CLUSTERS
    1    1    3    4    1    4    7    4    4    3   11    7    4   11   15   16    3   11   15    3
    4    3   11
WARDS METHOD GROUP  17 FUSE POINTS   4  15 AT COEF    2.950   6 CLUSTERS
    1    1    3    4    1    4    7    4    4    3   11    7    4   11    4   16    3   11    4    3
    4    3   11
WARDS METHOD GROUP  18 FUSE POINTS   4  11 AT COEF    3.043   5 CLUSTERS
    1    1    3    4    1    4    7    4    4    3    4    7    4    4    4   16    3    4    4    3
    4    3    4
WARDS METHOD GROUP  19 FUSE POINTS   7  16 AT COEF    3.350   4 CLUSTERS
    1    1    3    4    1    4    7    4    4    3    4    7    4    4    4    7    3    4    4    3
    4    3    4
WARDS METHOD GROUP  20 FUSE POINTS   3   4 AT COEF    3.673   3 CLUSTERS
    1    1    3    3    1    3    7    3    3    3    3    7    3    3    3    7    3    3    3    3
    3    3    3
WARDS METHOD GROUP  21 FUSE POINTS   1   3 AT COEF    5.653   2 CLUSTERS
    1    1    1    1    1    1    7    1    1    1    1    7    1    1    1    7    1    1    1    1
    1    1    1
CYCLE  22 NOW FUSE POINTS   1   7 AT COEFFICIENT   7.813 -   1 CLUSTERS AND NEW CLUSTER CODE IS   1
JOB ENDS
```

ANHANG V: Dienstleistungshäufigkeiten und Dienstleistungsintensitäten für die betrachteten Marktsegmente

(a) **Dienstleistungshäufigkeiten:**

	Marktsegmente				
Dienstleistungen	A	B	C	D	E
Local content	0,58	0,86	0,39	0,71	0,37
Kompensationsgesch.	--	--	--	0,71	0,13
Mg.-Konzeption	0,42	--	--	0,06	0,03
Absatzhilfen	0,33	0,14	--	0,35	0,08
Beratungsleistg.	1,00	0,57	0,58	0,82	0,43
Schulungen	0,92	0,29	0,87	0,88	0,82
Management-Vertr.	0,42	--	0,23	--	0,08
Joint Venture	--	--	0,03	--	--
Lizenz Verträge	0,25	--	0,16	0,18	0,10
Wartungsverträge	0,50	--	0,16	0,12	0,22
Ersatzteildienst	1,00	0,71	0,81	0,94	0,89
Reparaturdienst	0,33	0,14	0,13	0,18	0,27
Dokumentationen	1,00	1,00	0,97	1,00	0,96
Know how - Vertr.	0,25	0,43	0,10	0,24	0,14
Problemanalysen	0,08	--	0,03	0,06	0,01
Feasibility Stud.	0,42	--	0,16	0,06	0,08
Tendererstellung	0,33	--	--	0,12	0,01
Absatzgarantien	--	--	0,07	0,18	--
Finanzierung	1,00	0,71	0,32	0,71	0,44
Leasing	--	--	--	--	--
Angebotsauswertg.	0,25	0,14	--	--	0,03
Rohmaterialeink.	0,25	--	0,23	0,18	0,03
Fallzahlen:	12	7	31	17	79

Gruppe	Ländernamen
A	Ägypten, Algerien
B	Brasilien, Mexiko
C	Irak, Malaysia, Saudi Arabien
D	DDR, Jugoslawien, Kuwait, Polen
E	Indonesien, Iran, Libyen, Nigeria, Süd Afrika, Süd Korea, Thailand, UdSSR, Venezuela, VR China

(b) **Dienstleistungsintensitäten**

Marktsegmente

Dienstleistungen	A	B	C	D	E
Local content	15,83	18,53	14,00	13,43	15,37
Kompensationsgesch.	--	--	--	80,55	22,32
Mg.-Konzeption	1,31	--	--	0,05	0,03
Absatzhilfen	1,64	3,00	--	2,58	1,91
Beratungsleistg.	1,60	0,54	1,99	3,50	1,45
Schulungen	2,01	1,50	2,23	2,67	1,76
Management-Vertr.	2,20	--	6,87	--	4,27
Joint Venture	--	--	5,00	--	--
Lizenz Verträge	1,10	--	6,20	1,00	3,28
Wartungsverträge	1,37	--	3,82	1,00	2,74
Ersatzteildienst	4,00	4,30	3,62	4,44	5,17
Reparaturdienst	0,73	0,10	2,25	0,70	3,12
Dokumentationen	6,78	6,11	5,90	7,59	5,98
Know how - Vertr.	4,00	1,00	4,03	4,20	3,38
Problemanalysen	1,00	--	5,00	1,00	1,00
Feasibility Stud.	0,88	--	2,50	0,20	0,72
Tendererstellung	1,56	--	--	0,55	0,05
Absatzgarantien	--	--	7,50	6,33	--
Finanzierung	7,46	7,43	6,45	6,05	6,51
Leasing	--	--	--	--	--
Angebotsauswertg.	3,08	0,02	--	--	0,28
Rohmaterialeink.	4,07	--	6,49	0,70	0,10
Fallzahlen:	12	7	31	17	79

Gruppe	Ländernamen
A	Ägypten, Algerien
B	Brasilien, Mexiko
C	Irak, Malaysia, Saudi Arabien
D	DDR, Jugoslawien, Kuwait, Polen
E	Indonesien, Iran, Libyen, Nigeria, Süd Afrika, Süd Korea, Thailand, UdSSR, Venezuela, VR China

Anhang VI: Eigenwerte, Kommunalitäten und rotierte Faktorladungsmatrizen der Faktorenanalysen

(a) für Marktsegment A

(b) für Marktsegment C

(c) für Marktsegment D

(d) für Marktsegment E

Legende:

DLANTL 1: Local content-Forderungen
DLANTL 2: Kompensationsgeschäfte
DLANTL 3: Erstellung einer Marketing-Konzeption für die auf der Anlage erstellten Produkte
DLANTL 4: Absatzhilfen bei der Vermarktung für die auf der Anlage erstellten Produkte
DLANTL 5: Beratungsleistungen für den Einsatz von einheimischem Betreiberpersonal
DLANTL 6: Durchführung von Schulungen für das technische und kaufmännische Personal
DLANTL 7: Verlangen nach Managementverträgen
DLANTL 8: Forderung nach Joint Ventures
DLANTL 9: Fertigung auf Lizenzbasis
DLANTL 10: Wartungsverträge
DLANTL 11: Bereitstellung von Ersatzteilen
DLANTL 12: Reparaturdienst
DLANTL 13: Dokumentationen
DLANTL 14: Know how - Verträge
DLANTL 15: Erstellung von Problemanalysen
DLANTL 16: Feasibility Studien (incl. Marktuntersuchungen)
DLANTL 17: Hilfen bei der Tendererstellung
DLANTL 18: Absatzgarantien
DLANTL 19: Finanzierungsbeschaffung
DLANTL 21: Hilfen bei der Angebotsauswertung
DLANTL 22: Hilfen beim Einkauf von Rohmaterialien

Anhang VIa: Ergebnisse der Faktorenanalyse für Marktsegment A

VARIABLE	COMMUNALITY	FACTOR	EIGENVALUE	PCT OF VAR	CUM PCT
DLANTL1	0.79232	1	2.77838	27.8	27.8
DLANTL3	0.99459	2	2.32853	23.3	51.1
DLANTL5	0.84744	3	2.02982	20.3	71.4
DLANTL6	0.98254	4	1.32001	13.2	84.6
DLANTL7	0.88699	5	0.85245	8.5	93.1
DLANTL10	0.90098	6	0.32392	3.2	96.3
DLANTL11	0.83301	7	0.25370	2.5	98.9
DLANTL13	0.62729	8	0.08870	0.9	99.8
DLANTL16	0.86134	9	0.01940	0.2	99.9
DLANTL19	0.41643	10	0.00510	0.1	100.0

VARIMAX ROTATED FACTOR MATRIX

	FACTOR 1	FACTOR 2	FACTOR 3	FACTOR 4
DLANTL1	0.71087	-0.39275	0.09055	0.35288
DLANTL3	0.17130	0.98029	-0.06484	-0.00310
DLANTL5	0.07594	-0.05314	0.91283	-0.07094
DLANTL6	-0.50908	0.29931	0.77814	-0.16818
DLANTL7	0.86961	0.16090	0.02921	-0.32253
DLANTL10	0.92599	0.09085	-0.04252	0.18291
DLANTL11	-0.15275	0.50652	0.21008	0.71343
DLANTL13	0.13207	-0.11179	0.68495	0.35804
DLANTL16	-0.08703	0.91532	0.01241	0.12568
DLANTL19	0.10440	-0.01000	-0.03668	0.63568

Anhang VIb: Ergebnisse der Faktorenanalyse für Marktsegment C

VARIABLE	COMMUNALITY	FACTOR	EIGENVALUE	PCT OF VAR	CUM PCT
DLANTL1	0.34669	1	2.99981	23.1	23.1
DLANTL5	0.22393	2	2.47441	19.0	42.1
DLANTL6	0.33369	3	1.74822	13.4	55.6
DLANTL7	0.99140	4	1.20741	9.3	64.8
DLANTL9	0.85179	5	0.95717	7.4	72.2
DLANTL10	0.24578	6	0.86843	6.7	78.9
DLANTL11	0.60735	7	0.74334	5.7	84.6
DLANTL12	0.60132	8	0.63525	4.9	89.5
DLANTL13	0.28710	9	0.49886	3.8	93.3
DLANTL14	0.62984	10	0.40913	3.1	96.5
DLANTL16	0.54217	11	0.34482	2.7	99.1
DLANTL19	0.40037	12	0.09140	0.7	99.8
DLANTL22	0.92331	13	0.02176	0.2	100.0

VARIMAX ROTATED FACTOR MATRIX

	FACTOR 1	FACTOR 2	FACTOR 3	FACTOR 4
DLANTL1	-0.00278	-0.14663	-0.13375	0.55434
DLANTL5	-0.16888	0.43791	0.04721	-0.03754
DLANTL6	0.05216	0.57506	-0.01517	0.00665
DLANTL7	0.99498	-0.03507	-0.01356	0.00223
DLANTL9	0.18219	0.86617	0.04387	0.25773
DLANTL10	-0.08411	-0.10665	0.47115	-0.07315
DLANTL11	0.06137	0.34672	0.68626	-0.11142
DLANTL12	-0.11209	-0.06704	0.76426	0.01302
DLANTL13	0.42544	0.20306	-0.18899	0.16461
DLANTL14	-0.03002	0.75389	-0.11061	-0.21991
DLANTL16	0.26859	0.17556	0.02552	0.66224
DLANTL19	0.49445	-0.06382	-0.10182	0.37610
DLANTL22	0.95171	-0.10160	-0.02851	0.08017

Anhang VIc: Ergebnisse der Faktorenanalyse für Marktsegment D

VARIABLE	COMMUNALITY	FACTOR	EIGENVALUE	PCT OF VAR	CUM PCT
DLANTL1	0.91101	1	3.08375	23.7	23.7
DLANTL2	0.72016	2	2.48103	19.1	42.8
DLANTL4	0.70644	3	2.07016	15.9	58.7
DLANTL5	0.76340	4	1.75041	13.5	72.2
DLANTL6	0.77625	5	1.10196	8.5	80.7
DLANTL9	0.88860	6	0.77933	6.0	86.7
DLANTL11	0.44050	7	0.62682	4.8	91.5
DLANTL12	0.86394	8	0.46059	3.5	95.0
DLANTL13	0.70679	9	0.39086	3.0	98.0
DLANTL14	0.93959	10	0.15102	1.2	99.2
DLANTL18	0.98372	11	0.08261	0.6	99.8
DLANTL19	0.54753	12	0.01946	0.1	100.0
DLANTL22	0.84542	13	0.00198	0.0	100.0

VARIMAX ROTATED FACTOR MATRIX

	FACTOR 1	FACTOR 2	FACTOR 3	FACTOR 4	FACTOR 5
DLANTL1	0.24228	0.82395	0.08168	0.32273	-0.25017
DLANTL2	0.80353	0.00689	0.08104	-0.26046	-0.00596
DLANTL4	-0.22410	0.78116	-0.17789	-0.03210	0.11549
DLANTL5	-0.13606	-0.08483	0.85239	0.00931	0.10508
DLANTL6	-0.21120	-0.10599	0.79816	0.21337	0.19449
DLANTL9	0.89040	-0.14531	-0.27048	-0.01418	-0.03618
DLANTL11	0.43350	0.14050	0.30933	-0.23315	0.28773
DLANTL12	-0.09973	-0.00823	0.12423	0.88203	0.24599
DLANTL13	-0.37271	-0.20456	0.41566	-0.35630	-0.47571
DLANTL14	0.85453	-0.09300	-0.14125	0.39539	-0.15633
DLANTL18	-0.06434	0.96232	-0.02964	-0.17995	0.14231
DLANTL19	0.36299	0.05632	0.59142	-0.08313	-0.23644
DLANTL22	-0.11763	0.02071	0.15025	0.18842	0.87925

Anhang VId: Ergebnisse der Faktorenanalyse für Marktsegment E

VARIABLE	COMMUNALITY	FACTOR	EIGENVALUE	PCT OF VAR	CUM PCT
DLANTL1	0.61882	1	2.27010	16.2	16.2
DLANTL2	0.42235	2	1.78438	12.7	29.0
DLANTL4	0.49338	3	1.66912	11.9	40.9
DLANTL5	0.69640	4	1.42923	10.2	51.1
DLANTL6	0.61898	5	1.23622	8.8	59.9
DLANTL7	0.03989	6	0.99130	7.1	67.0
DLANTL9	0.66262	7	0.91448	6.5	73.5
DLANTL10	0.39518	8	0.80482	5.7	79.3
DLANTL11	0.38618	9	0.76468	5.5	84.7
DLANTL12	0.56213	10	0.59102	4.2	89.0
DLANTL13	0.75331	11	0.49009	3.5	92.5
DLANTL14	0.13671	12	0.41870	3.0	95.5
DLANTL16	0.74100	13	0.37716	2.7	98.2
DLANTL19	0.10335	14	0.25871	1.8	100.0

VARIMAX ROTATED FACTOR MATRIX

	FACTOR 1	FACTOR 2	FACTOR 3	FACTOR 4	FACTOR 5	FACTOR 6
DLANTL1	0.13922	-0.01421	-0.14602	-0.08742	0.01823	0.75495
DLANTL2	0.62821	-0.02419	-0.08103	-0.03808	0.02666	0.13563
DLANTL4	0.04124	0.08376	-0.02425	0.66796	-0.17139	-0.09502
DLANTL5	-0.07054	-0.01138	0.01542	0.77932	0.28886	-0.01678
DLANTL6	0.01160	0.06496	0.18298	0.17094	0.73924	-0.07379
DLANTL7	-0.02027	-0.03980	0.02305	-0.05135	0.14950	0.11126
DLANTL9	0.35951	0.70813	0.01427	-0.00646	-0.13966	-0.11032
DLANTL10	-0.01229	-0.08328	0.60668	-0.00561	0.06170	-0.12386
DLANTL11	-0.08810	0.21499	0.37251	-0.17797	0.28972	-0.27896
DLANTL12	-0.04403	-0.07837	0.73213	-0.05359	0.08833	0.08577
DLANTL13	-0.19089	0.83011	-0.07717	0.09432	0.10988	0.02938
DLANTL14	0.30750	-0.01943	-0.05366	0.06763	-0.13477	-0.12711
DLANTL16	0.83738	0.09513	-0.03157	-0.05226	0.06582	0.15062
DLANTL19	0.12882	-0.11667	-0.23909	-0.09533	-0.04869	0.06724

LITERATURVERZEICHNIS

AGARWAL, Jamuna P./ DONGES, Jürgen B./ HORN, Ernst-Jürgen/ NEU, Axel D. (1975): Übertragung von Technologien an Entwicklungsländer, Tübingen 1975.

ALTENBURGER, Otto A. (1980): Ansätze zu einer Produktions- und Kostentheorie der Dienstleistungen, Berlin 1980.

ARBEITSFORUM "INVESTITIONSGÜTER-MARKETING" (1983): Dienstleistungen im Anlagengeschäft, Arbeitspapiere zum Marketing Nr. 12, hrsg. von Werner Hans Engelhardt u. Peter Hammann, Bochum 1983.

ARBEITSGEMEINSCHAFT GROSSANLAGENBAU im VDMA (1984): Lagebericht 1983, Frankfurt/ Main, o.J. (1984)

ARBEITSGEMEINSCHAFT GROSSANLAGENBAU im VDMA (1983): Lagebericht 1982, Frankfurt/ Main, o.J. (1983).

ARBEITSGEMEINSCHAFT GROSSANLAGENBAU im VDMA (1982): Lagebericht 1981, Frankfurt/ Main, o.J. (1982).

ARBEITSGEMEINSCHAFT GROSSANLAGENBAU im VDMA (1981): Lagebericht 1980, Frankfurt/ Main, o.J. (1981).

ARBEITSGEMEINSCHAFT GROSSANLAGENBAU im VDMA (1980): Lagebericht 1979, Frankfurt/ Main, o.J. (1980).

ARBEITSGEMEINSCHAFT GROSSANLAGENBAU im VDMA (1979): Lagebericht 1978, Frankfurt/ Main, o.J. (1979).

ARBEITSGEMEINSCHAFT GROSSANLAGENBAU im VDMA (1978): Lagebericht 1977, Frankfurt/ Main, o.J. (1978).

ARBEITSGEMEINSCHAFT GROSSANLAGENBAU im VDMA (1977): Lagebericht 1976, Frankfurt/ Main, o.J. (1977).

ARBEITSKREIS "MARKETING IN DER INVESTITIONSGÜTER-INDUSTRIE" DER SCHMALENBACH GESELLSCHAFT (1975): Systems Selling, in: ZfbF, 27(1975), S.757-773.

ARLT, Volker/ BACKHAUS,Klaus (1977): Ein Vertriebsinformationssystem für das industrielle Anlagengeschäft, in: ZfbF-Kontaktstudium, 29(1977), S.31-38.

ARNFIELD, Ron (1968): The role of service in industrial marketing, in: British Journal of Marketing, Spring 1968, S.24-36.

BACKHAUS, Klaus (Hrsg.) (1984a): Planung im industriellen Anlagengeschäft, Düsseldorf 1984.

BACKHAUS, Klaus (1984b): Marktorientierte Strategieplanung im industriellen Anlagengeschäft, in: Backhaus, Klaus (1984a), S.9-30.

BACKHAUS, Klaus (1982): Investitionsgüter-Marketing, München 1982.

BACKHAUS, Klaus (1980): Auftragsplanung im industriellen Anlagengeschäft, Stuttgart 1980.

BACKHAUS, Klaus (1977): Bestimmungsfaktoren der Lieferantenauswahl als Basis einer Marktsegmentierung im internationalen Anlagengeschäft, in: Engelhardt/ Laßmann (1977), S.57-72.

BACKHAUS, Klaus/ GÜNTER, Bernd (1976): A Phase-Differentiated Interaction Approach to Industrial Marketing Decisions, in: IMM, 5(1976), S.255-270.

BACKHAUS, Klaus/ MEYER, Margit (1984a): Internationale Risiko-Barometer, in: asw, Heft 10, 27(1984), S.64-72.

BACKHAUS, Klaus/ MEYER, Margit (1984b): Country Risk Assessment in International Industrial Marketing, unveröffentlichtes Vortragsmanuskript anläßlich der German-American Conference "New Developments in Industrial Marketing" im September 1984, Mainz 1984.

BACKHAUS, Klaus/ MOLTER, Wolfgang (1983): Finanzierungskosten im Anlagengeschäft - Kalkulation mit Hilfe von Standardformeln?, in: ZfbF, 35(1983), S. 1078-1093.

BACKHAUS, Klaus/ SIMON, Wolfgang (1981): Indikatorprognosen im Investitionsgüter-Marketing, in: DBW, 41(1981), S.419-431.

BACKHAUS, Klaus/ WEIBER, Rolf (1984): Die Anwendung multivariater Analysemethoden in der Marktforschung, in: WISU, Heft 10, 13(1984), S.457-462.

BACKHAUS, Klaus/ HIß, Wolfgang/ MÜLLER-HILLEBRAND, Hartmann (1984): Ein Vertriebsinformationssystem als Planungsgrundlage im industriellen Anlagengeschäft, in: Backhaus, Klaus (1984a), S.93-111.

BAUER, Klaus (1978): Das Angebot von Sekundärleistungen im Investitionsgüterbereich, unveröffentlichte Diplomarbeit, München 1978.

BENCI, Marguerite/ SEIBERT, Klaus (1979): Joint Ventures als Marketing-Problem, Opladen 1979.

BENNEWITZ, Hans Immo (1968): Die Eigenständigkeit des absatzpolitischen Instrumentes "KUNDENDIENST" und seine Bedeutung im modernen Marketingdenken, Diss. München 1968.

BEREKOVEN, Ludwig (1983): Der Dienstleistungsmarkt in der Bundesrepublik Deutschland, Bd. 1, Göttingen 1983.

BEREKOVEN, Ludwig (1974): Der Dienstleistungsbetrieb, Wiesbaden 1974.

BEREKOVEN, Ludwig (1966): Der Begriff "Dienstleistung" und seine Bedeutung für eine Analyse der Dienstleistungsbetriebe, in: JdAV, 12(1966), S.314-326.

BERGS, Siegfried (1981): Optimalität bei Clusteranalysen, Diss. Münster 1981.

BEUTEL, Peter/ SCHUBÖ, Werner (1983): SPSS 9, 4. Aufl. Stuttgart-New York 1983.

BLOHM, Hans (1979): Methoden zur Prognose technischer Entwickluungen (I), in: wisu, 8(1979), S.115-120.

BOCK, Hans Hermann (1984): Explorative Datenanalyse - Eine Übersicht, in: Allgemeines Statistisches Archiv, Band 68, Heft 1 (1984), S.1-40.

BOCK, Hans Hermann (1974): Automatische Klassifikation, Göttingen 1974.

BÖRSCHLEIN, Hans/ KLEINER, Fritz (1984): Consulting Engineers im industriellen Anlagengeschäft - Bedeutung, Markteinfluss, Arbeitsweise, in: Backhaus (1984a), S.46-71.

BÖTTCHER/ FISCHBECK/ HRONEC/ SCHNEIDER (1981): Gliederung und Inhalt der Dienstleistungen für die elektrischen und leittechnischen Ausrüstungen von Anlagen, unveröffentlichtes Arbeitspapier des AIM vom 23.01.1981, Frankfurt/ Main 1981.

BRACHER, Roy N. (1984): If countertrade is inevitable make the best of it, in: The Banker, Mai 1984, S.69-71.

BREITUNG, Ansgar Franz (1974): Management-Informationssysteme. Ein methodologischer Beitrag zur Analyse von Datenverarbeitungsprozessen in Marketing-Informationssystemen, Diss. Münster 1974.

BROCKHOFF, Klaus (1977): Prognoseverfahren für die Unternehmensplanung, Wiesbaden 1977.

CLARK, Peter B. (1970): Planning Import Substitution, Amsterdam-London 1970.

COOLEY, William W./ LOHNES, Paul R. (1971): Multivariate Data Analysis, New York-London-Sydney-Toronto 1971.

DAWES, Robyn Mason (1977): Grundlagen der Einstellungsmessung, Weinheim-Basel 1977.

DREYER, Arend (1974): Scoring-Modelle bei Mehrfachzielsetzungen - Eine Analyse des Entwicklungsstandes von Scoring-Modellen, in: ZfB, 44(1974), S.255-274.

DÜNNWEBER, Inge (1984): Vertrag zur Erstellung einer schlüsselfertigen Industrieanlage im internationalen Wirtschaftsverkehr, Berlin-New York 1984.

DUNST, Klaus H. (1979): Portfolio Management, Berlin - New York 1979.

EGLI, Alfred (1974): Die wirtschaftliche Bedeutung des Technologietransfers nach Entwicklungsländern, Birsfelden 1974.

EISELE, Rainer (1974): Beschaffungsprozesse in Unternehmungen als Grundlage der Absatzpolitik von Produktionsgüter-Handelsbetrieben, Diss. Mannheim 1974.

ENGELHARDT, Werner Hans (1977): Grundlagen des Anlagen-Marketing, in: Engelhardt/ Laßmann (1977), S.9-37.

ENGELHARDT, Werner Hans/ GÜNTER, Bernd (1981): Investitionsgüter-Marketing, Stuttgart-Berlin-Köln-Mainz 1981.

ENGELHARDT, Werner Hans/ LASSMANN, Gert (Hrsg.)(1977): Anlagen-Marketing, ZfbF-Sonderheft 7/77, Opladen 1977.

ENGELHARDT, Werner Hans/ SCHUSTER, Falko (1980): Kompensationsgeschäfte - Erscheinungsformen und Marketing-Probleme, in: ZfbF, 32(1980), S.103-120.

ENGELHARDT, Werner Hans/ SCHWAB, Wilfried (1982): Die Beschaffung von investiven Dienstleistungen, in: DBW, 42(1982), S.503-513.

FAHRMEIER, Ludwig/ HAMERLE, Alfred (Hrsg.) (1984): Multivariate statistische Verfahren, Berlin-New York 1984.

FAHRMEIER, Ludwig/ HÄUßLER, Walter/ TUTZ, Gerhard (1984): Diskriminanzanalyse, in: Fahrmeier/ Hamerle (Hrsg.) (1984), S.301-370.

FAHRMEIER, Ludwig/ KAUFMANN, Heinz/ KREDLER, Christian (1984): Regressionsanalyse, in: Fahrmeier/ Hamerle (Hrsg.) (1984), S.83-153.

FALK, Bernd (Hrsg.) (1980): Dienstleistungsmarketing, Landsberg am Lech 1980.

FANE, George (1971): Import Substitution and Export Expansion: Their Measurement and Example of Their Application, Cambridge Mass. 1971.

FERSCHL, F. (1970): Markovketten, Berlin-Heidelberg-New York 1970.

FISCHBEIN, Wolfgang (1982a): Der Umgang mit Auslandsausschreibungen, in: Blick durch die Wirtschaft, vom 12.08.1982, S.3.

FISCHBEIN, Wolfgang (1982b): Der Umgang mit Auslandsausschreibungen II, in: Blick durch die Wirtschaft, vom 19.08.1982, S.3.

FÖRSTER, Friedrich/ FRITZ, Wolfgang/ SILBERER, Günter/ RAFFEE, Hans (1984): Der LISREL-Ansatz der Kausalanalyse und seine Bedeutung für die Marketing-Forschung, in: ZfB, 54(1984), Heft 4, S.346-367.

FRANZ, Otmar (1982): Dienstleistungen im internationalen Anlagengeschäft, in: ZfbF, 34(1982), S.456-461.

FRÖHLICH, Friedrich Wilhelm (1974): Multinationale Unternehmen - Entstehung, Organisation und Management, Schriftenreihe Europäische Wirtschaft, hrsg. von Rudolf Regul, Bd. 71, Baden-Baden 1974.

FROES, Carlos Henrique/ SEPULVEDA, Cesar/ WODAK, Juan E.F. (1963): Current Developments in Industrial Property Rights in Latin America, in: Patent, trade-mark and copy right journal of research and education, Vol. 7(1963), S.277-313.

GASSERT, Herbert (1983): Investitionsgütermärkte im Wandel, in: Marketing-Forum Hannover 1983, hrsg. von Deutsche Marketing-Vereinigung e.V. Düsseldorf, Hannover-Düsseldorf 1983, S.11-25.

GBUREK, Manfred (1982): Westeuropa und Amerika rücken vor, in: Wirtschaftswoche, 36(1982), Nr.47, S.80-81.

GLASER, Wilhelm R. (1978): Varianzanalyse, Stuttgart New York 1978.

GÖRGE, Alfred (1979): Die Internationalisierung von Franchise-Systemen, Göttingen 1979.

GOODNOW, J. D./ HANSZ, J. E. (1972): Environmental Determinants of Overseas Market Entry Strategies, in: Journal of International Business Studies, 7(1972), No 1, S.33-50.

GOWERS, Andrew (1984): Beleaguered Third World leads the barter boom, in: Financial Times, vom 28.02.1984, o.S.

GRAHAM, Jones (1971): The Role of Science and Technology in Developing Countries, London - New York - Toronto 1971.

GREEN, Paul E./ TULL, Donald S. (1982): Methoden und Techniken der Marketingforschung, Stuttgart 1982.

GÜNTER, Bernd (1984): Local content - eine Herausforderung für das internationale Marketing, unveröffentlichtes Manuskript, Bochum 1984.

GÜNTER, Bernd (1979a): Das Marketing von Großanlagen - Strategieprobleme des Systems Selling, Berlin 1979.

GÜNTER, Bernd (1979b): Die Referenzanlage als Marketing-Instrument, in: ZfbF-Kontaktstudium, 31(1979), S.145-151.

GUILFORD, Joy Paul (1954): Psychometric Methods, 2. Eds., New York - Toronto - London 1954.

HÄRTTER, Erich (1974): Wahrscheinlichkeitsrechnung für Wirtschafts- und Naturwissenschaftler, Göttingen 1974.

HAMMANN, Peter (1974b): Über die Anwendungsmöglichkeiten einiger neuerer mathematischer und statistischer Methoden in der Marktforschung, in: Der Markt, Heft 49 (1974), S.85-91.

HANSEN, Hans Robert (1981): Wirtschaftsinformatik I, 3. Aufl. Stuttgart - New York 1981.

HANSMANN, Karl-Werner (1983): Kurzlehrbuch Prognoseverfahren, Wiesbaden 1983.

HEILAND, Carl H. (1970): Service: Kein Geschenk an den Kunden, in: Marketing Journal, 5(1970), S.357-360.

HEINISCH, Rainald (1982): Ingenieurleistungen - Hilfestellung für den Verkauf von Industrieanlagen?, in: ZfbF-Kontaktstudium, 34(1982), S.462-470.

HENZLER, H. (1979): Neue Strategie ersetzt den Zufall, in: Manager Magazin, 9(1979), Heft 4, S.122-129.

HERDMANN, G. (1982): Die Kunst des Marketing ist der Schlüssel zum Erfolg: Marketing im Anlagenbau - Ein Bündel von Dienstleistungen, in: Blick durch die Wirtschaft, vom 15.11.1982, S.3.

HILDEBRANDT, Lutz (1983): Konfirmatorische Analysen von Modellen des Konsumentenverhaltens, Berlin 1983.

HILDEBRANDT, Lutz/ TOMMSDORFF, Volker (1983): Konfirmatorische Analysen in der empirischen Forschung, in: Forschungsgruppe Konsum und Verhalten (Hrsg.): Innovative Marktforschung, Würzburg-Wien 1983, S.139-160.

HOFFMANN, Lutz (1970): Importsubstitution und wirtschaftliches Wachstum in Entwicklungsländern, Tübingen 1970.

HOHMANN, Hans (1984): Vor einer Festlegung muß der Partner im Westen den Markt exakt prüfen, in: Handelsblatt, vom 31.08.1984, S.17.

HOHMANN, Hans (1983): Gegengeschäftsverpflichtungen sind schwerer zu erfüllen, in: Handelsblatt, vom 14.11.1983, S.10.

HOMBACH, Hans (1984): Exportkreditversicherung und Exportfinanzierung - Wettbewerbsverzerrung durch Subventionierung -, Arbeitspapier Nr.2 zur Betriebswirtschaftslehre des industriellen Anlagengeschäftes, 2. Aufl. Mainz 1984.

HOPFENBECK, Waldemar (1974): Planung und Errichtung von kompletten Industrieanlagen in Entwicklungsländern, Diss. München 1974.

HÜTTNER, Manfred (1979): Informationen für Marketing-Entscheidungen, München 1979.

HÜTTNER, Manfred (1977): Grundzüge der Marktforschung, 3. Aufl. Wiesbaden 1977.

JANTSCH, Erich (1967): Technological Forecasting in Perspektive, Paris 1967.

JARDINE, N./ SIBSON, R. (1971): Mathematical Taxonomy, London-New York-Sydney-Toronto 1971.

JÖRESKOG, Karl G. (1971): Simultaneous Factor Analysis in Several Populations, in: Psychometrika, 36(1971), No. 4, S.409-426.

JÖRESKOG, Karl G./ SÖRBOM, Dag (1982): Recent Developments in Structural Equation Modeling, in: Journal of Marketing Research, 19(1982), S.404-416.

JÖRESKOG, Karl G./ SÖRBOM, Dag (1981): LISREL V - Analysis of Linear Structural Relationships by Maximum Likelihood and Least Squares Methods, Research Report 81-8, University of Uppsala 1981.

JUNGHANNS, Hendrik (1983): Strategieorientierte Kategorisierung von Entwicklungsländern als Voraussetzung für den Technologietransfer, Diss. Berlin 1983.

KAIKATI, Jack G. (1976): The Reincarnation of Barter Trade as a Marketing Tool, in: JoM, 40(1976), S.17-24.

KAPLAN, Kalman J. (1972): On the Ambivalence - Indifference Problem in Attitude Theory and Measurement: A Suggested Modification of the Semantic Differential Technique, in: Psychological Bulletin, 77(1972), S.361-372.

KAUFMANN, Heinz/ PAPE, Heinz (1984): Clusteranalyse, in: Fahrmeier/ Hamerle (1984), S.371-472.

KERLINGER, Fred N. (1979): Grundlagen der Sozialwissenschaften, Bd. 2, Weinheim - Basel 1979.

KOURIS, Ch./ ROGWALDER, Gunnar (1980): Dienstleistungs-Klassifikation, unveröffentlichtes Arbeitspapier des AIM vom 1.10.1980, Mannheim-Duisburg 1980.

KOWALSKI, Ulrich (1980): Der Schutz von betrieblichen Forschungs- und Entwicklungsergebnissen, Thun-Frankfurt 1980.

KROEBER-RIEL, Werner (1980): Konsumentenverhalten, 2. Aufl. München 1980.

KROOSS, Reinhardt (1966): Der technische Kundendienst als Instrument der Absatzpolitik, Nürnberg 1966.

KÜHNEL, Wolfgang (1981): Ausbildungsleistungen in Exportverträgen des deutschen Großanlagenbaus, in: Recht der Internationalen Wirtschaft, Heft 8 (1981), S.533-535.

KUMAR, Brij (1975): Joint Ventures, in: WiSt, 4(1975), Heft 6, S.257-263.

LANGEARD, Eric (1981): Grundfragen des Dienstleistungsmarketing, in: Marketing ZFP, 3(1981), S.233-240.

LANGROCK, P./ JAHN, W. (1979): Einführung in die Theorie der Markovschen Ketten und ihre Abwendungen, Leipzig 1979.

LAUWERTH, Werner/ OPITZ, Otto (1983): Kontraktion und Dilatation in der hierarchischen Klassifikation, Arbeitspapier zur mathematischen Wirtschaftsforschung, Heft 66, hrsg. vom Institut für Statistik und mathematische Wirtschaftstheorie der Universität Augsburg, Augsburg 1983.

LEMIESZ, Dieter (1978): Abwicklung von Industrialisierungsprojekten, Essen 1978.

LINDEINER von, Klaus (1982): Die eigentliche Bewährungsprobe des Anlagenbaus, in: Blick durch die Wirtschaft, vom 15.01.1982, S.3.

LITTLE, John D. (1970): Models and Managers: The Concept of a Decision Calculus, in: Management Science, 16(1970), S.B-466 - B-485.

LÖBEL, Volkmar (1966): Kundendienst als absatzwirtschaftliche Leistung, Formen und Möglichkeiten, Nürnberg 1966.

LORENZ, Detlef (1968): Zur Typologie der Entwicklungsländer, in: Fritsch, Bruno (Hrsg.): Entwicklungsländer, Köln - Berlin 1968, S.38-64.

Mac CORQUODALE, K./ MEEHL, P. (1948): On a distinction between hypothetical constructs and intervening variables, in: Psychology Review, 55(1948), S.95-107. Zitiert nach: Foppa, Klaus: Lernen, Gedächtnis, Verhalten, Köln - Berlin 1969, S.337.

MÄNNEL, Wolfgang (1981): Die Wahl zwischen Eigenfertigung und Fremdbezug, 2. Aufl. Stuttgart 1981.

MALERI, Rudolf (1973): Grundzüge der Dienstleistungsproduktion, Berlin-Heidelberg-New York 1973.

MAZANEC, Josef (1975): Das Konzept des "Decision Calculus" - Fortschrittsfähiger Ansatz der Modellkonstruktion oder Immunisierungsstrategie?, in: WiSt, 4(1975), S.317-324.

MEFFERT, Heribert (1975): Computergestützte Marketing-Informationssysteme, Wiesbaden 1975.

MEFFERT, Heribert/ STEFFENHAGEN, Hartwig (1977): Marketing-Prognosemodelle, Stuttgart 1977.

MELCHER, Peter N. (1972): Kundendienst im Kauf- und Warenhaus, Stuttgart 1972.

MEYER, Margit (1984): Konzepte zur Beurteilung von Länderrisiken, Arbeitspapier Nr. 4 zur Betriebswirtschaftslehre des industriellen Anlagengeschäftes, hrsg. von Klaus Backhaus, 2. Aufl. Mainz 1984.

MINISTERIUM FÜR WIRTSCHAFT, MITTELSTAND UND VERKEHR BADEN-WÜRTTEMBERG (Hrsg.) (1983): Leitfaden Auslandsinvestitionen, Heimsheim 1983.

MOJENA, R. (1977): Hierarchical Grouping Methods and Stopping Rules: An Evaluation, in: Computer Journal, 20(1977), S.359-363.

MORNER, Peter (1983): Auf Sand gesetzt, in: Capital, Heft 9 (1983), S.167-174.

MOSER, Reinhard/ TROPRITZHOFER, Edgar (1978): Gegengeschäfte - ein Systematisierungsversuch, in: Journal für Betriebswirtschaft, 28(1978), Heft 4, S.190-195.

MÜLLER-BERGHOFF, Bernd (1984): "Die eigene Exportindustrie stärker fördern" - Die Probleme der Exportfinanzierung, in: Blick durch die Wirtschaft, vom 3.02.1984, S.3-4.

NEUBERGER, Wolfgang W./ SCHOSSLEITNER, Dieter (1984): Im deutschen Anlagenbau das Übel an der Wurzel packen, in: Produktion, Nr. 11 (1984), S.3-4.

NIE, Norman H./ HULL, C. Hadlai/ JENKINS, Jean G./ STEINBRENNER, Karin/ BENT, Dale H. (1975): SPSS: Statistical Package for the Social Sciences, 2. Aufl. New York-St.Louis usw. 1975.

NUNNENKAMP, Peter (1983): Die Verschuldungskrise der Entwicklungsländer, in: WiSt, Heft 11, 12(1983), S.578-582.

OPP, Karl-Dieter/ SCHMIDT, Peter (1976): Einführung in die Mehrvariablenanalyse, Reinbek bei Hamburg 1976.

O.V. (1984a): Um den Einstieg in den Markt am Golf wird mit harten Bandagen gekämpft, in: Handelsblatt, vom 28./29.09.1984, S.14.

O.V. (1984b): In der Liquiditätsfalle, in: Wirtschaftswoche, Nr. 8, 38(1984), S.12-14.

O.V. (1984c): Küken in der Kanzlei, in: Wirtschaftswoche, Nr. 14, 38(1984), S.186-188.

O.V. (1984d): Ansteckender Virus, in: Wirtschaftswoche, Nr. 26, 38(1984), S.40-50.

O.V. (1984e): Moskau bedrängt die Maschinenexporteure, in: Handelsblatt, vom 26.09.1984, S.1.

O.V. (1984f): Ceausescu: Nur noch Ware gegen Ware, in: FAZ, vom 17.10.1984, S.13.

O.V. (1984g): Wie man mit Kokosnüssen eine Fabrik bezahlt, in: Handelsblatt, vom 22.02.1984, S.6.

O.V. (1983a): Die Lurgi ist auch zu höheren Risiken bereit, in: FAZ, vom 15.06.1983, S.17.

O.V. (1983b): Einbruch im Anlagenbau, in: FAZ, vom 31.08.1983, S.14.

O.V. (1983c): Eisenbach baut die Dienstleistungen aus, in: FAZ, vom 12.12.1983, S.15.

O.V. (1983d): Der Tauschhandel steht in Amerika hoch im Kurs, in: FAZ, vom 14.09.1983, S.16.

O.V. (1983e): Zurück zur Urgesellschaft, in: Wirtschaftswoche, Nr. 29, 37(1983), S.78-80.

O.V. (1982a): Friedlicher Feldzug, in: Wirtschaftswoche, Nr. 47, 36(1982), S.72-85.

O.V. (1982b): New Restrictions on World Trade, in: Business Week, vom 19.07.1982, S.128-132.

O.V. (1981): Dienstleistungen im Anlagengeschäft, unveröffentlichtes Arbeitspapier des AIM vom 7.07.1981, Mannheim 1981.

PELLAY, Stephan (1984): Counter trade survey, in: Development Forum Business Edition, Nr. 145, vom 29.02.1984, S.2-4.

PFEIFFER, Werner/ BISCHOF, Peter (1974): Investitionsgüterabsatz, in: Tietz, Bruno (Hrsg.): Handwörterbuch der Absatzwirtschaft, Stuttgart 1974, Sp.918-938.

POLEY, W. Leonhard (1979): Know-how-Vergabe: Gewußt wie, in: asw, 22(1979), Heft 2, S.82-89.

POLEY, W. Leonhard (1978): Know-how-Vergabe: Gewußt wie, in: asw, 21(1978), Heft 12, S.84-90.

POLLAK, Christian (1982a): Neue Formen internationaler Unternehmenszusammenarbeit ohne Kapitalbeteiligung, Ifo-Studien zur Entwicklungsforschung Nr. 10, München-Köln-London 1982.

POLLAK, Christian (1982b): Die Alternative zur Direktinvestition, in: Handelsblatt, vom 19.04.1982, S.15-18.

POTT, Philipp (1983): Direktinvestitionen im Ausland, München 1983.

QUINKLER, Rochus (1968): Vereinheitlichung im Chemieanlagenbau, Diss. Berlin 1968.

RAEMY-DIRKS, Christine (1983): Die Rückkehr zum Tauschhandel, in: FAZ, vom 3.09.1983, S.14.

ROHE, Christoph (1980): Technologietransfer durch Industrielizenzen, Berlin-Bielefeld-München 1980.

ROMMEL, Arthur (1968): Technologietransfer als Entwicklungshilfe, in: Jahrbuch für Sozialwissenschaft, 19(1968), S.389-403.

RÜSBERG, Karl-Heinz (1976): Die Praxis des Project- und Multiproject-Management, 3. Aufl. München 1976.

RUSSETT, B. M. et al. (1977): World Handbook of Political and Social Indicators, Westport (Conn.) 1977.

SALEM, Mahmoud/ SANSON-HERMITTE, Marie-Angele (1979): Les contrats "cle en main" et les contrats "produit en main" - Technologie et vente de developpement, Paris 1979.

SCHEER, August-Wilhelm (1978): Wirtschafts- und Betriebsinformatik, München 1978.

SCHEUCH, Fritz/ HASENAUER, Rainer (1969): Leistung - Dienstleistung - Dienstleistungsbetrieb, in: JdAV, 15(1969), S.125-134.

SCHLOTKE, Helmut (1984): Risiken im Zusammenhang mit Funktions-Leistungs- und Verfügbarkeitsgarantien und deren rechtliche Erfassung, in: Nicklisch, Fritz (Hrsg.): Bau- und Anlagenverträge, Heidelberg 1984, S.155-169.

SCHLUPP, Karl (1974): Kundendienst für Investitionsgüter, in: Marketing Enzyklopädie, München 1974, Bd. 2, S.225-232.

SCHNUR, Ilse (1983): Die Mischfinanzierung als entwicklungspolitisches Instrument, Bochum 1983.

SCHUCHARD-FICHER, Christiane/ BACKHAUS, Klaus/ HUMME, Udo/ LOHRBERG, Werner/ PLINKE, Wulff/ SCHREINER, Wolfgang (1985): Multivariate Analysemethoden, 3. Aufl. Berlin-Heidelberg-New York 1985.

SCHUCHARD-FICHER, Christiane/ BACKHAUS, Klaus/ ERICHSON, Bernd/ PLINKE, Wulff/ WEIBER, Rolf (1986): Multivariate Analysemethoden, 4. Aufl. Berlin-Heidelberg-New York 1986 (in Vorbereitung).

SCHUSTER, Falko (1979): Gegen- und Kompensationsgeschäfte als Marketing-Instrument im Investitionsgüterbereich, Berlin 1979.

SCHWAB, Wilfried (1984): Die Träger von Instandhaltungsleistungen im Anlagengeschäft, Berlin 1984.

SETHI, S. P./ HOLTON, R. H. (1973): Country Typologies for the Multinational Corporation: A New Approach, in: California Management Review, No. 3, 15(1973), S.105-118.

SHETH, Jagdish N. (1981): Multivariate Methods for Market and Survey Research, 2. Aufl. Chicago 1981.

SIMMERL, Josef (1981): Die Gestaltung des internationalen Absatzsystems, München 1981.

SOKOLOVSKY, Zbynek (1977): Ein systemtheoretisch-analytisches Modell eines betrieblichen formatierten Datenbanksystems, Diss. Gießen 1977.

SPÄTH, Helmuth (1975): Cluster-Analyse-Algorithmen zur Objektklassifizierung und. Datenreduktion, Wien 1975.

STECKHAHN, Rainer B. (1984): Umschuldung und Kofinanzierung, in: Zeitschrift für das gesamte Kreditwesen, 37(1984), S.892-896.

STECKHAHN, Rainer B. (1983): Weltbank und Geschäftsbanken als Partner - Neue Instrumente der Ko-Finanzierung, in: Zeitschrift für das gesamte Kreditwesen, 36(1983), S.178-180.

STEINHAUSEN, Detlef/ LANGER, Klaus (1977): Clusteranalyse, Berlin-New York 1977.

STUMPF, Herbert (1977): Der Know-How-Vertrag, 3. Aufl. Heidelberg 1977.

THIELE, Wolfram (1977): Produkt- und marktspezifisch bedingte Erlösplanung und -kontrolle im Großmaschinen- und Anlagenbau, in: Schmalenbach-Gesellschaft (Hrsg.): Erlösplanung und Erlöskontrolle als Instrument der Absatzpolitik, ZfbF-Sonderheft 6/77, Opladen 1977, S.79-85.

TROMMSDORFF, Volker (1977): Probleme der Image und Einstellungsforschung im Werbepretest, in: Reber, Gerhard (Hrsg.): Personal- und Sozialorientierung der Betriebswirtschaftslehre, Bd. 3: Marketing, Stuttgart 1977, S.61-84.

TROMMSDORFF, Volker (1975): Die Messung von Produktimages für das Marketing, Köln-Berlin-Bonn-München 1975.

TURBAN, Efraim/ METERSKY, Morton L. (1971): Utility theory applied to multivariable system effectiveness evaluation, in: Management Science, 17(1971), S.B 817-B 828.

ÜBERLA, Karl (1977): Faktorenanalyse, 2. Aufl. Berlin-Heidelberg-New York 1977.

VOGEL, Friedrich (1975): Probleme und Verfahren der numerischen Klassifikation, Göttingen 1975.

VOIGT, Heinz (1979): Handbuch der Exportfinanzierung, 2. Aufl. Frankfurt/ Main 1979.

VOSS, Karlheinz (1984): Auf niedrigerem Niveau durchaus ein akzeptables Geschäft möglich, in: Handelsblatt, vom 14./15.09.1984, S.15.

WEIBER, Rolf (1984a): Faktorenanalyse, St. Gallen 1984.

WEIBER, Rolf (1984b): Die Nachfrage nach Dienstleistungen im internationalen Anlagengeschäft, Arbeitspapier Nr. 5 zur Betriebswirtschaftslehre des industriellen Anlagengeschäftes, hrsg. von Klaus Backhaus, Mainz 1984.

WELTBANK (Hrsg.) (1983): Weltentwicklungsbericht 1983, Washington-Bonn-Frankfurt/Main 1983.

WENDLER, Wolf-D. (1983): Vertragliche Gestaltung einschließlich Haftungsklauseln im Großanlagengeschäft, Referat im Rahmen der Kurztagung "Großanlagenbau/ Planung und Durchführung" der C. Rudolf Poensgen-Stiftung e.V. vom 7.12.1983 in Düsseldorf.

WIDMANN, Albert J. (1977): Handbuch des Investitionsgüter- und Indusrieanlagen-Exports, München 1977.

WIMMER, Ludwig (1974): Marketing für industrielle Großanlagen, Diss. Wien 1974.

WISHART, David (1984): Clustan-Benutzerhandbuch, 3. Ausgabe, Stuttgart-New York 1984.